Los profesores son influyentes. La facultad es el frente en donde los estudiantes encuentran la enseñanza-aprendizaje en nuestras instituciones teológicas. Su influencia equipa a los líderes de la iglesia mundial. El liderazgo académico también concierne el desarrollo de la facultad. Si queremos que la educación teológica transforme a los líderes, debemos acompañar a la facultad en su desarrollo en la docencia, la erudición y el servicio al Señor Jesucristo.

Este nuevo volumen de la serie del Programa de Liderazgo Académico (IPAL por sus siglas en inglés) del Concilio Internacional para la Educación Teológica Evangélica es el resultado de los años invertidos en los líderes del mundo y está saturado con palabras de aliento e instrucción sobre la labor del desarrollo docente. Los líderes académicos de los seminarios teológicos de todo el mundo lo usarán como un manual de referencia. Creo que veremos una renovación en los seminarios teológicos y los programas de capacitación en la medida que los docentes sigan los procesos descritos en este volumen para su desarrollo profesional. Que el Señor nos transforme para que transformemos a los demás.

Paul Allan Clark, PhD
Director de Educación, Overseas Council, Unidos en Misión

El liderazgo puede ser un arte solitario. Este libro ofrece una amplia gama de recursos para los líderes en la educación teológica y los acompaña en su tarea.

Marvin Oxenham, PhD
Director Academia ICETE
Secretario general del Concilio Europeo para la Educación Teológica

El desarrollo docente está directamente relacionado con el crecimiento de los seminarios teológicos. Este libro contribuye al desarrollo saludable del reclutamiento y capacitación de los docentes. Todos los colaboradores son teólogos expertos y practicantes. Los días en que el éxito del reclutamiento docente se media por las calificaciones excelentes de las personas quedaron atrás. Los líderes no son solamente lectores, sino también mentores que se atreven a invertir más tiempo integrando las teorías con aspectos prácticos.

Joseph Shao, PhD
4to Secretario general de la Asociación de Escuelas Teológicas de Asia
y Presidente del Seminario Bíblico de Filipinas

Una parte integral para el logro de la misión y visión de la educación teológica superior recae sobre el ministerio de la facultad. Este libro enfatiza su papel crítico y llama nuestra atención hacia la importancia de que su desarrollo profesional sea holístico. Los modelos bíblicos de Jesús y Pablo sirven de fundamento para un análisis abarcador de los elementos que se deben tener en cuenta para facilitar el desarrollo de nuestra facultad, no tan solamente como docentes y educadores, sino también en sus habilidades para el liderazgo académico y el mentoreo. Uno componente excelente del libro es que describe el cuadro general, para entonces llevarnos a las herramientas prácticas que podemos aplicar en nuestras instituciones. La lectura de este libro es obligatoria tanto para los líderes actuales como futuros.

Jenniffer Contreras Flores, PhD
Decana académica, SEMISUD, Quito, Ecuador

Serie ICETE

El Liderazgo en la Educación Teológica

Volumen 3

El Liderazgo en la Educación Teológica

Volumen 3

Fundamentos para el Desarrollo Docente

Editado por

Fritz Deininger y Orbelina Eguizabal

Editor de la Serie

Riad Kassis

© 2021 Fritz Deininger y Orbelina Eguizábal

Publicado en 2021 por Langham Global Library
Una edición de *Langham Publishing*
www.langhampublishing.org

Langham Publishing son un ministerio de Langham Partnership

Langham Partnership
PO Box 296, Carlisle, Cumbria CA3 9WZ, UK
www.langham.org

ISBN:
978-1-83973-084-9 Imprenta
978-1-83973-507-3 ePub
978-1-83973-509-7 PDF

Fritz Deininger y Orbelina Eguizábal son identificados como autores de esta obra según las disposiciones del Acta de Derechos, Diseños y Patentes de 1988.

Todos los derechos reservados. Ninguna parte de esta publicación puede ser reproducida, almacenada en un sistema de recuperación o transmitida, en cualquier formato o por cualquier medio, electrónico, mecánico, fotocopiado, grabación o de otra manera, sin el permiso previo por escrito de los editores o de la Agencia de Derechos de Autor.

A menos que se indique lo contrario, todas las citas bíblicas han sido tomadas de la Santa Biblia, NUEVA VERSIÓN INTERNACIONAL® NVI® © 1999, 2015 por Biblica, Inc.® Usado con permiso de Bíblica, Inc.® Reservados todos los derechos en todo el mundo.

Información de Publicación del Catálogo Bibliotecario Británico
El registro del catálogo para este libro está disponible en la Biblioteca Británica

ISBN: 978-1-83973-084-9

Diseño de portada y libro: projectluz.com

Publicado originalmente en inglés bajo el título: *Leadership in Theological Education,* Vol. 3, *ICETE Series*
Fritz Deininger y Orbelina Eguizabal, editores
Traducción al español: D. E. Ortiz Rivera
Edicion de textos: Jim Breneman

Langham Partnership respalda el diálogo teológico y los derechos de publicación de los autores, pero no necesariamente avala las perspectivas y opiniones expuestas aquí o en las obras a las que se hace referencia en esta publicación, ni garantizamos la corrección técnica y gramatical ni que las URL citadas todavía estén activos. Langham Partnership no se responsabiliza por los daños a terceros u otras propiedades como resultado de la lectura, el uso o la interpretación de esta publicación.

Contents

Introducción 1

Parte I: Aspectos Fundamentales del Desarrollo Docente
1   El papel de la facultad en la educación teológica 13
       Fritz Deininger
2   Definiciones y conceptos del desarrollo docente 39
       Graham Cheesman
3   El establecimiento de una cultura institucional que propicie el desarrollo docente 63
       Pablo Sywulka

Parte II: Sugerencias Prácticas para el Desarrollo Docente
4   Diseño e implementación de un plan para el desarrollo docente: estrategias para el desarrollo de la facultad 85
       Robert W. Ferris
5   Responsabilidades administrativas de los líderes académicos en el trato con la facultad 113
       Les Crawford
6   La evaluación como herramienta para el crecimiento docente 133
       Steve Hardy

Parte III: Procesos Estratégicos para el Desarrollo Docente
7   La formación de un equipo docente 161
       Pieter Theron
8   El asesoramiento (coaching) en el desarrollo profesional de los docentes 187
       Ralph Enlow
9   El desarrollo de la facultad como mentores: el fomento de una cultura de desarrollo que supla uno de los elementos críticos en la educación superior evangélica 205
       Ron Watters
10   El desarrollo de líderes académicos entre la facultad 231
       Orbelina Eguizabal

Bibliografía 265
Colaboradores 281

Introducción

Fundamentos para el Desarrollo Docente es el tercer volumen de la serie de ICETE sobre el *Liderazgo en la Educación Teológica*. Este elabora sobre el primer volumen, *Fundamentos para el Liderazgo Académico*, y el segundo volumen, *Fundamentos para el Diseño Curricular*. El primero analiza los fundamentos de la educación teológica, las características y responsabilidades de los líderes, ofreciendo información sobre las prácticas administrativas y de liderazgo en la academia. El segundo volumen considera los fundamentos del diseño y el desarrollo del currículo, la facilitación de los procesos de aprendizaje involucrados y los aspectos que contribuyen a la creación de comunidades de aprendizaje.

El concepto del desarrollo docente ha adquirido diversos enfoques y formas desde sus inicios en los Estados Unidos, los cuales se remontan al 1810 cuando la Universidad de Harvard instituyó la licencia de descanso sabático.[1] Sin embargo, cobró auge a partir de finales de los años cincuenta con el movimiento por los derechos de los estudiantes, seguido por los sesenta y setenta, cuando el concepto vino a conocerse como lo entendemos hoy en día. Este evolucionó de la gratificación exclusivamente asociada con la investigación y el éxito de las publicaciones a «un enfoque más holístico y la recompensa concomitante por la excelencia en la enseñanza y el servicio… Los miembros de la facultad comenzaron a abogar por recompensas institucionales y profesionales, en particular las normas de cátedra y ascenso».[2] Desde mediados de la década del sesenta hasta los setenta este cambio de la investigación y la publicación requirió la inclusión de componentes instructivos y organizativos para mejorar la eficacia de la enseñanza, que en los años ochenta llevó al surgimiento de los departamentos de desarrollo docente en varias universidades. A medida que el desarrollo de la docencia y la facultad fue institucionalizándose en la década de los noventa el paradigma cambió radicalmente: «El desarrollo de

---

1. Matthew L. Ouellett, "Overview of Faculty Development", en *A Guide to Faculty Development*, ed. Kay J. Gillespie, Douglas L. Robertson y Asociados (San Francisco: Jossey-Bass, 2010), 4.
2. Ouellett, "Overview of Faculty Development," 4.

la docencia dejó de enfocarse en la experiencia pedagógica y las destrezas oratorias de los docentes (el «sabio en escena») para incluir el aprendizaje de los estudiantes (profesores como «guías»)».[3] Desde entonces ha surgido un nuevo acercamiento al desarrollo docente, que Ouellett (basándose en las etapas del desarrollo docente de Sorcinelli et al., 2006) ha denominado la "era de las redes"».[4] Esta etapa ha venido a distinguirse por el aumento en la cantidad de profesionales que «aportan una experiencia específica, como la tecnología educativa, al desarrollo educacional».[5] Este fenómeno «fortalece el diálogo entre los profesionales del desarrollo docente y los recién llegados, partiendo de la idea de que los unos tienen mucho que aprender de los otros».[6] Hoy en día, el desarrollo docente ofrece «una amplia gama de programas e involucra un creciente cuerpo de profesionales muy calificados y dedicados».[7]

En la actualidad, los roles docentes en las instituciones académicas abarcan, entre muchas otras funciones, el desarrollo y la enseñanza de cursos, programas curriculares, el asesoramiento y la mentoría de estudiantes y colegas, el compromiso con los logros de los estudiantes, participación en comités de evaluación, redacción de propuestas para el financiamiento de las investigaciones, la participación en una variedad de comités, la conducción de investigaciones, publicaciones y actividades académicas. Además, una cantidad considerable de profesores ocupan puestos de liderazgo académico, lo que amerita la existencia de programas dirigidos hacia el desarrollo docente.

Este volumen está organizado en tres secciones que se enfocan en los aspectos fundamentales y prácticos del desarrollo docente. En cada capítulo, los autores exponen las funciones y los componentes clave para el desarrollo docente.

La primera sección trata los «Aspectos fundamentales del desarrollo docente». El autor del primer capítulo considera el papel importante de

---

3. Ouellett, 6.
4. Ouellett, 7. Véase M. D. Sorcinelli, A. E. Austin, P. L. Eddy, y A. L. Beach, *Creating the Future of Faculty Development: Learning from the Past, Understanding the Present* (Boston, MA: Anker, 2006).
5. Ouellett, 7.
6. Ouellett, 7.
7. Ann E. Austin y Mary Dean Sorcinelli, "The Future of Faculty Development: Where Are We Going?," *New Directions for Teaching and Learning* 133 (Spring 2013): 85, acceso 9 de abril 2018, http://wileyonlinelibrarycom, DOI 10.1002/tl.20048.

la facultad en la educación teológica. Este resalta los diversos factores que determinan la calidad de la educación teológica, como la administración, las instalaciones, los estudios académicos, la facultad, el currículo, el estudiantado y los recursos. Sin embargo, argumenta que los docentes desempeñan un papel importante relacionado con la institución y las expectativas de los estudiantes. Esta función es crucial porque los docentes son parte de la cultura de la institución educativa. Luego, examina los modelos de Jesús y Pablo como maestros excelentes y deriva las implicaciones para los docentes que sirven en las instituciones teológicas del mundo. Como maestro, Jesús «con su madurez, autoridad como maestro y calidad de vida afectó la formación de los discípulos». Del mismo modo, Pablo, por su ambición de conocer y vivir como Jesús, se convirtió en un maestro con muchas cualidades cuyas enseñanzas, discipulado y escritos dejaron huella en la gente. Los líderes académicos deben entender claramente el entorno institucional y las expectativas de la facultad, en particular sobre sus funciones, para ayudarlos a que sean exitosos. El autor destaca que estas expectativas incluyen la credibilidad, la experiencia profesional y su efecto sobre los estudiantes durante la enseñanza y preparación para servir en la iglesia.

Debido a que la facultad juega un papel crítico en las instituciones teológicas, los líderes académicos deben interesarse en mejorar su eficacia como docentes. El *Capítulo 2* presenta algunas de las definiciones y los conceptos que subrayan la filosofía para un modelo del desarrollo docente. El autor hace hincapié en los asuntos claves para la elaboración del modelo, «de modo que la formación de la facultad tenga un objetivo e intenciones claras». Su argumento es que el desarrollo docente tiene como fin un modelo de la excelencia magisterial que, desde la perspectiva bíblica de las enseñanzas de Jesús y Pablo, requiere que examinemos la naturaleza y el propósito de la educación teológica, prestando atención al resurgimiento de la formación espiritual, buscando la integración y considerando su aspecto relacional. El desarrollo docente abarca áreas esenciales. Sus objetivos giran en torno a la academia, la competencia profesional, la espiritualidad y el discipulado personal, así como los llamados y ministerios. Según el autor, el contexto del equipo de la facultad provee un entorno seguro y un llamado común a la educación teológica que propician el florecimiento de sus miembros. Ese espacio debe ser uno de aceptación mutua, respeto, responsabilidad, espiritualidad, amor, apoyo intelectual e interdisciplinario, «propicio y profético para las iglesias y la sociedad en donde el seminario o la universidad estén ubicados».

Otro aspecto fundamental del desarrollo docente es la cultura institucional. El *Capítulo 3* trata este importante aspecto que es tan susceptible a factores externos e internos. Por consiguiente, los líderes académicos que aspiran a mejorar la eficacia de sus instituciones tienen que imaginar y formar una cultura ideal cuyos valores sean bíblicos y académicos. Esto requiere la participación de los diversos niveles del liderazgo del seminario, comenzando con la junta directiva (fideicomisarios) y el liderazgo superior. Los profesores y el personal también contribuyen comprometiéndose de lleno con la misión, la visión y los valores institucionales. Un caso hipotético al final del capítulo ayuda al lector a entender cómo funciona la cultura institucional. El autor concluye: «Una cultura institucional saludable crea un ambiente positivo para el aprendizaje, proyecta un modelo para los estudiantes en sus ministerios y glorifica a Aquel quien es la razón de ser del seminario».

La segunda parte discurre sobre los «Sugerencias prácticas para el desarrollo docente». Cada capítulo cubre aspectos determinantes del éxito de los esfuerzos institucionales a favor del desarrollo docente. El autor del *Capítulo 4* sugiere varios pasos prácticos para el diseño y la implementación de dicho plan. El primer paso consta en que el seminario aclare sus metas y defina su llamado de parte de Dios. Sugiere, además, que incluya en sus objetivos tres componentes críticos para el desarrollo docente: una cultura de servicio humilde y excelencia profesional, colaboración y cuidado mutuo, y crecimiento. El segundo paso tiene que ver con la evaluación de las necesidades de desarrollo de los docentes. Para que el programa sea exitoso, debe tomar en cuenta la cultura institucional y sondear entre la facultad cuáles son sus intereses, experiencias, frustraciones y necesidades de crecimiento. En tercer lugar, habrá que determinar los recursos de tiempo y dinero para el diseño del plan, sobre todo en las instituciones de escasos recursos. En cuarto lugar, hay que comenzar indagando cuáles son las estrategias disponibles para el desarrollo del plan. Los líderes académicos no están limitados a las estrategias que requieran fondos pues, en algunos casos, pueden valerse de los recursos existentes en la institución. En quinto lugar, la priorización de estrategias y recursos es muy importante. Una vez identificadas las necesidades prioritarias de los docentes, y su accesibilidad (las posibilidades para responder a esas necesidades), se podrá «ir más allá de las intenciones a un plan para el desarrollo profesional de la facultad». Por último, es fundamental que este proceso cuidadoso y los pasos anteriores culmine en la implementación del plan de desarrollo docente porque la facultad es el «mayor recurso» y «el currículo del seminario» y como profesores servimos en un mundo cambiante. El capítulo, al final, presenta varios formularios como muestra para la observación e informe de clases, las revisiones anuales de desempeño y las evaluaciones estudiantiles de los cursos.

Los líderes académicos, entre sus muchas responsabilidades administrativas y diarias, interactúan con los profesores como parte de la edificación de un cuerpo dedicado a las tareas educativas de la institución. El autor del *Capítulo 5* comienza estableciendo dos premisas relacionadas con la facultad en la educación teológica. La primera es que «las instituciones teológicas son ante todo entidades espirituales. Por lo tanto, sus facultades deben, por encima de todo, estar espiritualmente vivas». En segundo lugar, «los miembros de la facultad son, ante todo, hermanos y hermanas en Cristo y seres humanos (1Co 12:12-26). Por lo tanto, hay que tratarlos como miembros de la comunidad cristiana». Con esto en mente, el autor señala algunas de las complejas y desafiantes responsabilidades administrativas en el trato con la facultad en el entorno espiritual de las instituciones de educación teológica. Los líderes académicos están a cargo del reclutamiento, la retención y el despido de los docentes. El mantenimiento de la calidad de la institución amerita la contratación de profesores bien cualificados que sepan ajustarse a la facultad y a la cultura de la institución. Además, los líderes académicos aumentan las probabilidades de éxito y retención de los docentes recién contratados orientándolos, respaldándolos y protegiéndolos de sobrecarga de trabajo o de comités innecesarios. Una tarea más delicada es el despido de profesores, que puede ser necesario debido a varias razones. Asimismo, los conflictos entre la facultad deben ser atendidos prontamente para salvaguardar la unidad y la armonía de la institución. El autor también señala la compleja tarea de lidiar con comportamientos "difíciles" entre la facultad. El fortalecimiento de una cultura relacional puede contribuir a una comunidad espiritual genuina. Los líderes pueden dirigir a la facultad por medio de reuniones que estimulan la comunicación y fomentan un ambiente de colaboración entre la comunidad docente.

La evaluación es otro recurso importante en el desarrollo docente. El *Capítulo 6* cubre el uso de las evaluaciones para el crecimiento de los profesores. Los líderes académicos pueden descubrir si los profesores son competentes en sus campos, si poseen destrezas pedagógicas (o andragógicas), si están desarrollando relaciones positivas e influyentes con sus estudiantes y si son responsables con su trabajo; ello requiere expectativas claras. Una evaluación eficaz, según el autor, requiere un punto de referencia con definiciones claras de los estándares para la enseñanza. De igual forma, amerita una perspectiva adecuada en la interpretación de las evaluaciones de los estudiantes. La evaluación es beneficiosa cuando es parte de un sistema de evaluación continua en la institución. Esta incluye las autoevaluaciones, las evaluaciones de los estudiantes y de parte de los colegas. El autor indica que ésta última es la herramienta más poderosa para moldear el quehacer docente, «afirmando sus buenos hábitos y presionándolos a que cambien». El equipo docente mejora la confianza de la facultad, su comprensión de la manera en que las cosas encajan en el currículo y su conciencia de su papel en la formación de una comunidad de aprendizaje saludable. El autor argumenta que la evaluación institucional es necesaria para entender el estado de la facultad y si cuenta con el personal adecuado para sus programas.

La tercera parte analiza los «Procesos estratégicos para el desarrollo docente». La edificación de un equipo docente es un proceso estratégico en las instituciones de educación teológica debido al papel de la facultad en la formación de los ministros de la iglesia. El *Capítulo 7* establece las bases para que los docentes funcionen como una comunidad de aprendizaje que «constantemente está mejorando y realzando las capacidades de sus miembros para lograr la visión en común... [y] crece constantemente en la semejanza de Cristo». Por lo tanto, los líderes académicos están llamados a edificar un equipo docente. El autor resalta disciplinas tales como una visión en común, confianza, modelos mentales y diálogo. Tras reconocer que la confianza es la disciplina subyacente en la creación de los equipos, el autor procede a integrar las dos últimas disciplinas como críticas. Los modelos mentales influyen en la manera en que «actuamos y reaccionamos, nos comportamos e interpretamos y vemos la realidad, las personas y las experiencias». El diálogo, por el otro lado, depende de las habilidades para escuchar, respetar, suspender y expresarse. La confianza lo facilita. El autor analiza varias fuentes que destacan «la importancia de los debates abiertos, la comunicación constructiva, la conversación o el diálogo como clave para el desarrollo de la confianza y la edificación de los equipos».

El desarrollo de los docentes como mentores es el tema del *Capítulo 8* en el que el autor parte de la premisa de que «la mentoría ofrece el elemento ausente que podría ayudar a las instituciones y a otros en el cumplimiento exitoso de la Gran Comisión tal y como Cristo la imaginó». La mentoría eficaz requiere que la facultad esté comprometida con guiar a los estudiantes. Las instituciones educativas deberían valorarla al punto de «incluirla como un elemento crucial de su filosofía educativa y las descripciones de trabajo de la facultad y el personal». Sobre los cimientos bíblicos de mentores como Jesús y Pablo, el autor insta a que las instituciones se comprometan con la mentoría. Aquellas que deseen ser eficaces en la capacitación de los estudiantes para el ministerio en la comunidad cristiana deben incluirla en los componentes clave de la institución, tales como (1) sus principios rectores, contrapesando la mentoría con el rigor académico; (2) los currículos, para asegurarse de que ocurra, sea eficaz y afirmada como parte del ADN de la institución; (3) la asignacion de recursos tales como el tiempo, las instalaciones, el personal y las finanzas; y (4) el plan de desarrollo docente, el cual debe presentar el perfil del mentor eficaz y asegurarse de que sea reproducida en los docentes. El autor concluye: «La formación de mentores eficaces no es opcional para las instituciones académicas y evangélicas; es la esencia de su llamado de hacer discípulos semejantes a Cristo y multiplicadores de discípulos».

Asimismo, el asesoramiento (coaching) es otro concepto que ha ganado prominencia en las últimas décadas, especialmente en el mundo de los negocios. Sin embargo, ha entrado en otras esferas, como los círculos académicos. Por lo tanto, el *Capítulo 9* analiza cómo está ayudando al desarrollo profesional de la facultad. El autor distingue entre asesoramiento y adiestramiento o capacitación, argumentando que el objetivo principal del adiestramiento es «satisfacer las necesidades y adelantar los propósitos de la *institución*», mientras que el asesoramiento va dirigido a las necesidades individuales. Otra distinción tiene que ver con los medios de asesoramiento; por lo tanto, mientras que la capacitación ocurre a través de la instrucción, el asesoramiento utiliza la investigación, evaluación y modelaje. Otra parte importante es ayudar a los profesores con la identificación de los recursos, el tiempo, las becas y las conexiones. El propósito del asesoramiento es ayudar a los miembros de la facultad en su desarrollo profesional desde dos perspectivas: del individuo al colectivo y de la uniformidad a la singularidad. Al ir de una perspectiva individual a la colectiva permite que identifiquemos diferentes perfiles para la facultad, dándole mayor atención al *académico*. El cambio de una perspectiva uniforme a una singular refleja las categorías de desarrollo necesarias, incluyendo el comprenderse a uno mismo, conversaciones y contribuciones interdisciplinarias, la enseñanza y el aprendizaje y la integración bíblica, las cuales según el autor deben ser prioritarias en el asesoramiento. Así se cultiva el «potencial individual en lugar de imponer la conformidad a un ideal».

Por último, yo (Orbelina) enseño a los estudiantes en los programas doctorales, e interactúo con ellos durante sus estudios y aun después de haberse graduado. Si bien algunos de los estudiantes vienen a nuestros programas para continuar su educación doctoral específicamente porque ya ocupan o necesitan las credenciales para ocupar un puesto de liderazgo académico, otros no cuentan con esa experiencia ni pensaban que algún día entrarían en la administración académica, sin embargo, a partir de entonces han sido nombrados rectores (presidentes), decanos académicos, decanos asociados, jefes de departamentos o directores de programas. Este último grupo se relacionará bien con el tema que exploro en el *Capítulo 10* sobre el desarrollo de líderes académicos entre los profesores. En este capítulo analizo varios aspectos que los líderes académicos deben considerar en el desarrollo de sus docentes con miras al ejercicio del liderazgo académico en sus instituciones. En primer lugar, debido a la complejidad de la administración académica, los profesores deben estar seguros de que Dios los ha llamado a tales posiciones. El saber que están respondiendo al llamamiento de Dios y que sienten un fuerte deseo de apoyar la misión y la visión de la institución les ayudará a superar los desafíos. También sostengo que el desarrollo de líderes académicos de entre los profesores requiere una buena comprensión de la estructura de liderazgo académico. Lo crítico es entender quiénes deben estar a cargo del desarrollo de los líderes emergentes o los que ya están en sus cargos, así como los desafíos de este proceso interno, debido a factores como la cultura institucional y docente, las estructuras para la toma de decisiones, el fenómeno de la incorporación de personas externas y a veces los limitados recursos de la institución. Este fomento de la capacidad de liderazgo, que ayudará con el desarrollo de las destrezas necesarias para cada nivel de la institución, requiere intencionalidad en la selección de las estrategias para capacitar y preparar líderes. Las instituciones pueden identificar algunas estrategias eficaces para sus contextos, tales como las asignaciones de comités, la participación de la facultad y el liderazgo en las capacitaciones formales e informales, mentoría y planes personales para el desarrollo profesional. En mi capítulo, también abogo por más oportunidades para las profesoras de participación en el liderazgo académico, ya que las mujeres siguen demostrando que están cualificadas y pueden contribuir grandemente a la institución y, por lo tanto, a la educación superior en general.

Para concluir, nos gustaría reiterar las palabras de Austin y Sorcinelli en la conclusión de su artículo, «El futuro del desarrollo docente: ¿Hacia dónde nos dirigimos?»:

> Hoy en día, el desarrollo docente constituye una palanca estratégica para la excelencia y la calidad institucionales, y una herramienta de vital importancia para fomentar la preparación institucional y el cambio en respuesta a la variedad de las complejas demandas que enfrentan las universidades y los colegios. Los profesionales del desarrollo docente pueden estar seguros de que su trabajo es estratégicamente importante, intelectualmente exigente y profesionalmente gratificante en cuanto a su contribución al fomento de la excelencia institucional e individual.[8]

Fritz Deininger y Orbelina Eguizabal
Editores

---

8. Austin y Sorcinelli, "Future of Faculty Development," 95–96.

Parte I

Aspectos Fundamentales del Desarrollo Docente

1

El papel de la facultad en la educación teológica

Fritz Deininger

La excelencia en la educación teológica es un desafío. Ello significa preparar bien a los hombres y a las mujeres para el ministerio en la iglesia y el mundo. El seminario y los programas tienen la tarea de equiparlos con las herramientas necesarias para que administren sus vidas y ministren eficazmente en el mundo. Si bien los líderes académicos y los profesores desempeñan un papel prominente en la facilitación de una educación de calidad, no debemos pasar por alto otros factores. Véase la Gráfica 1.

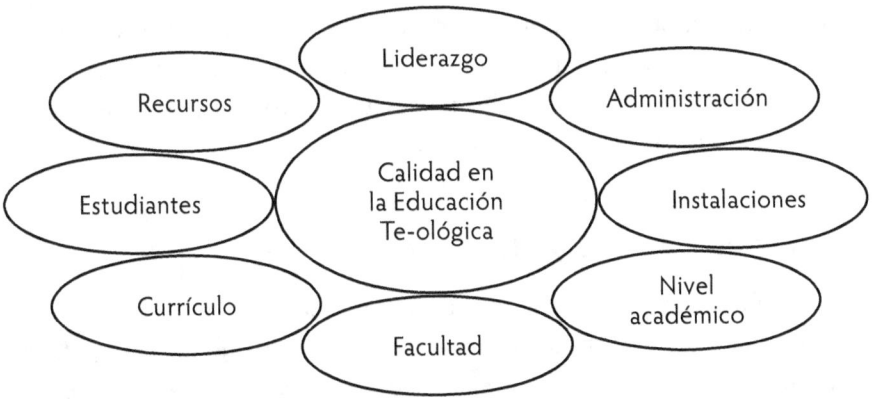

Gráfica 1.1: **Factores que contribuyen a la excelencia**

Mientras los líderes desarrollan una educación teológica de excelencia, tendrán que discernir las necesidades de cada área. Su tarea es definir qué están contribuyendo hacia el logro de los objetivos generales del seminario. Las buenas relaciones laborales entre la facultad y el personal, en donde cada parte entiende su función en el éxito y la eficacia de los programas educativos, propician la enseñanza y el aprendizaje. Cabe mencionarlo porque la facultad no puede llevar a cabo su tarea si está en discordia con el resto de la institución. Más allá de la enseñanza, también es parte de la cultura institucional.

Antes de que examinemos el papel de la facultad en la educación teológica, es importante que aclaremos a que estamos refiriéndonos por 'facultad' ya que este sustantivo tiene diferentes connotaciones según el contexto educativo. El término 'facultad' puede referirse a un departamento de estudio en un entorno universitario (p. ej., la «Facultad de Teología» o la «Facultad de Misiología»). En otros contextos, se refiere a los docentes o profesores de una institución, ya sea una universidad o seminario. Este capítulo adopta el segundo significado.

Este estudio explorará el papel de la facultad en la educación teológica, en primer lugar, desde una perspectiva bíblica. Esto es obligatorio porque la enseñanza de la teología exige que el docente viva de acuerdo con las normas bíblicas. Las funciones de Jesús y Pablo como maestros ofrecen valiosas perspectivas para los profesores de hoy. En segundo lugar, consideraremos los aspectos institucionales que están relacionados con el papel de la facultad. Los líderes académicos y la institución son fundamentales para que el profesor sea eficaz en la enseñanza y el aprendizaje. Al mismo tiempo, los líderes deben estar al tanto de sus expectativas. Los docentes deben sentir el respaldo de la institución a su labor. En tercer lugar, veremos las expectativas educativas para la función docente. Sus vidas personales y experiencias profesionales determinarán su efecto sobre los estudiantes, la iglesia y el mundo.

La función docente: Reflexiones bíblicas

La Biblia no es un manual explícito para la educación teológica o el desarrollo de la facultad, pero comprueba que la enseñanza juega un papel importante en afirmar a los creyentes en su fe en Cristo y prepararlos para el servicio en la iglesia y el mundo. Jesús mandó a sus discípulos a que enseñaran a los creyentes, «a obedecer todo lo que les he mandado a ustedes» (Mt 28:20). La iglesia primitiva adoptó la práctica de enseñar la Palabra de Dios asiduamente (p. ej., Hch 2:42). Los apóstoles eran conscientes de que la enseñanza y la predicación de la Palabra de Dios perseguían objetivos distintos: «La predicación es para la evangelización, para llevar los pecadores al Salvador. La enseñanza, sin embargo, es para la edificación, para la instrucción y nutrición espiritual de los creyentes en Cristo. La primera llama al arrepentimiento; la segunda al discipulado. La primera lleva al nacimiento espiritual; la segunda fomenta el crecimiento espiritual».[1]

Muchos docentes desempeñaron un papel importante en el Antiguo y Nuevo Testamento. Sin embargo, aquí consideraremos solamente los ejemplos de Jesús y Pablo. Ambos eran siervos de Dios que predicaban y enseñaban la Palabra de Dios. Fueron influyentes en las vidas de aquellos que vinieron a ser los líderes de la iglesia sin haber sido capacitados por un seminario.

El papel de Jesús como Maestro

No cabe duda de que la enseñanza fue una parte importante del ministerio de Jesús. Roy Zuck, autor del libro, *Enseñe como Jesús*, presenta una estadística interesante: «De las noventa y cinco ocurrencias del verbo *didasko* en el Nuevo Testamento, más de la mitad (cincuenta y siete) están en los Evangelios, cuarenta y siete en alusión a la enseñanza de Jesús. Los evangelistas revelan que Jesús se destacó en la enseñanza. Sin duda fue reconocido como un Maestro eminente».[2] Las estadísticas confirman que Jesús cumplió su llamamiento y su función docente durante su ministerio terrenal. ¿Por qué fue Jesús un maestro eficaz? ¿Cómo cumplió su labor docente? ¿De qué manera su ministerio de enseñanza surtió efecto en la gente? Algunas de sus características excepcionales nos desafiarán hoy como educadores teológicos.

Su madurez como Maestro

Aunque Jesús era el Hijo de Dios, tuvo que desarrollarse como cualquier otra persona. Lucas nos dice que Jesús «crecía y se fortalecía; progresaba en sabiduría, y la gracia de Dios lo acompañaba» (Lc 2:40). Además, «Jesús creció en sabiduría y estatura, y en favor de Dios y del hombre» (Lc 2:52). Ambas

---

1. Roy B. Zuck, *Teaching as Paul Taught* (Grand Rapids: Baker, 1998), 39.
2. Roy B. Zuck, *Teaching as Jesus Taught* (Grand Rapids MI: Baker, 1995), 29.

referencias sugieren que Jesús maduró en su vida y creció física (en estatura), mental (en sabiduría), espiritual (en el favor de Dios) y socialmente (en el favor de la gente). Llegó a ser una persona perfecta y madura. Su personalidad equilibrada lo convirtió en el Maestro amado del pueblo, de tal modo que Lucas añade lo siguiente: «Todos dieron su aprobación, impresionados por las hermosas palabras que salían de su boca» (Lc 4:22).

Los docentes de hoy ciertamente aprenden de Jesús que: «El guiar a otros en la aceptación de las cosas de Dios demanda docentes cabales – que crecen mental, espiritual y socialmente».[3] La labor docente parte de una persona que ha desarrollado madurez o que está abierta a ser desarrollada en los diversos aspectos de la vida. La enseñanza efectiva, aquella que afecta a los estudiantes, fluye de una personalidad madura que se ha desarrollado en la escuela de la gracia de Dios.

Su autoridad como Maestro

Después que Jesús terminó el Sermón del Monte, dice que la gente «se asombraron de su enseñanza, porque les enseñaba como quien tenía autoridad, y no como los maestros de la ley». (Mt 7:28–29). Los presentes reconocieron que la enseñanza de Jesús era distinta de los maestros de la ley. Los impresionó que fuera inspirada por Dios. Los judíos no comprendían cómo era posible que enseñara con tanta autoridad sin haber estudiado las Escrituras como los otros (Jn 7:15): «—Mi enseñanza no es mía —replicó Jesús—, sino del que me envió» (Jn 7:16).

¿En qué estribaba su autoridad como Maestro? Aquí vemos dos tipos de autoridad. Una es la autoridad derivada del nombramiento o la elección a un puesto o al ejercicio de un papel. Es decir, la autoridad es ejercida sobre la base de ese nombramiento. Esto aplica a los docentes de hoy. No se han nombrado a sí mismos, sino que Dios y la institución teológica los han llamado a la enseñanza (el llamamiento será tratado en la tercera sección de este capítulo). El segundo tipo es la autoridad inherente, basada en quién es la persona o inherente al cargo. Esta es la autoridad de Jesús debido a su posición como el Hijo de Dios. «Jesús es un Maestro con autoridad, no debido a que fuera

---

3. Zuck, *Teaching as Jesus Taught*, 63.

nombrado o electo, sino por quién es. Su autoridad es inherente a su Persona, como el Hijo eterno de Dios».[4]

Un aspecto importante del papel de docente teológico es enseñar con autoridad. Los docentes derivan su autoridad de la Palabra de Dios. «Nuestra autoridad no radica en lo que decimos, sino en lo que Dios dice en su Palabra escrita. ¡La autoridad de la enseñanza reside en que decimos lo que *ha dicho*!».[5] Los docentes en la educación teológica de hoy tienen que fundamentar en la Biblia lo que transmiten a sus estudiantes.

Sus cualidades como Maestro

En su extenso y profundo estudio sobre Jesús como maestro, Roy Zuck (que fue profesor de Exposición Bíblica en el Seminario Teológico de Dallas) resume las cualidades de su vida y personalidad que lo convirtieron en un maestro excepcional: «¡El mejor Maestro también fue el más popular en el mundo! ¿Por qué? Porque enseñaba con autoridad, dominio, certeza, humildad, constancia, espontaneidad, claridad, urgencia, variedad, cantidad, empatía, intimidad, sensibilidad y pertinencia».[6] Jesús demostraba estas características cuando enseñaba a individuos (p. ej., el joven rico, Mt 19:16-22), multitudes (Lc 5:3) y grupos de personas (Mt 5:1-2), y los discípulos (Mateo 5:1-2) y en sus respuestas a las preguntas de los religiosos (los saduceos, Mt 22:23-32).

Como educadores teológicos tenemos que estudiar las cualidades que hicieron de Jesús un maestro excepcional. ¿Qué cualidades debe poseer una profesora para que su enseñanza sea eficaz en determinado contexto o programa? Cada docente debe reflexionar sobre estas cualidades y diseñar un plan de mejoramiento personal. La facultad podría llevar a cabo este ejercicio y estudiar juntos las cualidades de Jesús y sus implicaciones para su labor docente. Los líderes académicos son decisivos en facilitar el debate sobre las cualidades de los profesores en la educación teológica.

---

4. Zuck, 45.
5. Zuck, 57.
6. Zuck, 90.

Su impacto como Maestro

Jesús ciertamente afectó a muchas personas, incluso a sus oponentes, a través de su ministerio de predicación, enseñanza y sanidad. En este estudio nos enfocaremos en el efecto que tuvo sobre los discípulos en su preparación ministerial. ¿Cómo su cátedra afectó a sus discípulos? ¿Por qué su enseñanza fue tan eficaz que llegaron a ser los pilares de la iglesia? ¿Hasta qué punto su capacidad de respuesta a la enseñanza y la formación de Jesús contribuyó a su crecimiento espiritual y profesional? Examinaremos solamente algunas áreas que ilustran este efecto duradero sobre los escogidos para continuar su ministerio.

En primer lugar, el efecto sobre los discípulos está relacionado con el hecho de que Jesús seleccionó a los Doce como sus compañeros, discípulos y siervos (Mc 3:13-19). Su llamado fue el comienzo del viaje que desarrollaría sus vidas. Ellos estuvieron dispuestos a dedicarse de lleno a Jesús. Jesús se convirtió en su maestro, mentor y entrenador. Sus vidas fueron cambiadas a partir de estos dos aspectos de su relación con Jesús: el llamamiento y su compromiso.

En segundo lugar, esta relación entre Jesús y los discípulos no giraba solamente en torno a sus papeles de maestro y estudiantes; Juan nos dice que Jesús amó a sus discípulos: «Y habiendo amado a los suyos que estaban en el mundo, los amó hasta el fin» (Jn 13:1). Este amor lo expresó preocupándose por ellos. Confiaba en sus habilidades y los empoderó para que ejercieran el ministerio (Mt 10:1). Como Maestro, se interesó en el desarrollo integral de sus discípulos, lo que ciertamente los preparó para su partida.

En tercer lugar, Jesús afectó la vida de los discípulos con la manera en que los entrenó. Su preparación ministerial no ocurrió en el entorno formal de un seminario; más bien, el entrenamiento que recibieron fue el impacto de Jesús, a través de sus enseñanzas y porque participaron en muchos de los aspectos de su ministerio. Roy Zuck nos dice que, «Jesús los preparó con su ejemplo, sus lecciones, milagros, contacto personal e involucrándolos. Como resultado, debido a que creyeron en él, fueron transformados y le dedicaron sus vidas».[7] Como modelo, Jesús inspiró a los discípulos de tal manera que, por ejemplo, cuando lo vieron hablando con el Padre, se acercaron a pedirle, «Señor, enséñanos a orar» (Lc 11:1).

---

7. Zuck, 121.

En cuarto lugar, los discípulos (excepto Judas) estuvieron dispuestos a aprender de Jesús y ser formados. Esto contribuyó al efecto de su enseñanza. Ellos recibieron la enseñanza, corrección y los desafíos de Jesús. Sus vidas fueron tocadas y transformadas, y a su vez ellos se convirtieron en líderes que tocaron a muchas personas e iniciaron un movimiento de creyentes en Cristo. Les enseñaron lo que habían experimentado junto a su Maestro Jesús. Cuando a Pedro y a Juan les fue prohibido hablar o enseñar en el nombre de Jesús, ambos declararon lo siguiente: «Nosotros no podemos dejar de hablar de lo que hemos visto y oído» (Hch 4:20). ¡Qué extraordinario testimonio de su vida con Jesús!

Jesús fue un maestro excepcional. Su madurez, autoridad y estilo de vida formaron a los discípulos. Los educadores teológicos de hoy no serán Jesús, pero con su ejemplo pueden aprender a ser maestros eficaces en las vidas de sus estudiantes.

El papel de Pablo como maestro

Jesús fue uno de los más grandes maestros de la historia, pero también contamos con el ejemplo del apóstol Pablo, quien se dedicó a Dios con un ministerio multifacético, como explica Roy Zuck: «Este sirvió a Dios como pionero de las misiones, apóstol, ferviente evangelista, plantador enérgico de iglesias, escritor prolífico, teólogo perspicaz, vigoroso apologista, predicador dinámico, pastor y maestro estimulante».[8]

Pablo tuvo un extenso ministerio de enseñanza. A los líderes de la iglesia de Éfeso les recordó el tiempo y la energía que había invertido en la enseñanza de los creyentes: «Ustedes saben que no he vacilado en predicarles todo lo que les fuera de provecho, sino que les he enseñado públicamente y en las casas» (Hch 20:20). Su ministerio docente también queda demostrado en su Primera Epístola a los Tesalonicenses, en donde describe cómo cuidaba a los cristianos. Por ejemplo: «Saben también que a cada uno de ustedes lo hemos tratado como trata un padre a sus propios hijos» (1 Ts 2:11). Roy Zuck describe con precisión este ministerio de enseñanza: «La enseñanza requiere tener un corazón atento e interesado, ser consuelo y guía de los que aprenden, que a su vez requiere de instrucción cuidadosa en las verdades bíblicas, que es el "alimento" necesario

---

8. Zuck, *Teaching as Paul Taught*, 11.

para el crecimiento espiritual».[9] La personalidad de Pablo era única y sus logros fueron impresionantes. Su dedicación a la enseñanza es inspiradora para los educadores teológicos de hoy. De sus muchas cualidades consideraremos tres que lo convirtieron en un maestro eficaz.

Su ambición como maestro

Pablo expresa su ambición personal se expresa en las palabras «Lo he perdido todo a fin de conocer a Cristo, experimentar el poder que se manifestó en su resurrección, participar en sus sufrimientos y llegar a ser semejante a él en su muerte» (Fil 3:10). Pablo tuvo una excelente formación teológica bajo su maestro Gamaliel (Hch 22:3). Su profundo conocimiento y entendimiento teológicos son manifiestos en cómo referencia al Antiguo Testamento y en su interpretación de la historia de Israel (p. ej., 1Co 10:1–13). Cristo se le había revelado (Hch 9:1–19), por lo que su única ambicion era predicarlo (1Co 2:1–5) y conocerlo íntimamente.

Esta ambición personal hizo que valorara el verdadero conocimiento, pero también que buscara que sus discípulos crecieran y maduraran espiritualmente. Pablo anhelaba que Cristo «fuera formado» en los creyentes (Gá 4:19). Sus vidas debían manifestar madurez en su relación con Dios, en sus relaciones interpersonales y con la gente que no había creído en Cristo, así como en su manera de expresar su fe en las circunstancias cotidianas. La madurez espiritual, para Pablo, queda expresada en la ambición de vivir para Cristo (2Co 5:15). El creía que el desarrollo espiritual era un «aprendizaje» tanto del contenido como la experiencia (Ro 6:17; Ef 4:20; 2Ti 3:14).

Los educadores teológicos deben reflexionar sobre su ambición personal como docentes. ¿Dan tanta importancia a su conocimiento y relación con Cristo como Pablo? La ambición personal queda plasmada en los objetivos para la enseñanza y el aprendizaje. La preocupación por el conocimiento académico debe ir acompañada del objetivo de guiar a los estudiantes hacia el crecimiento y la madurez espirituales.

---

9. Zuck, 34.

Sus cualidades como maestro

Roy Zuck hace una lista impresionante de las cualidades de Pablo como maestro. Casi todas giran en torno a su carácter, con solamente la última resaltando su conocimiento y don de enseñanza, lo que nos dice algo acerca de su compromiso con Dios y su genuino interés por las personas: «La información que encontramos en el Nuevo Testamento acerca de este excepcional apóstol de la iglesia resalta su piedad; la autoridad y confianza que había recibido de parte de Dios, su integridad personal, honradez y constancia, humildad genuina, cortesía, sensibilidad compasiva hacia el Señor y los demás, severidad audaz contra los oponentes suyos y de Dios, fervor inquebrantable, tenacidad intrépida en medio de un sinnúmero de adversidades, profunda serenidad, felicidad y dominio de los temas doctrinales y éticos».[10]

¿Puede fungir Pablo como modelo para los docentes de este tiempo? Sus cualidades son ciertamente deseables para los participantes en la educación teológica, según el resumen de Roy Zuck: «Estas doce características (piedad, autoridad, humildad, integridad, cortesía, sensibilidad, fervor, tenacidad, severidad, serenidad, felicidad, maestría) distinguen al apóstol Pablo como un maestro verdaderamente sobresaliente y un modelo supremo para los docentes de hoy».[11]

¿Qué cualidades esperamos de los docentes de educación teológica hoy? El líder académico tiene ante sí el reto de encontrar docentes que posean las credenciales académicas y las cualidades de vida que los distinga como modelos para los estudiantes. En mi experiencia en el contexto asiático, sé que los estudiantes esperan que sus profesores dominen el tema y a la vez, demuestren los valores bíblicos a través de su vida. Por lo tanto, Pablo habría sido un excelente maestro en el contexto asiático.

Su efecto como maestro

El logro de los objetivos de enseñanza es medible en las vidas de los estudiantes. Como maestro, Pablo fue usado para afectar tanto a sus contemporáneos como a generaciones futuras. Nos detendremos en dos de las áreas de mayor efecto: la edificación de la vida de las personas y el legado de sus obras escritas.

---

10. Zuck, 61.
11. Zuck, 108.

Su influencia sobre las personas

Pablo entró en contacto con audiencias diversas durante su ministerio de enseñanza y predicación. Nótese la manera en que se adaptaba a personas de diferentes ámbitos de la vida y orígenes religiosos: «Pablo muestra sus increíbles destrezas evangelistas y pedagógicas ante una variedad de audiencias e individuos. Este debatió con líderes religiosos y pronunció discursos valientemente ante gobernantes. Sostuvo conversaciones con oficiales de gobierno inteligentes, paganos incultos, artesanos acomodados, filósofos sofisticados, mujeres prominentes, prisioneros y soldados romanos. Se dirigió a grandes multitudes, grupos religiosos, familias y personas en privado».[12]

Timoteo es uno de los grandes ejemplos de la influencia de Pablo. Los dos pasaron mucho tiempo juntos, de tal forma que Pablo fue su mentor, modelo y maestro (2Ti 3:10-17). Pablo testifica de ello: «Tú, en cambio, has seguido paso a paso mis enseñanzas, mi manera de vivir, mi propósito, mi fe, mi paciencia, mi amor, mi constancia» (2Ti 3:10). Continúa exhortando a Timoteo: «Pero en cuanto a ti, continúa en lo que has aprendido y de lo que te has convencido, porque conoces a aquellos de quienes lo aprendiste» (2Ti 3:14). De tal manera Timoteo absorbió la enseñanza y el ejemplo de Pablo que llegó a convertirse en un líder en la iglesia e influir a muchas personas.

Pablo intencionalmente enfocaba su enseñanza en la multiplicación, como le recuerda a Timoteo: «Lo que me has oído decir en presencia de muchos testigos, encomiéndalo a creyentes dignos de confianza, que a su vez estén capacitados para enseñar a otros» (2Ti 2:2). El principio de la multiplicación fue un factor importante en la iglesia y el ministerio evangelista. Los creyentes en Cristo difundieron el Evangelio (Hch 13:49; 16:5; 1Ts 1:8). Debe haber sido alentador para Pablo que su enseñanza inspirara a sus discípulos a que transmitieran lo aprendido.

Sus largas estadías en varios lugares aparentemente también contribuyeron a su influencia sobre las personas. Fue así como tuvo la oportunidad de enseñarles la Palabra de Dios a fondo e instruirlos hacia la voluntad de Dios. La estadía de Pablo y Bernabé en Antioquía, en donde tuvieron un extenso

---

12. Zuck, 128.

ministerio de enseñanza, ciertamente contribuyó a que la iglesia allí se convirtiera en el centro de las misiones (Hch 14:28; 15:35; 18:23).

La influencia de Pablo supera toda imaginación y comprensión. Fue un maestro excepcional porque estaba comprometido con llevar a las personas hacia la madurez en la fe y el ministerio: «El sinnúmero de personas que escucharon el Evangelio de Pablo, los miles que se convirtieron a través de su ministerio, los muchos grupos que recibieron sus lecciones durante períodos extensos y sus decenas de colaboradores o socios de una u otra manera confirman la profunda y abarcadora influencia de este hombre que vivió para la causa de Cristo».[13]

El ejemplo de Pablo es un desafío para los educadores teológicos de hoy en día. Al igual que Pablo, tienen que ajustarse a sus audiencias de estudiantes. Tanto el material como su presentación y las tareas tienen que acomodarse a cada clase, porque cada clase es diferente. Su función es el fomento de la multiplicación. Se puede empezar por explicarles a los estudiantes que sus monografías quizás en el futuro educarán a otras personas. No cabe duda de que la función docente está estrechamente vinculada con el desarrollo de cada estudiante.

Su influencia a través de sus escritos

Las cartas de Pablo han afectado la iglesia y la vida de muchas personas desde su época hasta el día de hoy. Mediante sus obras estableció los fundamentos de la vida cristiana y la teología. Su legado ha sido duradero porque como teólogo estableció principios bíblicos que han sido válidos por generaciones. Pablo respondió a las preguntas de las congregaciones y los creyentes (1Co 7:1). Los advirtió contra las falsas doctrinas y corrigió sus errores (Col 2:8, 16-19). Asimismo, estaba preocupado por la unidad de la iglesia y la vida cristiana (Ef 4: 1-3). Aunque podemos mencionar otros ejemplos, lo importante es que utilizó sus escritos para enseñarles a los cristianos el camino del Señor. Su papel como maestro no estuvo limitado al aula ni a la preparación de ministros, se extendió a la comunidad cristiana.

---

13. Zuck, 141.

El papel de los docentes en la educación teológica también debe verse como una oportunidad para afirmar las bases bíblicas de la comunidad cristiana. Nadie está mejor posicionado para enseñar y escribir acerca de los temas contemporáneos, la vida cristiana en la sociedad moderna o el manejo de las herejías y falsas doctrinas. Su legado podría ser muy valioso.

El papel docente: Consideraciones institucionales

Los docentes son el corazón del seminario o del programa de capacitación. La responsabilidad del líder académico es asegurarse de que el entorno institucional les permita llevar a cabo su labor de enseñanza en libertad. Por lo tanto, es esencial que inviertan su tiempo y energía en su relación con la facultad y el desarrollo docente. Dos aspectos son clave desde el punto de vista institucional: el entorno institucional y las expectativas de la facultad sobre su papel en la institución.

Entorno institucional para la facultad

La facultad tendrá éxito en la institución y la educación teológica en la medida en que esté integrada a la cultura institucional. Sin duda esto comienza con la selección de profesores adecuados al propósito y la misión del seminario y su iniciación en la cultura institucional. Gordon Smith tiene razón cuando dice que «la integración con la cultura, la misión, el *ethos* y los valores del seminario es un indicador profundamente significativo de las probabilidades de éxito como miembro de la facultad».[14] Los líderes académicos deben adoptar el principio de que cada docente se comprometa con la institución desde el momento en que se une a la facultad: «El éxito de los profesores a nivel individual y el fortalecimiento de la facultad de un seminario a largo plazo dependen de la planificación de su composición, el cultivo y reclutamiento de candidatos capaces, una selección cuidadosa y la preocupación por que los nuevos docentes se integren a la comunidad académica. El liderazgo del

---

14. Gordon T. Smith, "Attending to the Collective Vocation," en *The Scope of Our Art: The Vocation of the Theological Teacher*, ed. L. G. Jones y Stephanie Paulsell (Grand Rapids, MI: Eerdmans, 2002), 241.

decano y su cuidado pastoral de los docentes juega un papel crítico en cada etapa de este proceso».[15]

La institución tiene que comunicar claramente lo que espera de sus docentes, incluyendo los de jornada parcial, además de su labor en la enseñanza y el aprendizaje. ¿Se espera que los docentes asistan a los servicios de adoración en la capilla? ¿O que participen en las actividades del seminario? ¿Cuál es su papel como mentores? El líder académico debe explicitar lo que espera de su facultad.

Los líderes académicos deben facilitar el trabajo de los docentes para que tengan éxito, porque ellos son el corazón del seminario. Los estudiantes salen beneficiados cuando sus profesores están satisfechos con su ministerio de enseñanza. Jeanne McLean llega a las siguientes conclusiones en su estudio de la relación entre los líderes académicos y la facultad: «La facultad, a través de su enseñanza, erudición y servicio, lleva a cabo la misión, establece la reputación del seminario y determina su futuro mediante sus decisiones curriculares, y contrataciones. Si la facultad tiene éxito, "todo lo demás funcionará". Los directores académicos rinden un servicio al estudiantado, al seminario y a la iglesia cuando facilitan el trabajo esencial de la facultad».[16]

La institución debe colaborar con el desarrollo profesional de sus docentes, mostrándoles su aprecio e interés. «Una institución inteligente ayudará a los docentes a navegar las corrientes de su carrera, pues la enseñanza sufre si estamos demasiado ocupados con otros deberes».[17] Esto es una alerta para los líderes académicos a que prioricen el cuidado pastoral y el desarrollo integral de los docentes. Se requiere una labor pastoral que fortalezca la función de la facultad y honre sus logros. «Las exigencias nuevas y complejas de nuestro tiempo implican que las instituciones tienen que *esforzarse por honrar la vocación de sus docentes*».[18] Por lo tanto, la relación que el líder académico

---

15. Jeanne P. McLean, *Leading from the Center: The Emerging Role of the Chief Academic Officer in Theological Schools*, Scholars Press Studies in Theological Education (Atlanta: Scholars Press, 1999), 126.
16. McLean, *Leading from the Center*, 109.
17. Gretchen E. Ziegenhals, "Faculty Life and Seminary Culture: It's about Time and Money," en *Practical Wisdom: On Theological Teaching and Learning*, ed. Malcolm L. Warford (Nueva York: Peter Lang, 2004), 65.
18. Ziegenhals, "Faculty Life and Seminary Culture," 65. Cursivas del original.

establezca con su facultad repercutirá en su labor docente y facilitadora: «El cuidado pastoral de los docentes ocurre de muchas formas como por ejemplo, interesarse en conocerlos, comunicarse con franqueza, consultarlos y delegarles proyectos, darles un trato justo, comprender sus dificultades y diferencias».[19]

La evaluación constante del desempeño de cada profesor, así como las evaluaciones de los resultados de cada curso, son poderosas herramientas que fomentan el desarrollo docente y el mejoramiento de la enseñanza y el aprendizaje. El decano académico puede ayudar al docente a reflexionar acerca de su enseñanza y desarrollar un plan de mejoramiento. «Una de las herramientas más poderosas con que cuenta la persona que busca desarrollar a la facultad es el cultivo de la reflexión entre los miembros de la facultad, ayudándoles a que adopten la estrategia del "estudio de la enseñanza y el aprendizaje" con el fin de evaluar sistemáticamente la eficacia de su diseño educativo. La evaluación sistemática sigue lógicamente al diseño sistemático y conduce al mejoramiento».[20]

Un docente es capaz de cumplir las expectativas de la institución cuando el líder académico ha establecido una relación de confianza, se interesa en su desarrollo y crea un ambiente institucional que da satisfacción a la facultad en su tarea multifacética. El ambiente de la institución depende en gran medida de que la facultad esté satisfecha con sus papeles y las expectativas, que deben estar bien definidas.

Expectativas institucionales de la facultad

Las expectativas institucionales incluyen lo que espera la facultad y lo que espera la institución. En su análisis de la carga de trabajo de los docentes, Gretchen Ziegenhals sugiere que dispondrían de más tiempo si aprendieran a confiar en que los administradores harán su parte. Esta añade otro punto sobre la actitud de la facultad hacia la administración: «La preferencia de la facultad por decisiones tomadas en grupo o por consenso, aunque democrática e inclusiva de las diferentes opiniones, casi siempre consume demasiado tiempo

---

19. McLean, *Leading from the Center*, 123.
20. Michael Theall y Jennifer L. Franklin, "Assessing Teaching Practices and Effectiveness for Formative Purposes," en *A Guide to Faculty Development*, ed. Kay J. Gillespie, Douglas L. Robertson, y Asociados, Jossey-Bass Higher and Adult Education Series, 2a ed. (San Francisco: Jossey-Bass, 2010), 158.

y energía. En el quehacer de educar a los ministros de la iglesia, quizás si hiciéramos menos (confiáramos en que los demás harán su trabajo), veríamos las innumerables maneras en que Dios está moviéndose y obrando en nuestra historia. Nuestra vocación como docentes teológicos debe afectar la cantidad de lo que hacemos».[21]

La eficiencia de la relación de trabajo entre la facultad y el liderazgo académico depende de la comprensión mutua de sus respectivos papeles y de sus expectativas de cada uno. El líder académico tiene que estar al tanto de las expectativas de la facultad: «La facultad espera que los decanos no solamente sean administradores académicos competentes, y posean una lista infinita de atributos y destrezas para el trabajo, sino que además los conozcan y entiendan, aboguen por sus intereses, los protejan del trabajo administrativo tedioso y atiendan los asuntos importantes a partir de amplias perspectivas institucionales y de la educación teológica».[22]

Las expectativas institucionales sin duda varían por contexto. En su mayoría abarcan una variedad de tareas que exigen mucho tiempo y energía. ¿Es posible cumplirlas todas adecuadamente? Los profesores tienen que disciplinarse para cumplir con las tareas asignadas por la institución. «Se espera que los profesores se mantengan al día con sus gremios, publiquen, enseñen, sirvan en múltiples comités, dirijan cultos, sean multilingües, ofrezcan cursos a distancia, impartan conferencias con PowerPoint, estén disponibles para formar y ser mentores para los estudiantes, califiquen eficazmente, den apoyo a los estudiantes durante sus transiciones y crisis en la vida seminarista, y eviten que la comunidad no se disperse o despedace».[23]

Es de esperarse que los profesores continúen su desarrollo docente y profesional. El líder académico puede ayudar a que cada docente reflexione acerca de su desarrollo personal y profesional: «El desarrollo profesional no estriba exclusivamente en la adquisición de las competencias y destrezas relacionadas con el empleo (aunque esto es fundamental), sino que también cubre las actividades que fomenten el crecimiento y la renovación de toda la

---

21. Ziegenhals, "Faculty Life and Seminary Culture," 63.
22. McLean, *Leading from the Center*, 113.
23. Ziegenhals, "Faculty Life and Seminary Culture," 53.

persona».[24] El líder académico debe motivarlos a que descansen, investiguen y escriban.

El papel de la facultad: Expectativas educativas

Los docentes son un don de Dios para la iglesia y los creyentes (Ef 4:11). Su enseñanza contribuye al crecimiento espiritual en la fe, de modo que los cristianos comprendan y apliquen la verdad a sus vidas cotidianas. La iglesia tiene la responsabilidad de enseñarles a los creyentes a «obedecer todo» lo que Jesús ha mandado (Mt 28:20). La tarea también encierra la enseñanza y preparación de los estudiantes para el ministerio en la iglesia, la sociedad y el mundo. La capacitación ministerial ha sido delegada al seminario o programa de estudio. Por consiguiente, los educadores teológicos están llamados a un ministerio importante y su desempeño pedagógico está sujeto a estándares elevados. A continuación, trato de definir al docente excelente:

> Un profesor excelente es un educador cuya calidad de vida, dones, experiencia ministerial y conocimiento académico redundan en la eficacia de su enseñanza, el aprendizaje y la interacción personal con los estudiantes dentro y fuera del aula. Sus cualidades personales, espirituales, académicas y profesionales coinciden con el papel de profesor, mentor y facilitador en la educación teológica.

Algunas instituciones tendrán expectativas explícitas para sus profesores. Un buen ejercicio sería que la facultad redactara una definición a partir de dichas expectativas. Esta podría compartirse con los estudiantes y usarla en las evaluaciones de la facultad.

De la facultad suele esperarse mucho. Aquí destacamos tres expectativas pertinentes de la educación teológica. En primer lugar, los profesores deben ser creíbles. Lo que enseñan debe fluir de sus vidas.. En segundo lugar, su experiencia profesional debe inspirar la confianza de los estudiantes en su exploración del conocimiento. Estos deben confiar en que su profesor los guiará en sus estudios. Y, por último, el impacto del profesor confirma que ha sido eficaz en la enseñanza y el aprendizaje.

---

24. McLean, *Leading from the Center*, 223.

La credibilidad de los docentes

La educación teológica exige que los profesores sean creíbles porque la vida personal no está separada de la enseñanza académica. Por mi experiencia en el liderazgo académico doy fe de que los estudiantes observan la vida de su profesor y cualquier discrepancia con su enseñanza. A veces, sus evaluaciones expresan el desencanto con los profesores que no viven a la altura de sus ideales. De modo que deben ser creíbles, ejemplos de cómo integrar la praxis de la fe en sus vidas y relacionarla con la enseñanza y el aprendizaje. Este es un modelo muy poderoso, que los estudiantes posiblemente querrán emular en su ministerio.

Esdras fue un gran ejemplo de esta integración del estudio personal y la praxis de la fe y la enseñanza: «Esdras se había dedicado por completo a estudiar la ley del Señor, a ponerla en práctica y a enseñar sus preceptos y normas a los israelitas» (Esd 7:10). Fue un maestro que tuvo mucho impacto en el pueblo de Israel.

En su libro, *Hacia el conocimiento de Dios*, James Packer escribió un capítulo titulado, «El pueblo que conoce a su Dios», donde señala la posibilidad de que «sepamos mucho de Dios, pero sin conocerlo de veras». No cabe duda de que esta declaración es importante y desafiante para los educadores teológicos. ¿Acaso es posible que enseñemos los temas bíblicos, la teología, acerca de Dios, sin conocerlo personal e íntimamente? Packer añade algo que nos hace reflexionar sobre nuestro papel como maestros de la Palabra de Dios:

> Leemos libros de exposición teológica y apologética. Nos sumergimos en la historia cristiana y estudiamos el credo cristiano. Aprendemos a manejar las Escrituras. Otros aprecian nuestro interés en estas cosas y nos piden que opinemos en público sobre tal o cual pregunta cristiana, que dirijamos estudios, escribamos monografías y artículos, y en general, aceptemos la responsabilidad, informal o formal, de ser los maestros y árbitros de la ortodoxia en nuestro círculo cristiano.[25]

James Packer cita Daniel 11:32, «… el pueblo que conoce a su Dios se esforzará y actuará» (RV60), como el cimiento de las cuatro características de

---

25. J. I. Packer, *Knowing God* (Downers Grove, IL: InterVarsity Press, 1973), 21.

las personas que conocen a su Dios. Voy a mencionarlas sin otro comentario, pero los profesores (y, por supuesto, los cristianos) deben reflexionar sobre su significado y las implicaciones para su vida y labor docente: «(1) Aquellos que conocen a Dios tienen gran energía para Dios. (2) Aquellos que conocen a Dios tienen grandes pensamientos de Dios. (3) Aquellos que conocen a Dios son audaces por Dios. (4) Aquellos que conocen a Dios encuentran su satisfacción en Dios».[26] Estas declaraciones son ciertamente desafiantes. La credibilidad de un docente depende de su relación con Dios.

Asia nos ofrece otro ejemplo acerca de la importancia de la credibilidad en la docencia. Ken Gnanakan y Sunand Sumithra hacen hincapié en que el teólogo relacione su experiencia personal con lo que enseña: «La teología relevante para Asia debe venir de hombres y mujeres que hayan experimentado personalmente el poder de Cristo y estén apasionados por darlo a conocer».[27] La función de los educadores teológicos es demostrar el poder de Cristo y el Evangelio: «Hacer teología en Asia tiene que ver con la credibilidad y la creatividad demostradas por teólogos que se atreven a liberar todo el potencial de Cristo para nuestro contexto. Pero solamente sucede cuando nuestras vidas demuestran el poder vivo del Evangelio».[28] Lo descrito como relevante para los teólogos en Asia, ciertamente aplica a otras partes del mundo. Aquellos que enseñan teología deben demostrar no sólo que se acercan a Dios a nivel intelectual, sino también que viven lo que enseñan. Es cierto que «el acercamiento apropiado a Dios es el doxológico».[29]

La credibilidad de cada docente inspira confianza en su papel docente. Esto es parte del currículo oculto en la enseñanza y el aprendizaje. Por lo tanto, no debemos subestimar su efecto sobre los estudiantes. He escuchado a muchos estudiantes testificando de las vidas ejemplares de sus profesores. Su enseñanza fue de provecho porque eran personas creíbles.

---

26. Packer, *Knowing God*, 23–26.
27. Ken Gnanakan y Sunand Sumithra, "Theology, Theologization and the Theologian," en *Biblical Theology in Asia*, ed. Ken Gnanakan (Bangalore: Theological Book Trust, 1995), 45.
28. Gnanakan y Sumithra, "Theology, Theologization and the Theologian," 45.
29. Gnanakan y Sumithra, 41.

La pericia profesional de los docentes

Según Pablo, la enseñanza es un don de Dios (Ro 12:7). Algunos lo interpretan como que es un don innato en los profesores buenos. Otros sostienen que un grado teológico automáticamente nos convierte en docentes. ¿Acaso tienen los docentes que adquirir destrezas para la enseñanza? Cierto es que Dios capacita a sus docentes con el don de la enseñanza para que sobrepasen las expectativas. De igual manera, tienen que haber desarrollado sus habilidades para la enseñanza como señala Maryellen Weimer: «El ser un buen docente implica algo más que la decisión de presentarse entusiasmado, organizado, claro, inspirado y bien informado. Ello consta en convertir esos ingredientes abstractos en comportamientos, políticas y prácticas tangibles y luego, de ese repertorio de posibilidades, ensamblar un conjunto de destrezas y herramientas instructivas correspondientes con nuestros propios estilos, la configuración de nuestro contenido, lo que nuestros estudiantes necesiten aprender y el contexto».[30]

El docente mejora la eficacia de la instrucción cuando la adapta, primero, a su persona y, segundo, al contenido y las necesidades de los estudiantes. Tiene ante sí el reto de desarrollar su capacidad de acuerdo con su personalidad. En otras palabras, aunque aprende de otras personas, no puede copiar las maneras en que cumplen su labor en la enseñanza y el aprendizaje. Por lo tanto, hay que tener en cuenta que, «la instrucción eficaz "encaja" con el individuo –es un conjunto adecuado y cómodo de actividades, normas y prácticas para el docente involucrado, pero no es el único "ajuste" pertinente. La instrucción eficaz *está ajustada a la configuración del contenido, las necesidades de los estudiantes y el entorno*».[31]

Lee Wanak afirma que el Espíritu Santo nos escoge y capacita como docentes. Sin embargo, nuestra responsabilidad es que desarrollemos ese don. El educador funge como alguien que enfatiza la relevancia de la Biblia en el contexto contemporáneo, y la aplica en su vida personal. Wanak concluye así: «La tarea del educador teológico es hacer puentes entre el texto antiguo y el contexto contemporáneo, entre la pedagogía antigua y los enfoques modernos

---

30. Maryellen Weimer, *Improving Your Classroom Teaching*, vol. 1 of *Survival Skills for Scholars* (Newbury Park, CA: Sage, 1993), 16.
31. Weimer, *Improving Your Classroom Teaching*, 13. Cursivas del original.

de la formación académica, espiritual y ministerial. El Espíritu Santo es nuestro guía en este proceso (1Co 2:9–16), no solamente en la relación entre el texto y contexto, sino también en nuestro trabajo personal como teólogos y educadores».[32]

Aunque en nuestro tiempo la información está fácilmente disponible a través del internet, la pericia profesional de los docentes todavía es importante para la educación teológica. Esa información necesita ser procesada y evaluada con la guía de expertos. El profesor es como un guía que señala la dirección correcta y ayuda con la organización de las distintas piezas de información. Al mismo tiempo, los docentes comparten su propia experiencia y conocimiento académico. Saben que su función es «… capacitar al pueblo de Dios para la obra de servicio» (Ef 4:12). ¿Qué pueden hacer para mantenerse al día conforme pasan los años? Maryellen Weimer sugiere lo siguiente: «Una manera de mantener la frescura y el vigor de su enseñanza a lo largo de su carrera es que siempre opte por cosas nuevas: nuevos libros de texto, nuevas estrategias, nuevas tareas y preguntas. A veces se puede reciclar, desempolvar algo, pero hay que mantenerse en la búsqueda de nuevas ideas, orientaciones y desafíos».[33]

La evaluación de las prácticas de enseñanza y aprendizaje es una herramienta poderosa para el desarrollo docente en la educación teológica. Aunque la eficacia de la enseñanza compete también a los estudiantes, nos enfocaremos en la experiencia docente. Su deseo de mejorar los procesos y las prácticas concernientes a métodos, técnicas, la evaluación de los resultados o las destrezas pedagógicas y la capacidad de involucrar a los estudiantes en el proceso, contribuyen al logro de los objetivos de aprendizaje. Los docentes tienen que dominar su materia, las estrategias pedagógicas y el currículo requerido para sus clases. Michael Theall y Jennifer Franklin resumen los requisitos de las tres áreas del conocimiento:

> El conocimiento curricular también involucra la capacidad de identificar los principios importantes y traducirlos en

---

32. Lee C. Wanak, "Theological Education and the Role of Teachers in the Twenty-First Century: A Look at the Asia Pacific Region," en *Educating for Tomorrow: Theological Leadership for the Asian Context*, ed. Manfred W. Kohl y A. N. L. Senanayake (Bangalore: SAIACS; Indianápolis: Overseas Council International, 2002), 171.

33. Weimer, *Improving Your Classroom Teaching*, 27.

conceptos e ideas complejas de forma comprensible y utilizable. El conocimiento curricular encarna el pensamiento estratégico instructivo ya que los docentes evalúan, responden y remedian los problemas que impiden el aprendizaje de los estudiantes. La evaluación de la enseñanza implica evaluar hasta qué punto un docente posee estos tres tipos de conocimientos, e implica ayudar a los docentes a ir de su dominio del contenido a vincularlo con una pedagogía eficaz.[34]

Se espera que el docente sea un experto en el desarrollo y la adaptación de las destrezas pedagógicas que mejor se acomodan a su persona. Los buenos docentes conocen bien su tema y saben vincularlo con las vidas de sus estudiantes y el contexto social y ministerial.

La influencia de los docentes

Pablo utiliza la imagen del cuerpo (Ro 12:3-8; 1Co 12:12-30) para transmitir la idea del alto grado de interdependencia con que hacemos nuestro trabajo y cumplimos nuestras vocaciones, como señala Gordon Smith: «De la vocación individual solamente podemos hablar en el contexto de la comunidad. Todas las vocaciones son cumplidas en solidaridad con los demás; cada persona cumple una vocación individual en colaboración con otra».[35] También está convencido de que, «Alcanzamos nuestro potencial individual cuando colaboramos y nos asociamos con los demás, ya sea nuestro potencial para la transformación personal o de hacer una diferencia en el mundo».[36] La influencia del profesor dependerá de su vocación y de su papel en la comunidad.

Los profesores desempeñan un papel importante en la vida de los estudiantes. Les enseñan conocimientos importantes, estimulan experiencias de aprendizaje de calidad, los desafían a que usen su pensamiento crítico para que integren el conocimiento con la experiencia. Los buenos estudiantes valoran a los profesores que tienen estándares y expectativas éticas y académicas altas. Un día un estudiante me dijo que había tomado un curso con cierto profesor

---

34. Theall y Franklin, "Assessing Teaching Practices," 155.
35. Smith, "Attending to the Collective Vocation," 241–242.
36. Smith, 242.

que era muy exigente con las tareas. Sus estándares personales eran altos y los aplicaba a los estudiantes. El estudiante admitió que no quería volver a tomar uno de sus cursos. Sin embargo, después de haber reflexionado al respecto, llegó a la conclusión de que debía hacerlo. Se dio cuenta de lo mucho que ganaba del estudio con este profesor exigente.

El entusiasmo de los profesores por sus contenidos y los materiales que enseñan también influye en los estudiantes. Esa fue mi experiencia cuando enseñaba Introducción al Griego y Exégesis Griega en el Seminario de Bangkok. Por supuesto, los estudiantes luchaban con el estudio de un idioma antiguo cuya gramática era tan distinta de su lengua materna. Era un desafío entusiasmarlos a que estudiaran otro idioma, pero también fue gratificante. Los estudiantes estaban ansiosos por aprender. Hago eco de las palabras de Maryellen Weimer: «Los estudiantes a menudo identifican el entusiasmo como el componente más importante de la instrucción eficaz. Ellos le dan mucha prioridad porque los estimula, motiva e involucra. El instructor se convierte en el enchufe que los conecta con la fuente de alimentación. Nuestro entusiasmo los energiza. Se interesan porque les hemos demostrado lo mucho que nos importa».[37]

Otra de las funciones de los profesores es edificar a los estudiantes de modo que descubran sus llamados ministeriales. Al igual que Pablo, les confiamos los conocimientos que transmitirán a otras personas (2 Ti 2:2). Los profesores no son meros conferencistas, pues están involucrados con sus estudiantes. Joy Oyco-Bunyi visitó muchos seminarios como parte de sus procesos de acreditación. Su experiencia fue alentadora por los muchos estudiantes que testificaron de su aprecio por la facultad: «Uno tras otro, los estudiantes entrevistados durante la acreditación expresaron la manera en que sus profesores habían afectado sus vidas. Los seminarios no pueden ser laxos con el reclutamiento y el desarrollo docente porque la facultad es muy influyente en la educación teológica. Vale la pena que inviertan en su crecimiento personal y profesional».[38]

---

37. Weimer, *Improving Your Classroom Teaching*, 23.
38. Joy Oyco-Bunyi, *Beyond Accreditation: Value Commitments and Asian Seminaries* (Bangalore: Theological Book Trust, 2001), 79.

La facultad es influyente no solamente en el aula. Los profesores deberían contribuir sus áreas o campos de especialización relacionados con la teología o asuntos contemporáneos. Como educadores teológicos, sus voces serán escuchadas e influirán en la iglesia y la sociedad. Este hecho ya fue resaltado durante el análisis de la enseñanza de Pablo.

Los profesores tienen oportunidades únicas para influir en las vidas de los futuros líderes y docentes de la iglesia. Por lo tanto, la educación teológica es una vocación excelsa y desafiante. Los docentes deben recordar lo siguiente: «Y todo lo que hagan, de palabra o de obra, háganlo en el nombre del Señor Jesús, dando gracias a Dios el Padre por medio de él» (Col 3:17).

Conclusión

Los profesores desempeñan un papel importante en la educación teológica con relación a la institución y las expectativas de los estudiantes. Deben imitar la eficacia de Jesús y Pablo en la edificación de ministros fructíferos. Concluyo con las palabras de Steven Hardy y su descripción de la excelencia docente:

> Los docentes buenos son el mayor recurso de cualquier seminario o programa de capacitación. Somos bendecidos si tenemos docentes que saben cuidar y equipar pastoralmente a los estudiantes para asumir los ministerios a los que han sido llamados por Dios. Necesitamos a aquellos que conocen bien su tema y que modelan lo que saben. También queremos que conozcan las técnicas pedagógicas o sean creativos con la ayuda que brinden a los estudiantes en su exploración del mundo real, así como el de las ideas y los libros.[39]

---

39. Steven A. Hardy, *Excellence in Theological Education: Effective Training for Church Leaders* (Peradeniya, Sri Lanka/Edenvale, South Africa: The Publishing Unit, Lanka Bible College and Seminary; distribuido por SIM, 2007), 183

Reflexión y puntos de acción

1. La facultad debe estudiar las vidas de los maestros Jesús y Pablo. ¿En qué radicaba la eficacia de sus ministerios como maestros? ¿Qué lecciones derivamos de ellos para el desarrollo personal de un docente?

2. Conversen sobre la siguiente declaración: «La fortaleza del seminario están en su facultad».[40] Indique si está de acuerdo y explique su opinión.

3. ¿Qué tan propicio es el entorno de su institución para la eficacia de la facultad? ¿Qué ajustes son necesarios? ¿Cuáles son las expectativas de la facultad?

4. ¿Qué puede hacer el líder académico para apoyar la labor de la facultad en su institución? Elabore un plan de acción realista.

5. ¿Qué pueden hacer los profesores para apoyarse los unos a otros en el cumplimiento de sus múltiples tareas en la enseñanza y el aprendizaje? El líder académico puede organizar un taller para conversar sobre esta pregunta.

Recursos para seguir estudiando

Gnanakan, Ken, y Sunand Sumithra. "Theology, Theologization and the Theologian." En *Biblical Theology in Asia*, editado por Ken Gnanakan, 39–46. Bangalore: Theological Book Trust, 1995.

Hardy, Steven A. *Excellence in Theological Education: Effective Training for Church Leaders.* Peradeniya, Sri Lanka/Edenvale, Sudáfrica: The Publishing Unit, Lanka Bible College and Seminary; Distribuido por SIM, 2007.

McLean, Jeanne P. *Leading from the Center: The Emerging Role of the Chief Academic Officer in Theological Schools.* Scholars Press Studies in Theological Education. Atlanta: Scholars Press, 1999.

Oyco-Bunyi, Joy. *Beyond Accreditation: Value Commitments and Asian Seminaries.* Bangalore: Theological Book Trust, 2001.

Smith, Gordon T. "Attending to the Collective Vocation." En *The Scope of Our Art: The Vocation of the Theological Teacher*, editado por L. G. Jones y Stephanie Paulsell, 240–261. Grand Rapids, MI: Eerdmans, 2002.

---

40. Oyco-Bunyi, *Beyond Accreditation*, 79.

Wanak, Lee C. "Theological Education and the Role of Teachers in the Twenty-First Century: A Look at the Asia Pacific Region." En *Educating for Tomorrow: Theological Leadership for the Asian Context*, editado por Manfred W. Kohl y A. N. L. Senanayake, 160–180. Bangalore: SAIACS; Indianápolis: Overseas Council International, 2002.

Warford, Malcolm L., ed. *Practical Wisdom: On Theological Teaching and Learning*. Nueva York: Peter Lang, 2004.

Weimer, Maryellen. *Improving Your Classroom Teaching*. Vol. 1 de *Survival Skills for Scholars*. Newbury Park, CA: Sage, 1993.

Ziegenhals, Gretchen E. "Faculty Life and Seminary Culture: It's about Time and Money." En *Practical Wisdom*, editado por *Malcolm Warford*, 49–66. Nueva York: Peter Lang, 2004.

Zuck, Roy B. *Teaching as Jesus Taught*. Grand Rapids, MI: Baker, 1995.

———. *Teaching as Paul Taught*. Grand Rapids, MI: Baker, 1998.

2

Definiciones y conceptos del desarrollo docente

Graham Cheesman

Las discusiones acerca del desarrollo docente que encontramos en la literatura, las universidades y los seminarios, por lo general, saltan inmediatamente a las soluciones y los planes prácticos. Este capítulo toma un paso atrás para preguntarse: ¿Cuál es el fundamento teológico y educativo de nuestra gestión y diseño de programas de desarrollo docente?

La frase, «desarrollo docente», tiene dos usos principales. En primer lugar, alude al desarrollo personal de los educadores y, segundo, al de una facultad eficaz: el equipo docente.[1] Este capítulo se concentrará principalmente en el primer uso, pero al final, como procede naturalmente, haremos algunos comentarios acerca del segundo.

Pero antes conviene que destaquemos la naturaleza vital del concepto y de la práctica. En última instancia, la educación teológica ocurre cuando un profesor entra en contacto, de manera presencial o a distancia, con sus estudiantes. La buena educación teológica puede ocurrir en un aula de adobe en algún lugar del mundo mayoritario o estar ausente de un recinto

---

1. Véase el resumen y las interpretaciones del desarrollo docente desde la perspectiva de la educación superior secular, Graham Webb, *Understanding Staff Development* (Buckingham: Society for Research into Higher Education/Open University Press, 1996). Véase también Andy Armitage et. al., "The Post Compulsory Teacher: Learning and Developing", en *Teaching and Training in Post-Compulsory Education* (Maidenhead: McGraw-Hill, 2003), 33–60.

multimillonario en Occidente. Al final, depende de la calidad del profesor. Por consiguiente, es vital que los seminarios entiendan y trabajen a favor del desarrollo docente y de su facultad.

Hay una serie de fuentes que nos puede ayudar e inspirar a que reflexionemos sobre esta tarea. El tema es muy discutido entre los círculos de la educación superior, aunque generalmente sufre del salto a la práctica sin la debida consideración de la teoría. Durante los pasados cincuenta años, en la educación teológica ha habido una serie de debates importantes en cuanto a su naturaleza y propósito, énfasis, integración y las relaciones involucradas. Estos sirven para orientarnos. Asimismo, contamos con el material bíblico, sobre todo el ejemplo de Cristo en la formación de los Doce, y los escritos del apóstol Pablo sobre el don del maestro para la iglesia y el desarrollo de su vida espiritual, sus emociones y actitudes.

La literatura insiste en que todo desarrollo docente parte del modelo de un buen maestro. Eso lo vemos en la educación teológica, que a su vez asume una serie de cosas sobre las intenciones y los objetivos de esta vocación. Nuestra primera sección, por lo tanto, repasará brevemente una serie de problemas en torno a la construcción de ese modelo con el fin de aclarar el objetivo y la intención de la formación docente. Nuestra segunda tarea será establecer las áreas clave para ese desarrollo o, en otras palabras, sus objetivos. En tercer lugar, examinaremos las ideas que impulsan el desarrollo de la facultad como un equipo de profesores, y consideraremos los conceptos de la vocación común y la creación de un espacio que fomente el desarrollo docente.[2]

El objetivo del desarrollo docente: La creación de un modelo del docente excelente

La mayoría de las universidades y los seminarios de educación teológica operan prácticamente con un modelo estándar de tres objetivos: la capacitación de la cabeza, el corazón y las manos; o la formación académica, espiritual y

---

2. Una lista útil de estos temas aparece en Steven A. Hardy, "Factors in Developing the Faculty That We Need," en *Excellence in Theological Education: Effective Training for Church Leaders* (Peradeniya, Sri Lanka: Lanka Bible College, 2007), 150–169.

ministerial.³ Sin embargo, detrás de los catálogos y folletos de los seminarios yace todo un conjunto bíblico e histórico de ideas y prácticas en cuanto a la naturaleza y la impartición de la educación teológica y, por ende, del desarrollo de la facultad.

Perspectivas bíblicas

Las diferencias culturales y situacionales dificultan la tarea hermenéutica de aplicar la Escritura para el discernimiento de un modelo de excelencia para los educadores teológicos.

Jesús es el ejemplo perfecto de gracia, amor, dedicación y una vida agradable a Dios. Como muchos han señalado, por tres años estuvo enseñando a una «clase» de futuros ministros y misioneros. No obstante, los llamó a que fueran sus discípulos, cosa que ningún otro educador teológico debería hacer; Jesús era perfecto, mientras que el resto de los docentes deben recurrir a sus debilidades y errores para mantener su humildad y para el beneficio de sus estudiantes, aunque nótese que Cristo también fue humilde. Sin embargo, ha dejado patrones para la excelencia.

Jesús enseñó con una contextualización natural y deliberada. Sus herramientas de comunicación fueron la cultura, la historia y la situación locales; habló sobre las necesidades de la gente y usó las Escrituras en sus respuestas a las preguntas prácticas y teológicas de su tiempo; recurrió a los patrones pedagógicos de su contexto y era —el rabino— para conducir su enseñanza. De igual manera, fue contracultural. Aunque adoptó el papel de rabino, lo modificó según fuera necesario y confrontó las actitudes culturales y religiosas de su día.

Está claro que Jesús dio importancia a la enseñanza relacional y comunitaria. Después de haber llamado a los Doce, formó una comunidad íntima, casi familiar, en la que compartieron la vida. En ese ambiente enseñaba a sus

---

3. Para una interesante exposición de este modelo triple aplicado al educador teológico académico, véase David Adams, "Putting Heart and Soul into Research: An Inquiry into Becoming 'Scholar-Practitioner-Saint'" *Transformation* 25, No. 2-3 (abril/julio de 2008): 144–157. Cada vez es más popular un modelo cuádruple que habla de la formación del carácter aparte de la espiritual. Hubo una progresión en esta dirección entre el *Decreto sobre la Formación de los Sacerdotes del Vaticano II*, que adoptó un modelo triple en octubre de 1965, y *Pastores Dabo Vobis*, que adoptó un modelo cuádruple en marzo de 1992. Desarrollos similares han ocurrido en algunas literaturas evangélicas.

conocidos, mientras que ellos tenían de ejemplo a un conocido. El comprendió que el proceso de aprendizaje debía incluir su modelaje ministerial y luego un "envío" al ministerio.[4] Sobre todo, su enseñanza tenía un fin espiritual. Jesús tenía una intención espiritual primordial en su enseñanza. Ciertamente, les enseñó —en el monte, junto a fogatas y en el aposento alto—, pero también les enseñó a orar[5]; el gran objetivo era que los discípulos crecieran en la fe y la última pregunta del examen, para Pedro, fue: «¿Me amas?».[6]

Vemos en la vida de Pablo un buen ejemplo de la traducción del ministerio de Jesús a la situación de un pecador falible cuyo ministerio buscaba bendecir a la iglesia (lo que nos toca de cerca). Nuevos panoramas surgen tan pronto comprendemos que la educación teológica es fundamentalmente un ministerio para la iglesia de Dios (de lo que Pablo es buen ejemplo). Entonces, ¿cómo entendía Pablo ese ministerio?

Vemos que el lenguaje cambia de Jesús (discipulado) a Pablo (colegialidad, colaboración). Pablo viajaba, trabajaba y escribía sus cartas junto con sus colegas.[7] Estos «colaboradores» eran tratados con respeto, aunque Pablo era una figura paterna para ellos, como en el caso de Timoteo. Si bien Pablo escribió acerca del llamamiento y el ministerio de la enseñanza, su propio ejemplo como maestro demuestra cuánto lo estimaba. Sus relaciones con sus estudiantes fueron sorprendente y desvergonzadamente emocionales. Cuenta de sus lágrimas, gemidos y gozo y hasta de sus enojos. Era un hombre que no escondía sus pasiones y relataba sus sentimientos tanto hacia los que estaban bajo su cuidado como a los que amenazaban su bienestar. Y la gente reciprocaba sus emociones. Los ancianos efesios lloraron cuando este se despidió de ellos a la orilla, en Mileto.[8] Tal relación conllevaba una franqueza considerable acerca de su vida y luchas espirituales, como cuando describe su «aguijón en la carne» y sus experiencias místicas.[9] Habló de sus luchas con el pecado.[10] No solamente

---

4. Mt 10:1–16.
5. Mt 6:5–15.
6. Jn 21:15.
7. Robert Banks, *Reenvisioning Theological Education: Exploring a Missional Alternative to Current Models* (Grand Rapids, MI: Eerdmans, 1999), 113–117.
8. Hch 20:13–37.
9. 2Co 12:1–10.
10. Ro 7:7–25.

impartía las verdades del Señor, pues asimismo compartía su vida con los tesalonicenses.[11] Su cuidado pastoral era profundo y real.

Aunque Pablo enseñaba desde una postura de fortaleza intelectual, ministraba con un *sentido de debilidad*. A los corintios les explicó que Dios utilizaba a los débiles en lugar de los fuertes,[12] confirmándolo con su experiencia personal con la espina que Dios había puesto en su carne para que entendiera que, «pues mi poder se perfecciona en la debilidad... Por lo tanto, gustosamente haré más bien alarde de mis debilidades, ... porque, cuando soy débil, entonces soy fuerte».[13] Ni siquiera por eso dejó de presentarse como un ejemplo.

De este breve sondeo bíblico derivamos varios temas fundamentales sobre la excelencia en la enseñanza. Un excelente educador teológico busca el entendimiento con una intención espiritual, se preocupa por el ejercicio ministerial, se entrega de lleno a sus estudiantes, maneja la contextualización crítica, adopta un acercamiento relacional y comunitario, piensa y vive humildemente.

Un debate significativo

La naturaleza y el propósito de la educación teológica, y por lo tanto de los docentes, ha sido debatida por algún tiempo. Esto fue desencadenado en 1983 por la obra de Farley, "Theologia: The Fragmentation and Unity of Theological Education".[14] Esta discusión ha quedado bien planteada en otro lugar,[15] pero llegó un momento clave cuando Kelsey publicó sus libros, "To Understand God Truly" en 1992 y "Between Athens and Berlin" en 1993.[16] Kelsey entendió que la educación teológica estaba en tensión entre la *Wissenschaft* o teología científica —tipificada por la Universidad de Berlín y el pensamiento de Schleiermacher (un cuerpo de conocimientos teóricos de trascendencia práctica para la

---

11. 1Ts 2:8.
12. 1Co 1:26–31.
13. 2Co 12:9–10.
14. Edward Farley, *Theologia: The Fragmentation and Unity of Theological Education* (Filadelfia: Fortress, 1983).
15. Por ejemplo, en Banks, *Reenvisioning*, 16–69.
16. David Kelsey, *Between Athens and Berlin: The Theological Education Debate* (Grand Rapids, MI: Eerdmans, 1993); *To Understand God Truly: What's Theological about a Theological School?* (Louisville, KY: Westminster/John Knox, 1992).

sociedad que conduce a un modelo profesional para el ministerio)— y *paideia*, el concepto griego o clásico del desarrollo personal (basado en obras clásicas) que precedió a la Ilustración. Kelsey trató de combinarlos en un modelo para la educación teológica.

En 1999, Banks publicó su libro titulado, "Reenvisioning Theological Education",[17] donde describió esta perspectiva como estimulante, pero inadecuada, y sugirió un tercer lugar, Jerusalén, como una manera de proponer un modelo misional, que requiere un realineamiento radical de la misión y el currículo —de la educación teológica— orientados a la vida integral de todo el pueblo de Dios. Edgar, en un artículo publicado en 2005 (y bien recibido) "The Theology of Theological Education",[18] argumentó que los tres polos de Atenas, Berlín y Jerusalén son inadecuados, y añadió el de Ginebra para insistir que la teología también es confesional. Enseñamos con el fin de conocer mejor a Dios a través de los credos, las confesiones y tradiciones de una comunidad de fe en particular. Otros escritores han seguido este tren de asociar los conceptos con ciudades.

Este debate es más amplio que este esbozo, e involucra a muchos eruditos y muchos matices. Sin embargo, a partir de los cuatro lugares propuestos, vemos la tensión que existe hoy en la educación teológica entre los objetivos académicos (o científicos), espirituales (o personales) y ministeriales (o misionales), y que debe ser llevada a cabo dentro de una comunidad confesional.[19] Y el desarrollo docente ocurre dentro de este entendimiento. Todos los seminarios y profesores sienten esta tensión, pero cada uno hace sus propias combinaciones según sean sus prioridades, creando una diversidad de acercamientos al desarrollo docente. Hasta podríamos decir que el desarrollo docente está circunscrito a estos cuatro polos y participa de su tensión. La formación académica, personal y ministerial debe aplicar tanto a los docentes

---

17. Banks, *Reenvisioning*.
18. Brian Edgar, "The Theology of Theological Education," *Evangelical Review of Theology* 29, no. 3 (2005): 208–217.
19. Téngase en cuenta que los modelos mencionados van más allá de los límites presentados en esta declaración. Por ejemplo, el modelo de Schleiermacher utilizado por Kelsey incluye un enfoque profesional *Wissenschaft*, que hasta cierto punto toca el modelo misional de Banks, pero sigue en tensión con un sinnúmero de sus aspectos clave.

como a los estudiantes; y todos deben entender y desarrollar su relación con su comunidad confesional.

Un resurgimiento

En los últimos años ningún otro tema ha afectado tanto el desarrollo de la facultad teológica como el resurgimiento de la formación espiritual. Después de la Segunda Guerra Mundial la excelencia académica cobró importancia, pero la opinión general empezó a tildarla de estéril espiritualmente, provocando la reconsideración de la formación espiritual. La Asociación de Seminarios Teológicos patrocinó un variedad de conferencias, desde el informe del Grupo de Trabajo sobre el Desarrollo Espiritual en 1972, pasando por la conferencia de 1980 en la ciudad de Denver,[20] la Declaración y el Proceso de Iona, iniciados en abril del 1987 con el taller en Iona y que culminaron en la conferencia de 1989 en Indonesia,[21] junto con el creciente cuerpo de artículos y libros y el *Manifiesto para la Educación Teológica* del ICETE (antiguo ICAA);[22] todas estas testifican de una reevaluación de la importancia de la formación espiritual para la educación teológica. Esto surtió efecto sobre los seminarios, aunque algunos estudios sugieren que no fue ni tan profundo ni amplio como debió de haber sido.[23] Este asunto ha sido discutido en otras fuentes.[24]

Ello ha cambiado las reglas del juego para el desarrollo docente en la educación teológica. Si bien había estado tradicionalmente sujeto a la influencia del modelo de Berlín con su énfasis en el desarrollo académico profesional, ahora ha estado inclinándose hacia la inclusión del desarrollo del docente como mentor. El cambio ha generado cierta ansiedad entre los profesores de

---

20. "Report of the Task Force on Spiritual Formation," *Theological Education* (Spring 1972): 153-197; Tilden Edwards, "Spiritual Formation in Theological Schools: Ferment and Challenge," *Theological Education* 17, no. 1 (1980): 7-52.
21. Samuel Amirtham y Robin Pryor, *Invitation to the Feast of Life: Resources for Spiritual Formation in Theological Education* (Ginebra: Concilio Mundial de Iglesias, 1989).
22. ICETE, "Manifesto on the Renewal of Evangelical Theological Education," *Evangelical Review of Theology* 19, no. 3 (1995): 307-313. Segunda publicación, siendo la primera en 1983 en *Theological Education Today* 16, no. 2 (abril-junio 1983).
23. Robert Ferris, "Renewal of Theological Education: Commitments, Models and the ICAA Manifesto," *Evangelical Review of Theology* 14, no. 1 (Enero 1990): 64-75.
24. Véase, Graham Cheesman, "Spiritual Formation as a Goal of Theological Education," Theological Education.net, modificado en 2011, acceso julio 2015, http://www.theologicaleducation.net/articles/view.htm?id=106.

larga trayectoria que fueron contratados principalmente como eruditos y a quienes les cuesta funcionar en esta área.

En busca de la integración

La literatura revela una creciente frustración con la naturaleza fragmentada de nuestra comprensión de la educación teológica y su discusión. Después de todo, no estamos adiestrando cabezas, manos y corazones; estamos formando estudiantes que deberán integrar cada una de estas áreas como seres integrales.[25] La tendencia en nuestros seminarios es a no hacerlo bien: el aula es el área de la formación académica, la capilla de lo espiritual y las prácticas de lo ministerial, pero dejamos a los estudiantes que las integren como puedan (aunque muchos seminarios están dándole atención a este problema). En el pasado era un asunto de equilibrio, por lo que Warfield en el siglo XIX usó la imagen del soldado que necesitaba dos piernas (académica y espiritual),[26] mientras que otros preferían el taburete de tres patas.[27] Pero estas imágenes se quedan cortas, y tampoco es fácil saber qué entiende cada seminario por equilibrio. No obstante, la integración —en donde los elementos formativos trabajan en conjunto y son parte de cada aspecto, las conferencias magistrales incluyen una aplicación espiritual, los sermones son académicamente sólidos y el ministerio fluye tanto de la comprensión académica como del compromiso espiritual— es un concepto más profundo. Esto es mucho más poderoso y un reflejo correcto de las normas bíblicas.

Su efecto sobre el desarrollo docente es inmenso porque la integralidad en la vida del docente es la herramienta más poderosa para fomentar la integralidad en la vida del estudiante.

---

25. Por ejemplo, Gordon T. Smith, "Spiritual Formation in the Academy: A Unifying Model," *Theological Education* 33, no. 1 (1996): 83–91.

26. B. B. Warfield dio un discurso durante la conferencia otoñal en el Seminario Teológico de Princeton el 4 de octubre de 1911. La version más accesible es un panfleto: Benjamin B. Warfield, *The Religious Life of Theological Students* (Phillipsburg, NJ: Puritan & Reformed, 1983); también en John E. Meeter, ed., *Benjamin B. Warfield: Selected Shorter Writings*, vol. 1 (Grand Rapids: Puritan and Reformed, 1970), 411–425.

27. Véase, Graham Cheesman, "Competing Paradigms in Theological Education Today," *Evangelical Review of Theology* 17, no. 4 (1993): 484–495.

Pedagogía relacional

Hoy en día en la educación teológica está discutiéndose el fundamento relacional de la tarea de la enseñanza. En la misma línea con los movimientos en la teoría y la práctica de la educación superior, los modelos que no requieren un compromiso personal con el estudiante están siendo reemplazados con los que promueven que el docente desarrolle una relación genuina y recíproca con su estudiante, en lugar de «doy la conferencia y me voy» o «sigan mi ejemplo».[28]

La educación teológica ha seguido los modelos esenciales de Henri Nouwen y Parker Palmer, quienes describen al docente como el anfitrión de un espacio seguro, acogedor y desafiante para el aprendizaje de sus estudiantes.[29] Margaret Guenther utiliza la analogía de la partera, quien no da a luz, sino que ayuda a la estudiante con el parto, que da a luz su transformación personal.[30] Perry Shaw utiliza el modelo del paráclito, un ayudante que anima y bendice,[31] mientras que Don Shepson lo desarrolla usando el concepto del ayudador a través de la Escritura en su útil artículo de 2012, "A Scriptural Model of Relational Spiritual Formation".[32] Otros modelos relacionales incluyen la amistad y, si le resulta demasiado íntimo, recuerde que Jesús mismo describió a sus discípulos como sus amigos. El modelo del «acompañante» junto con la metáfora del viaje ha venido a reemplazar la vieja idea de «moldear» a los estudiantes de acuerdo con un patrón espiritual.[33] De este modelo también se deriva el concepto del escalador experimentado que sostiene la cuerda para que el estudiante suba, el cual hace hincapié en el cuidado pastoral durante el desarrollo académico.[34] John Hitchen ha desarrollado un modelo en torno al

---

28. «Los buenos docentes saben relacionarse con los demás». Parker Palmer, *The Courage to Teach: Exploring the Inner Landscape of a Teacher's Life* (San Francisco: Jossey-Bass, 1998), 11.
29. Henri Nouwen, *Reaching Out: The Three Movements of the Spiritual Life* (Glasgow: William Collins, 1976), 69; Parker Palmer, *To Know as We Are Known: Education as a Spiritual Journey* (Nueva York: HarperCollins, 1993), 69–71.
30. Margaret Guenther, *Holy Listening: The Art of Spiritual Direction* (Londres: Darton, Longman & Todd, 1992), 84–112.
31. Correspondencia personal con el autor.
32. Don Shepson, "A Scriptural Model of Relational Christian Formation," *Christian Education Journal* 9, Series 3 (Spring 2012 supplement): 180–198.
33. Katarina Schuth, *Reason for the Hope: The Futures of Catholic Theologates* (Wilmington, DE: Michael Glazier, 1989).
34. Graham Cheesman, "The Lead Climber," *Teaching Theology* (blog), 30 de septiembre de 2012, acceso julio 2015, http://teachingtheology.org/2012/09/30/the-lead-climber/.

uso de *huperetes* en el Nuevo Testamento, traducido de varias maneras, como por ejemplo 'mayordomo'.[35]

Estos modelos son reproducibles a través del aprendizaje a distancia, pero requieren ingenio y mucha experiencia técnica para que la relación entre docente y estudiante sea significativa. Así que, tenemos ante nosotros la interesante escena de la concienciación acerca de las relaciones reales y significativas y nuestra creciente dependencia en la internet, lo que representa un problema para ese modelo. Lo importante para el desarrollo docente es que estamos regresando a un modelo bíblico, ejemplificado por Jesús y Pablo, y que exige más que el viejo modelo de «doy la conferencia y me voy» que antes imperaba en nuestros seminarios.

Los objetivos del desarrollo docente: El crecimiento del docente

Los párrafos anteriores han aclarado el objetivo del desarrollo docente; hemos llegado al perfil del profesor excelente como un practicante devoto y erudito que entabla relaciones significativas con sus estudiantes dentro del contexto de una comunidad real y confesional. ¿Cuáles son las áreas y los objetivos clave para el desarrollo docente hoy?

Desarrollo académico

Los miembros de la facultad son creyentes eruditos en sus campos profesionales, por lo que aquí nos ocuparemos de este triple requisito: el desarrollo en la erudición, el campo profesional y la relación espiritual con el estudio.

El desarrollo en la erudición muchas veces implica la actitud. De la Ilustración y la antigüedad hemos heredado conjuntos de buenas actitudes académicas que son universales tales como el uso correcto de la mente. Estas incluyen el manejo cuidadoso de la evidencia y la verdad. A los cristianos, como cualesquiera otros eruditos, les resulta aterradoramente fácil forzar las evidencias y argumentos para que quepan en los moldes que apoyan sus convicciones o argumentos previos. El cuidado, en este sentido, es un asunto

---

35. John M. Hitchen, "Confirming the Christian Scholar and Theological Educator's Identity through New Testament Metaphor," *Evangelical Review of Theology* 35, no. 2 (2011): 276–287.

de la virtud cristiana de la honradez. Tal actitud apreciará la distinción entre la dedicación y la verdad; es decir, entiende que el apasionarse por una causa no la hace más veraz o correcta. Además, conlleva la cortesía hacia las demás personas y la gentileza, producto de la humildad, en el debate y hasta la refutación de otras opiniones.

Cada vez es más difícil continuar desarrollándose hasta convertirse en experto en el campo de especialización en los estudios teológicos. Los temas cambian rápidamente y la academia sigue descubriendo herramientas y formas de estudiar las Escrituras y la doctrina. Para ello, el profesor participará en la vida académica de su campo, a través de revistas, conferencias y nuevos libros. La educación superior y secular exige que el desarrollo en el campo quede demostrado con contribuciones a la investigación, cosa que también está ganando terreno en la educación teológica. Un doctorado es generalmente visto como el comienzo de una vida de contribución al desarrollo de la materia mediante publicaciones. Algunos profesores están dotados en esta área, pero hay que alentar a la facultad a que cumpla con su llamado principal a la enseñanza, en lugar de enfocarse solamente en la investigación.

En este ámbito, el académico tiene que estar atento tanto a la contextualización como a la globalización.[36] El mundo académico está intensamente globalizado con áreas temáticas desarrolladas a través de cohortes de eruditos que desde sus países colaboran en temas a través del correo electrónico, revistas internacionales y recursos en línea. Sin embargo, cada erudito también está incrustado en su contexto y debe trabajar dentro de los cuatro parámetros clásicos de la educación teológica contextual: teología, estructura, pedagogía y misión.[37] Nótese que cada vez son más los cursos a distancia cuyos estudiantes están distribuidos por todo el mundo y cuya diversidad contextual nos enriquecerá, siempre y cuando resistamos la presión de imponer una uniformidad.

Los docentes deben, asimismo, desarrollar su relación espiritual con el estudio. El educador teológico tendrá que edificar una relación con su trabajo

---

36. Véase Judith Lingenfelter y Sherwood Lingenfelter, *Teaching Cross-Culturally: An Incarnational Model for Learning and Teaching* (Grand Rapids: Baker, 2003), especialmente el cap. 6, "The Role of the Teacher," 71–85.
37. C. Lienmann-Perrin, *Training for a Relevant Ministry: A Study of the Work of the Theological Education Fund* (Geneva: World Council of Churches, 1980), 174–176.

académico que trascienda las actitudes heredadas de la Ilustración, de estudio desinteresado, sin compromisos ni presuposiciones, que todavía prevalecen en muchas situaciones universitarias y acreditadoras.[38] El trabajo académico es parte de nuestro discipulado y debemos hacerlo como una expresión de nuestro amor por Dios y el deseo de servirle con nuestra mente.[39] La teología del Nuevo Testamento fue escrita por misioneros y pastores como parte de su ministerio y la experiencia espiritual es lo único que nos permite entender tanto el texto bíblico como la teología. El estudio del vocabulario hebreo facilita el análisis de los Salmos, pero experiencias similares a las del autor serán esenciales para que los entendamos profundamente.[40] Si la teología es una destilación de la experiencia de Dios en Cristo, encontrada en las Escrituras e interpretada por la iglesia creyente, entonces solamente es comprensible a través de la vida espiritual. Esto significa que el erudito cultivará su lectura de dos maneras. Él o ella leerá por el bien de la verdad y por el de los estudiantes, el ministerio, y el Reino de Dios en este mundo: leerá en busca de la verdad y la pertinencia.

Desarrollo de la competencia profesional

Los seminarios tienden a contratar a sus profesores basándose en su conocimiento de la materia o campo, en lugar de su capacidad para desarrollar la erudición, espiritualidad y ministerio de los estudiantes. El grado doctoral es una cualificación limitada. Como profesionales, debemos ser competentes en la preparación de hombres y mujeres que amen y sirvan a Dios. Los profesores tienen que estudiar y desarrollar su competencia profesional.[41]

---

38. N. Wolterstorff, "The Travail of Theology in the Modern Academy," en *The Future of Theology: Essays in Honor of Jürgen Moltmann*, ed. Miroslav Volf, Carmen Krieg, y Thomas Kucharz (Grand Rapids: Eerdmans, 1996), 35–46.
39. Véase también el interesante artículo de Michael Battle, "Teaching and Learning as Ceaseless Prayer," en *The Scope of Our Art: The Vocation of the Theological Teacher*, ed. L. Gregory Jones y Stephanie Paulsell (Grand Rapids: Eerdmans, 2002), 155–170.
40. El trabajo de exégesis a veces se asemeja a desarmar un piano para entender una sonata de Chopin.
41. Hago la salvedad de que no estoy utilizando el término «profesional» en el sentido pleno en que está siendo debatido en la educación teológica, sino de haber adquirido la competencia necesaria para ejercer esta vocación y tarea. Jackson Carroll fue financiado por el ATS para que en 1984 dedicara su sabático del Seminario de Hartford a la investigación del modelo del «profesional» en el ministerio y la educación teológica. Su artículo fue publicado en la primavera de 1985. Véase Jackson Carroll, "The Professional Model of Ministry: Is It Worth Saving?,"

El que algunos profesores sean talentosos no disminuye la necesidad de aprender las actitudes, conocimientos y técnicas pedagógicas. Los educadores teológicos son comunicadores; esta tarea es objeto de mucho estudio y el mercado está saturado de libros y cursos buenos sobre la enseñanza en entornos formales, grupos pequeños y el asesoramiento personal. Sin embargo, no hay que confundir la buena comunicación con el uso de lo último en la tecnología, por útil que sea. Un buen comunicador es alguien que ayuda a la otra persona no solo a apreciar las ideas, sino también logra que se apasione por las ideas, y transmita con entusiasmo la verdad. El modelaje de una buena práctica, del dominio de la técnica y el compromiso emocional con la verdad son actitudes que los estudiantes reproducirán en el ministerio. Cabe señalar que tanto la educación superior como la teoría y la práctica de la educación de los adultos son materias muy estudiadas en la actualidad. Ahora sabemos más acerca del aprendizaje y la enseñanza de los estudiantes. Debemos atender tanto el aspecto profesional del trabajo como el contenido de la asignatura.

Existen cursos para estos fines. En términos generales, si bien los cursos ofrecidos por las universidades seculares son valiosos, hay que aplicar el discernimiento. Un teólogo o teóloga especialista en Estudios Bíblicos que enseña junto a profesores de Biología, Historia o Física no debe asumir que podrá usar los objetivos o métodos aplicados a esas otras materias.[42] Se necesitan más cursos acerca del trabajo profesional de los educadores teológicos y que los seminarios tomen la iniciativa de velar por que sus facultades crezcan en esta área.

El desarrollo espiritual y discipulado personal

Casi siempre empiezo mis conferencias con esta cita de Tomás de Kempis: «¿De qué te aprovecha disputar altas cosas de la Trinidad, si careces de humildad

---

Theological Education 21, no. 2 (Primavera 1985): 7–48. Para una discusión más reciente, véase Linda Cannell, *Theological Education Matters: Leadership Education for the Church* (Charleston, SC: Booksurge, 2008); y Graham Cheesman, "A True Professional?," *Journal of Theological Education and Mission* 1, no. 1 (febrero 2010): 57–64.

42. Arun K. Sarkar, "Non-Formal Faculty Development in Theological Seminaries: An Adult Educational Approach," in *Tending the Seedbeds: Educational Perspectives on Theological Education in Asia*, ed. Allan Harkness (Quezon City: Asia Theological Association, 2010), 129–143.

por donde desagrades a la misma Trinidad?».[43] De ninguna manera podríamos cubrir este tema en unos cuantos párrafos. Estamos hablando de la vida cristiana, tema que ha sido tratado en un sinfín de libros.

No obstante, habrá que hablar del profesor y su vida interior con Dios. Cada uno de nosotros necesita la disciplina diaria de presentarse ante Dios a solas para adorarlo, confesarse, compartirle sus deseos y emociones e interceder por otros. La enseñanza teológica no es una cuestión técnica. Siempre estamos guiando a las personas en el nombre de Dios y a la vez, llevándolas hacia Dios, por lo que nuestra propia relación con Dios es importante. Jesús comisiona a Pedro con una pregunta sencilla: «¿Me amas?».[44] Con mucha facilidad dejamos que el ajetreo del liderazgo en la educación teológica exprima el deseo de intimar con Dios. Nos convertimos en personas ocupadas como aquellas que derivan del ajetreo su sentido de identidad y autoestima. En particular, estamos ocupados con las palabras; pertenecemos a una de las profesiones más «locuaces». La soledad deliberada en la presencia de Dios contrarresta estos males ocupacionales de la educación teológica.[45]

Empero, la devoción no es lo único que define nuestra espiritualidad. La espiritualidad occidental ha sido muy criticada (especial e injustamente por la tradición pietista) por su egoísmo. Esta crítica marcó el proceso de Iona.[46] Detrás de esa crítica histórica estaban moviéndose en parte las actitudes de la teología de la liberación, surgida en América Latina en las décadas de 1960 y 1970. Tales tradiciones critican con razón a los teólogos y a los educadores teológicos por su tendencia a ocuparse mayormente de su progreso espiritual a expensas del sufrimiento de los marginados y pobres del mundo. Esta reafirma el segundo mandamiento de que amemos a nuestro prójimo como a nosotros mismos.[47] Tal amor debe reflejar el amor de Dios por el mundo, pero particularmente del profesor hacia sus estudiantes. Los estudiantes son seres humanos necesitados. Fuera del aula tienen luchas en sus relaciones

---

43. Thomas à Kempis, *The Imitation of Christ* (Harmondsworth: Penguin, 1952), 27. Traducción tomada de, *Imitación de Cristo*, http://www.clerus.org/bibliaclerusonline/pt/iyt.htm, acceso marzo 2020.
44. Jn 21:16.
45. Henri Nouwen, *The Way of the Heart* (Nueva York: Ballentine, 1981), 39–40.
46. Amirtham y Pryor, *Invitation*, 148.
47. Lc 10:26–27.

personales, familias, finanzas y autoestima. Dentro del aula temen quedarse rezagados o no dar el grado. Muchos temen el futuro.[48] Un estudio reciente llevado a cabo en Norteamérica entre estudiantes en su primer año de estudios teológicos y religiosos puso de relieve las dificultades que confrontan al tratar de integrar sus estudios con su fe.[49] Los profesores son llamados a aprender a compadecerse de sus estudiantes.

Llamado y desarrollo ministerial

El papel del educador teológico cabe dentro del don de «maestro» para la iglesia.[50] Pablo lo ubica en el tercer lugar detrás de los apóstoles y profetas.[51] Santiago aconseja que no muchos asuman esta función porque serán juzgados con mayor rigurosidad.[52] De modo que es un ministerio al que somos llamados personalmente y por la iglesia, como otros lo son al apostolado y la profecía. El concepto del llamado ministerial implica tres cosas para el desarrollo docente. En primer lugar, los docentes necesitan ayuda con el desarrollo de su sentido del llamamiento (tema que será tocado en otro capítulo). En segundo lugar, el llamado envuelve un sentido del deber y mayordomía. En tercer lugar, implica las destrezas del cuidado pastoral con los estudiantes.

El llamado ministerial implica deber. Aunque los conceptos del deber, la responsabilidad y fidelidad no son tan comunes como en el pasado, todavía son virtudes cristianas de las que Cristo y los apóstoles hablaron frecuentemente. Cristo imparte una serie de parábolas sobre la mayordomía, concepto que abarca estas virtudes. Para los educadores teológicos implica una responsabilidad con la verdad. Nuestra vocación encierra la encomienda de la preservación y enseñanza de la Palabra de Dios. Más allá de las exploraciones correctas y el ejercicio del pensamiento queda un sentido de «les transmití a ustedes lo que yo mismo recibí» (1Co 15:3) acerca de la enseñanza de la Palabra

---

48. Véase un estudio reciente, Graham Cheesman, "So What Are They Really Thinking?," *The Theological Educator* 5, no. 2 (febrero 2013), acceso julio 2015, http://thetheologicaleducator.net/2013/02/08/so-what-are-they-really-thinking/.

49. Barbara E. Walvoord, *Teaching and Learning in College Introductory Religion Courses* (Oxford: Blackwell, 2007), 25–34.

50. "Didaskalos," en Colin Brown, ed., *The New International Dictionary of New Testament Theology*, vol. 3 (Grand Rapids: Zondervan, 1986), 765–768.

51. 1Co 12:28.

52. Stg 3:1.

de Dios. Y es un deber con los estudiantes. El mejor servicio que rendimos a Dios en la educación teológica es que los estudiantes se transformen en buenos siervos y siervas. Nuestra obligación con cada estudiante es que cumplamos con todos los aspectos de la formación establecidos para el tiempo que estén con nosotros. El profesor tiene que creer en el estudiante y extraer el potencial de cada uno para el servicio a Dios y una vida feliz en su presencia en este mundo. Antes que todo tenemos una profunda responsabilidad con cada uno de los estudiantes que Dios nos ha encomendado. Somos mayordomos que algún día rendiremos cuentas por la verdad y por los estudiantes que nos fueron prestados por unos años. La fidelidad en la mayordomía es parte de nuestro desarrollo docente.

La vocación ministerial asimismo conlleva las actitudes y destrezas del cuidado pastoral con los estudiantes. El ministerio siempre trata de personas, no tan solamente de ideas. Sin embargo, a muchos profesores les ha costado desarrollarse en esta área en los últimos años. Existe una larga tradición del maestro como guía espiritual de sus estudiantes,[53] pero en los últimos años las universidades y los seminarios han comenzado a responder a este énfasis en el desarrollo espiritual (a menudo después de una larga lucha por la excelencia académica), creando grupos de mentores-pastores y solicitándoles a sus facultades que supervisen el desarrollo espiritual de los estudiantes. Como hemos visto, el ministerio de la enseñanza implica que edifiquemos relaciones entre profesores y estudiantes como fundamentales para la dirección espiritual. No obstante, el legado de la lucha por la excelencia académica todavía queda en la contratación de profesores casi exclusivamente por sus conocimientos y credenciales académicas. Se necesita un proceso suave y tranquilizador que los lleve hacia un llamamiento ministerial con los cuidados que les permitan vincular la dirección espiritual con sus campos de especialización. La recompensa será grande en la formación y el ministerio posterior de los estudiantes. Muchos han salido de nuestras universidades y seminarios habiendo aprendido un modelo ministerial de sus profesores en el que una enseñanza muy intelectualizada hace de desarrollo personal.

---

53. Philip Jacob Spener, *Pia Desideria: or Heartfelt Desires for a God-Pleasing Improvement of the True Protestant Church* (1675), en *Pietists: Selected Writings*, ed. Peter C. Erb, Classics of Western Spirituality (Nueva York: Paulist, 2003), 41–43.

Entran en el ministerio suponiendo que un buen sermón sobre el capítulo 8 de Romanos es preferible al compromiso pastoral de orientar la vida espiritual de la congregación.

El contexto del desarrollo docente: La formación de equipos

Ahora, echémosle un vistazo a otra de las aplicaciones del «desarrollo docente» que es la formación, el sostenimiento y desarrollo del equipo de la facultad. Este tema abarca desde los asuntos del liderazgo,[54] los conceptos de equipo, materia, equilibrio de los dones y así sucesivamente. Por consiguiente, examinaremos solamente dos de las ideas fundamentales que sustentan los objetivos del desarrollo de la facultad: el concepto de una vocación en común y la visión de un espacio rico para el aprendizaje continuado en el cumplimiento de dicha vocación.

La importancia del desarrollo del equipo docente estriba en que, si bien cada docente es miembro de la comunidad amplia, que incluye al estudiantado y el personal administrativo, juntos conforman un subgrupo con sus propias reglas y cultura, así como el poder para influir en sus miembros y el resto de la institución. Su influencia es grande. Los patrones negativos como la tensión, ira, ruptura de relaciones y desacuerdos emocionales en cuanto a la visión, el currículo o patrones de trabajo, crean una atmósfera desagradable que dificulta la tarea docente individual. Además, la facultad deja de ser un modelo de colaboración ministerial para los estudiantes.

De modo que, el liderazgo tendrá que darle prioridad a la armonía y el desarrollo de su facultad. Esto implicará una buena comunicación, trabajar en las relaciones interpersonales, tener mucho tiempo para conversar acerca de los problemas y para aprender a relajarse juntos. Debemos señalar que las cuatro áreas principales del desarrollo personal que ya fueron mencionadas (erudición, competencia, espiritualidad o discipulado y llamado ministerial) tienen elementos corporativos. Los miembros de la facultad deben crecer

---

54. Un excelente librito sobre liderazgo surgido de la experiencia en una importante institución teológica es Walter C. Wright, *Relational Leadership: A Biblical Model for Influence and Service* (Exeter: Paternoster, 2000).

juntos. Para ello cuentan con muchísimas opciones tales como las evaluaciones de pares, mentoría, sesiones interdisciplinarias conjuntas, evaluaciones, orientaciones del liderazgo, etc., las cuales serán discutidas en otro capítulo.

El desarrollo de una vocación común

Gordon Smith describe de manera útil el concepto de la vocación común en su artículo (Attending to the Collective Vocation) en el libro, "The Scope of Our Art: The Vocation of the Theological Teacher", publicado en 2002.[55] A veces es inevitable que surjan tensiones entre nuestro sentido de vocación y el sentido corporativo de la vocación de una universidad o seminario, en particular porque los miembros de la facultad provienen de ambientes culturales y eclesiales que insisten en que cada persona tiene un llamado y la dirección de Dios. Nuestros deseos de servirle no siempre encajan dentro de la estructura del trabajo y la toma de decisiones de una colectividad. Sin duda las vocaciones del docente y el seminario deben ser congruentes, pero parte de la culpa recae sobre el mito de la pieza que, tras haber pasado años formándose bajo el llamado de Dios y creciendo en su visión de servicio, finalmente encajará a la perfección en su nombramiento. Siempre lucharemos contra los elementos desajustados, de lo contrario, ¿cómo discerniríamos nuestra necesidad dela fortaleza, el consuelo y la ayuda de Dios —especialmente en nuestras debilidades, para encarar nuestras responsabilidades? Esto tiene una base bíblica. En términos teológicos, la discusión de la vocación individual solamente es posible en el contexto de la comunidad, donde es cumplida en solidaridad con los demás, lo que requiere conversaciones, desinterés y cierto grado de compromiso.

El primer paso hacia el desarrollo del equipo docente casi siempre comienza con el entendimiento de la visión, la misión, la historia y la evolución de la universidad o el seminario, reconociendo las concesiones que tendremos que hacer para cumplirla junto con la nuestra. En la mayoría de las universidades y seminarios, existe (como debe ser) un elemento de gobernanza compartida que involucra a la facultad como el equipo que aplica y desarrolla esa visión. Esto requiere madurez espiritual, discernimiento comunal, claridad sobre

---

55. Gordon T. Smith, "Attending to the Collective Vocation," en Jones y Paulsell, *Scope of Our Art*, 240–261. Para una discusión más antigua sobre la vocación del profesor teológico, véase H. Richard Niebuhr et al., *The Advancement of Theological Education* (Nueva York: Harper, 1957), 55–59.

el funcionamiento de esa vocación colectiva en cada desafío y acuerdos sobre los mecanismos y las actitudes que permitan que el equipo docente tome decisiones. El llamamiento común y los conceptos y procesos del trabajo en equipo no libran al docente de su responsabilidad ante Dios por su propio crecimiento, trabajo, acciones y errores. Sin embargo, sí implican el discernimiento de en dónde sus responsabilidades, visiones y decisiones afectan las corporativas y viceversa.

Una de las grandes tareas del desarrollo docente, entonces, es lograr que un conjunto de personas con sus propias vocaciones y ministerios, formen un equipo que contribuya a la vocación común de la institución de educación teológica.

El desarrollo del espacio docente

De vital importancia para que la facultad viva y prospere con una visión en común es la creación y el fortalecimiento de un espacio docente que fomente el desarrollo individual y conjunto. No estoy refiriéndome a un espacio literal, que no sería mala idea, sino algo más alineado con lo que Parker Palmer y otros[56] han descrito como el espacio o la atmósfera deliberada para el desarrollo de los estudiantes. Sus escritos enumeran las características de tal espacio para el desarrollo de los estudiantes. ¿Qué caracterizaría a este tipo de espacio para el desarrollo docente?

En primer lugar, será un espacio de aceptación y respeto mutuos, no solamente como expertos, sino también como creyentes. Cualesquiera sean nuestras diferencias de opiniones, deseos, temas, habilidades, debilidades y pecados, lo cierto es que Dios nos ha recibido en Cristo y encomendado que trabajemos juntos para el Reino.[57] En segundo lugar, será un espacio seguro para mantener conversaciones francas. Los miembros de la facultad necesitan la libertad de cometer errores sintiéndose seguros dentro del grupo, de expresar sus puntos de vista intelectuales e incluso luchas con temas difíciles que dividen a los cristianos y de estar en desacuerdo con el trabajo de la visión corporativa sin temor a las represalias, pero reconociendo su responsabilidad para con el equipo. En tercer lugar, será un espacio espiritual de verdadera

---

56. Palmer, *To Know as We Are Known*, 69–87.
57. Dietrich Bonhoeffer, *Life Together* (Londres: SCM, 1954), 7–26.

diakonía, adoración y oración tanto de los unos por los otros como por la tarea común. Los retiros, los días de facultad, así como los tiempos semanales son de gran ayuda, pero de mayor importancia es su determinación de crecer espiritualmente juntos, ayudándose mutuamente a acercarse a Cristo.[58] En cuarto lugar, el amor regirá las relaciones personales. Ya hemos visto que las tensiones son inevitables dentro del equipo, tampoco estamos obligados a estar de acuerdo, ni siquiera a caernos bien todo el tiempo; empero, muchos testificamos que el apego a las reglas básicas del amor cristiano (preferir a los demás, sacrificarse, hacer obras de amor) contribuyen grandemente a la paz y la eficacia del grupo. En quinto lugar, será un espacio intelectual que nos desafiará a que profundicemos y ampliemos nuestros pensamientos. El trabajo interdisciplinario es cada vez más necesario en nuestros equipos especializados y nos enriqueceremos del estudio y aprendizaje en grupo, aunque siempre existirá una rivalidad amistosa entre los eruditos del Antiguo Testamento y el Nuevo Testamento, y entre teólogos y misiólogos. En sexto lugar, muchas veces termina facilitando un espacio profético para las iglesias y la sociedad en donde radica la universidad o el seminario. Las iglesias están luchando contra la corriente de ideas y actitudes nuevas en la sociedad, desde la posmodernidad hasta el debate sobre los últimos procedimientos médicos, decisiones legales, películas y libros. Qué mejor que los equipos docentes para guiar el pensamiento de las iglesias y hablar sobre estos temas ante la sociedad, cosa que deben hacer como grupo profético en misión. Así pues, tenemos una visión de un espacio en donde el equipo docente cumple la visión corporativa, a la vez que fomenta su desarrollo y servicio.

Conclusión

En última instancia, la educación teológica persigue la formación de los estudiantes. Esta, a su vez, depende en gran medida de la formación de la facultad. En este breve ensayo, hemos establecido un modelo de lo que estamos buscando: un docente excelente; hemos considerado los objetivos esenciales para su desarrollo; hemos demostrado que no es una tarea individual, sino

---

58. Esto se logra con el personal no docente.

comunitaria y en particular del equipo docente. Otros capítulos cubrirán las maneras de llevarlo a la práctica.

Reflexión y puntos de acción

1. ¿Tiene su seminario una declaración escrita de sus objetivos para la educación teológica? En vista de la discusión anterior, ¿cuán satisfecho se siente con esta declaración? ¿Deberá ser revisada por la facultad?

2. Lea el siguiente diálogo de Tokunboh Adeyemo:

> Estudiante: No puedo hacer un bosquejo de lo que usted dice.
> Maestro: La vida, el pensamiento y la conversación rara vez se ajustan a un esquema.
> Estudiante: Pero es difícil prepararse para el examen.
> Profesor: ¿Qué examen?
> Estudiante: El de final del curso.
> Profesor: Tomarás mis exámenes el resto de tu vida.
> Estudiante: No entiendo mucho de lo que nos está enseñando.
> Maestro: No lo entenderás por tres años.
> Estudiante: ¿Ese es todo el curso?
> Profesor: No, es el comienzo del curso.
> Estudiante: ¿Cómo saldré en esta clase?
> Profesor: Usted fracasará junto con el resto. Pero entonces todos ustedes, excepto uno,
> trastornarán al mundo.
> Estudiante: Cuando hayamos terminado, ¿sabremos tanto como los fariseos?
> Profesor: No, no sabrás tanto, pero habrás cambiado. ¿Quieres cambiar?
> Estudiante: Creo que sí. ¿Es relevante su enseñanza?
> Maestro: ¿Es verdad?
> Estudiante: No está contestándome.
> Maestro: Porque tú tienes las respuestas.
> Estudiante: ¿Te veremos en clase mañana?

Profesor: La clase continúa con la cena junto a la fogata. ¿Crees que solamente enseño palabras?
Estudiante: ¿Hay una tarea?
Maestro: Sí, ayúdame a pescar para la cena.[59]

¿Qué dice de Jesús como maestro? ¿Cómo separaría el contexto del principio?

3. ¿Cuán aceptable es en su cultura demostrar sus emociones y compartir sus experiencias personales (a la luz del ejemplo del apóstol Pablo)?

4. ¿Cómo calificaría el cuadro de cuatro "ubicaciones" de Edgar (Gráfica 2.1)[60] como patrón para los objetivos para la facultad?

CLÁSICO	Transformación del individuo	Conocimiento de Dios	CONFESIONAL
	ATENAS Academia	**GINEBRA** Seminario	
	TEOLOGÍA	DOXOLOGÍA	
	MISIOLOGÍA	SCIENTIA	
	JERUSALÉN Comunidad	**BERLÍN** Universidad	
MISIONAL	Convertir al mundo	Fortalecimiento de la Iglesia	**VOCACIONAL**

Gráfica 2.1: Patrón cuádruple de «ubicaciones» de Edgar

5. ¿Hasta qué punto se esfuerza su seminario por lograr la integración de la formación de los estudiantes? ¿Cómo sería un profesor que viviera esta integración?

---

59. En Paul Bowers, ed., *Evangelical Theological Education Today* (Exeter: Paternoster, 1982), 7–8.
60. Tomado de Brian Edgar, "The Theology of Theological Education," última modificación 2005, acceso julio 2015, http://brian-edgar.com/wp-content/uploads/downloads/2010/05/Theology_of_Theological_Education.pdf.

6. Varios modelos fueron presentados para las relaciones del docente teológico. ¿Con cuál de los siguientes modelos se identifica más y por qué? ¿Encierra un elemento contextual su elección? ¿Existen peligros en este acercamiento? ¿Sugeriría otros modelos?
- Anfitrión
- Partera
- Paráclito
- Amigo
- Acompañante

7. ¿Es la investigación un elemento importante del desarrollo académico de los docentes? ¿Cuáles son las principales conexiones entre la investigación y la buena enseñanza?

8. Enumere los elementos principales de una relación espiritual con el estudio académico para los miembros de la facultad y comente cómo funciona cada uno de estos.

9. ¿Qué porcentaje de los miembros de su facultad han recibido capacitación profesional?
- ¿En pedagogía?
- ¿En educación teológica específicamente?

¿Habrá alguna manera de aumentar estos porcentajes?

10. A la luz del papel del liderazgo y la facultad en la gobernanza de la comunidad, ¿cómo «aman a los estudiantes» y cuáles son los límites en la educación teológica?
- ¿para profesores individuales?
- ¿para el liderazgo del seminario?

11. ¿Está usted de acuerdo en que fundamentalmente la facultad está cumpliendo un ministerio cristiano? Si es así, ¿cuáles son las implicaciones para su liderazgo?

12. ¿Ha habido tensiones en su equipo docente debido a la falta de un sentido de vocación y visión corporativas? ¿Cuál sería una mejor manera de tratarlas?

13. ¿Existen en su contexto las oportunidades y el deber de que su facultad sea una voz profética para la sociedad y la iglesia?¿Cómo está desarrollando esta función y en qué áreas?

14. Añada cuatro acciones que tomará a raíz de la lectura y el estudio de este capítulo:
    1.
    2.
    3.
    4.

Recursos para seguir estudiando

No se ha escrito mucho acerca de las definiciones y los conceptos del desarrollo docente dentro de la tradición evangélica. A continuación, encontrará una selección de fuentes pertinentes. Si desea más material, consulte las notas.

Amirtham, Samuel, y Robin Pryor. *Invitation to the Feast of Life: Resources for Spiritual Formation in Theological Education*. Ginebra: World Council of Churches, 1989.

Banks, Robert J. *Reenvisioning Theological Education: Exploring a Missional Alternative to Current Models*. Grand Rapids, MI: Eerdmans, 1999.

Bonhoeffer, Dietrich. *Life Together*. London: SCM, 1954.

Edgar, Brian. "The Theology of Theological Education." *Evangelical Review of Theology* 29, no. 3 (2005): 208–217.

Farley, Edward. *Theologia: The Fragmentation and Unity of Theological Education*. Philadelphia: Fortress, 1983.

Jones, L. Gregory, y Stephanie Paulsell, eds. *The Scope of Our Art: The Vocation of the Theological Teacher*. Grand Rapids, MI: Eerdmans, 2002.

Kelsey, David. *Between Athens and Berlin: The Theological Education Debate*. Grand Rapids, MI: Eerdmans, 1993.

Nouwen, Henri. *Reaching Out: The Three Movements of the Spiritual Life*. Glasgow: William Collins, 1976.

Palmer, Parker. *To Know as We Are Known: Education as a Spiritual Journey*. Nueva York: HarperCollins, 1993.

Webb, Graham. *Understanding Staff Development*. Buckingham: Society for Research into Higher Education and the Open University Press, 1996.

3

El establecimiento de una cultura institucional que propicie el desarrollo docente

Pablo Sywulka

Introducción: Caso de estudio

Justino ha completado su primer mes como presidente del Seminario Silver Tree. Este aceptó la invitación de la junta directiva sabiendo que habría desafíos. La transición de la pastoral hacia la presidencia fue de por sí importante.

Todo aparentaba estar muy bien en Silver Tree. Una reciente campaña de construcción había culminado en la edificación de una nueva biblioteca. Se había instalado un sistema de software moderno. La matrícula estaba sólida en parte gracias a unas becas importantes. La auditoría externa elogiaba el presupuesto equilibrado del seminario. Sin embargo, debajo de la superficie sonaba el descontento. Al parecer los departamentos no estaban trabajando unidos. La oficina del decano estaba quejándose de que la oficina de finanzas no estaba compartiendo su información. La directora de asuntos estudiantiles estaba frustrada con la oficina de admisiones por la pobre calidad de los estudiantes admitidos. La asistencia a la capilla había disminuido drásticamente y tampoco había tiempo para las reuniones de oración de la facultad y el personal. Los estudiantes se quejaban de que los profesores rara vez estaban disponibles. Algunos de los donantes estaban haciendo preguntas y algunos hasta cancelaron sus ofrendas.

Mientras Justino reflexionaba sobre su primer mes en la presidencia, entendió que su mayor desafío no eran las finanzas ni lo académico. Ahora tendría que darle prioridad a la salud de la cultura del seminario.

La cultura institucional

Si bien el reconocimiento de que las instituciones tienen una cultura no es nuevo,[1] el tema ha recibido mucha atención en los últimos años. Robert Birnbaum, en su libro, "How Colleges Work" (1988),[2] debate cuatro «Modelos del funcionamiento organizacional» (Las instituciones colegiales, burocráticas, políticas y anárquicas). Entonces propone que estos modelos sean integrados en lo que ha denominad «la institución cibernética».[3] Aunque no lo menciona explícitamente, básicamente está refiriéndose a la «cultura institucional».

William Bergquist y Kenneth Pawlak, autores del libro "Engaging the Six Cultures of the Academy" (2008),[4] describen seis culturas (colegial, gerencial, desarrolladora, defensiva, virtual y tangible). Estos concluyen que, si bien estas culturas son «marcadamente diferentes», «conviven en cada campus».[5] El liderazgo tiene ante sí el desafío de descartar la uniformidad y, en cambio, ayudar a los miembros de la organización a que entiendan «los puntos de vista con los que no estén de acuerdo antes de que intenten superarlos».[6]

---

1. Véase, por ejemplo, H. B. London, *The Culture of a Community College* (Nueva York: Praeger, 1978), citado en William Bergquist and Kenneth Pawlak, eds., *Engaging the Six Cultures of the Academy* (San Francisco: Jossey-Bass, 2008), 270.
2. Robert Birnbaum, *How Colleges Work: The Cybernetics of Academic Organization and Leadership* (San Francisco: Jossey-Bass, 1988).
3. Birnbaum presenta las características de cada modelo institucional señalando los «círculos de interacción» y los «broches sueltos y apretados», haciendo sugerencias para un liderazgo eficaz.
4. Bergquist y Pawlak, *Engaging the Six Cultures of the Academy*. Esta es una versión revisada y amplificada del libro de Bergquist, *The Four Cultures of the Academy* (San Francisco: Jossey-Bass, 1992).
5. Bergquist y Pawlak, 248.
6. Bergquist y Pawlak, 248.

Por supuesto, la cultura institucional es un asunto complejo. Está ahí, aunque no la notemos, e influye en todos los aspectos de la institución, seamos o no conscientes de su efecto. Juan Manuel Manes la llama «el fantasma que gobierna».[7]

¿Qué es la cultura institucional? Manes la describe como «la combinación de creencias, valores y costumbres compartidas que establecen las normas que regulan la vida de una institución educativa».[8]

Premisas básicas de una cultura institucional

Justino, como presidente, llegó a una conclusión común. Los líderes que aspiran a que sus seminarios sean eficaces deberán prestar atención a la cultura institucional. Las siguientes premisas serán útiles para la creación de un marco de referencia para esta importante tarea.

Para empezar, es importante comprender que *cada seminario tiene una cultura*. Múltiples factores inciden en su desarrollo, tales como la visión de sus fundadores, el entorno, las funciones de sus líderes y los diversos orígenes de su estudiantado.

En segundo lugar, *la cultura de todo seminario consta de elementos positivos y negativos*. Hasta las peores culturas tendrán elementos redimibles, mientras que las mejores encontrarán ciertas áreas que necesitan atención.

En tercer lugar, *la cultura de un seminario es desarrollable y mejorable*. Podemos fortalecer las áreas débiles y reforzar el resto. La cultura no es estática.

En cuarto lugar, *la cultura institucional debe estar arraigada a los valores, la visión y la misión* del seminario. El objetivo es que cada aspecto esté alineado (procedimientos y programas, actividades y ambiente) con su visión y valores.

En quinto lugar, *el liderazgo (desde la junta hasta la presidencia y los niveles intermedios e inferiores) debe comprometerse con el establecimiento de la cultura del seminario*. Esto requiere un esfuerzo concertado y unido.

Por último, el establecimiento de *una cultura institucional implica la implementación de un plan de acción y evaluación*.

---

7. Juan Manuel Manes, *Gestión Estratégica para Instituciones Educativas*, 2a ed. (Buenos Aires: Granica, 2004), 53.
8. Manes, *Gestión Estratégica*.

El contexto institucional

La cultura externa y su influencia

El análisis de la cultura institucional conlleva que entendamos sus influencias externas. Por lo general, la sociedad ejerce una gran influencia, no importa cuán internacional sea el seminario. Ni los estudiantes ni el personal, ni las comunidades vecinas a las que sirve la institución pueden entenderse sin tener en cuenta su cultura.

Tanto las personas que vienen de afuera como las locales deben ser conscientes de los elementos culturales externos que afectan la dinámica interna de la institución. Para ello convendría que hiciéramos las siguientes preguntas: ¿Cómo son manejadas las diferencias (confrontación directa o indirecta)? ¿Qué tan importante es cuidar la reputación (o las apariencias), ya sea por uno mismo o los demás? ¿Cuán fuertes son los lazos de lealtad a la familia y la comunidad?

Geert Hofstede y otros son los autores de un libro muy útil para entender las culturas, "Cultures and Organizations: Software of the Mind".[9] Los autores usan una serie de factores para analizar varias culturas. Estos incluyen lo que describen como la distancia del poder, colectivismo versus individualismo, asertividad versus modestia, aversión a la incertidumbre, orientación de corto o largo plazo e indulgencia versus restricción.

Por lo general, la cultura incluye ciertos conceptos religiosos o teológicos. El trabajo es visto como una maldición (algo que debe evitarse hasta donde sea posible) o una bendición (se recibe con agrado). El decir la verdad puede ser visto como una obligación moral absoluta (siempre está mal mentir) o relativa (está bien mentir en algunas circunstancias). Hay que entender estos conceptos para reforzarlos o confrontarlos según sea el caso y desarrollar adecuadamente una cultura institucional.

Además de la cultura del entorno, puede que necesite entender otras subculturas. Las iglesias y las comunidades evangélicas tienen sus maneras de hacer las cosas y sus propios puntos de vista. Los seminarios teológicos deben estar al tanto de estas y otras subculturas durante el desarrollo de las propias.

---

9. Geert Hofstede, Gert Jan Hofstede y Michael Minkov, *Cultures and Organizations: Software of the Mind* (Nueva York: McGraw-Hill, 2010).

Factores internos que influyen en la cultura

La cultura de una institución educativa es influenciada no solamente por la cultura circundante, sino también por factores internos. Dos de esos factores son el propósito de la institución y la influencia de sus líderes prominentes.

La mayoría de las instituciones fueron fundadas con un propósito o una visión en particular. El propósito fundacional quizás fue la capacitación de pastores para las iglesias rurales, la formación de expositores bíblicos, o líderes para la comunidad evangélica o alguna otra necesidad. Aun cuando este propósito haya evolucionado, continuará afectando la cultura de la institución.

Por supuesto, el seminario siempre puede revisar su visión. Las necesidades que la institución se propone cubrir cambian a medida que la iglesia madura. El nivel académico puede elevarse a medida que aumentan las oportunidades educativas en el país. Pero sea la visión fundacional o la declaración actual, lo cierto es que influirá en la cultura.

Las contribuciones de personas importantes también afectan la cultura del seminario. Los fundadores a menudo dejan su huella, ya sea en la manera de hacer las cosas o los valores comunicados a sus seguidores. Los líderes y la facultad actuales de igual manera son influyentes. ¿Demuestran su pasión por conocer y servir a Cristo o reflejan otros intereses? ¿Se desviven por servir o lucen indiferentes a las necesidades de los demás? ¿Cuán profundamente comprometidos están con una vida de santidad? ¿Cómo equilibran las responsabilidades ministeriales y familiares? Las cualidades modeladas por los líderes y la facultad afectan grandemente la cultura del seminario.

Imaginando la cultura ideal

Imaginando la cultura ideal: valores bíblicos

Los líderes tienen que decidir hacia dónde llevarán la cultura de la institución. Su visión para esta cultura tiene que estar lo más clara posible. Aunque reconozcan que no han concretado el ideal en su cabalidad, se esforzarán continuamente para moverse en esa dirección.

Ante todo, esa cultura ideal debe estar fundada y desarrollada sobre la Biblia. Ya que nos identificamos como una institución «teológica», nuestro concepto de Dios y sus propósitos serán los elementos más importantes de este proceso. Dios se ha revelado en las Escrituras, por lo que son el punto de partida para los principios que sustentarán nuestra cultura.

Es de esperar que la visión, la misión y los valores del seminario tengan una orientación bíblica. Sin embargo, no podemos darlo por sentado. Hay que examinarlos a la luz de la Escritura. Cuando entendamos las actitudes y relaciones que Dios desea para su pueblo redimido, tendremos un marco de referencia para la cultura que imaginamos para nuestra institución.

Los valores bíblicos contradicen a nuestra sociedad. Por esa razón, habrá que destacarlos intencionalmente. Estos son los ideales que perseguimos. A continuación, reflexionaremos sobre algunos de los aspectos importantes de lo que Dios espera de la cultura de su pueblo.

En primer lugar, *la cultura bíblica ideal valora y promueve* la dependencia en Dios. Proverbios 3:5 lo resume: «Confía en el Señor de todo corazón, y no en tu propia inteligencia». El Antiguo Testamento presenta ejemplos de líderes como Josafat, quienes decidieron confiar en el Señor y, con esa actitud dependiente, dirigieron al pueblo (2Cr 20:1-30). También relata situaciones en las que el pueblo confió en su propia sabiduría y no consultó a Dios, con resultados desastrosos (p. ej. Jos 9:14). Jesús les enseñó a sus discípulos a depender del Padre (Mt 6:33; 7:7), dándoles el ejemplo (Lc 6:12). Pablo aprendió por medio de experiencias difíciles a depender de Dios y no de sí mismo (2Co 1:9). La oración debe ser uno de los principales componentes de la cultura de un seminario teológico porque es el medio que expresa y cultiva la dependencia en Dios.

En segundo lugar, *la cultura bíblica ideal valora y promueve el liderazgo de servicio*. Jesús no solamente enseñó y modeló su dependencia de Dios, sino que insistió en el liderazgo de servicio. Enseñó a los discípulos: «… el que quiera hacerse grande entre ustedes deberá ser su servidor» (Mc 10:43-44). Y agregó: «Porque ni aun el Hijo del hombre vino para que le sirvan, sino para servir y para dar su vida en rescate por muchos» (Mc 10:45).

Nótese que cuando Jesús se presentó como ejemplo, decidió enfocarse en la humildad y la servidumbre. Bien pudo haber resaltado su experiencia como maestro, pero no lo hizo. Antes bien: «Carguen con mi yugo y aprendan de mí, pues yo soy apacible y humilde de corazón, y encontrarán descanso para su alma» (Mt 11:29). Cuando dijo: «Les he puesto el ejemplo, para que hagan lo mismo que yo he hecho con ustedes» (Jn 13:15); estaba refiriéndose a que había tomado el lugar de siervo para lavar los pies de sus discípulos. Cuando Pedro habló de que «… Cristo sufrió por ustedes, dándoles ejemplo para que sigan sus pasos» (1P 2:21), se referíae a que Jesús aceptó humildemente el sufrimiento, sin protestas ni represalias.

El apóstol Pablo también presenta a Jesús como un ejemplo de humildad y servicio. A los filipenses exhorta: «No hagan nada por egoísmo o vanidad; más bien, con humildad consideren a los demás como superiores a ustedes mismos» (Fil 2:3), imitando el ejemplo de Cristo, quien «… se rebajó voluntariamente, tomando la naturaleza de siervo…» (Fil 2:7). Pedro subraya este valor al final de su primera carta. Después de haber exhortado a los líderes a que sirvieran sus rebaños con humildad y solidaridad, añade: «Revístanse todos de humildad en su trato mutuo» (1P 5:5).

El liderazgo de servicio es extremadamente importante. Sobre todo, en las culturas que menosprecian a la servidumbre, pero también en cualquier otra debemos darle prioridad a la enseñanza y el modelaje del servicio humilde.

En tercer lugar, *la cultura bíblica ideal valora y promueve un carácter cristiano*. Dios quiere que seamos «transformados según la imagen de su Hijo» (Ro 8:29) y reflejemos su carácter en nuestras relaciones. Cristo se distinguió por su humildad. También por su amor: incondicional y desinteresado. Jesús antepuso el bienestar de sus discípulos a su conveniencia: «Y habiendo amado a los suyos que estaban en el mundo, los amó hasta el fin» (Jn 13:1). Tras haberles lavado los pies, les dio sus instrucciones finales y luego dio su vida por ellos en la cruz. El seminario ideal vive el amor de Cristo: los profesores dejan a un lado sus intereses para escuchar a un estudiante; los estudiantes apoyan a uno de los empleados en necesidad; los líderes también comunican una preocupación genuina por el bienestar de cada miembro de la comunidad.

Jesús amó a los despreciados. Estuvo con aquellos que eran marginados por los «justos» de la sociedad. Lo acusaron de «glotón y un borracho, amigo de recaudadores de impuestos y de pecadores» (Lc 7:34). Hizo amistad con la gente marginada como la mujer de dudosa reputación que ungió sus pies (Lc 7:39). Una cultura institucional que refleje el amor de Jesús incluirá un alcance compasivo a los necesitados.

Otra cualidad de Jesús fue su santidad. Su vida fue un ejemplo de dedicación a Dios y separación del pecado. Fue perfecto por cuanto: «Él no cometió ningún pecado, ni hubo engaño en su boca» (1P 2:22). Estamos llamados a ser santos, así como Él es santo (1P 1:15-16). Mientras esperamos con ansias que Cristo venga para que experimentemos la plenitud de la santidad (1Ts 5:23), también hemos sido llamados a buscar «la paz con todos, y la santidad, sin la cual nadie verá al Señor» (Heb 12:14). Nuestro ADN institucional debe incluir la confesión del pecado (tanto corporativo como individual), junto con la promoción de la vida santa.

Jesús también ejemplificó la justicia. Condenó severamente a los líderes que se aprovechaban de la gente vulnerable, como las viudas (Lc 20:47). Tomó la causa de los que la sociedad despreciaba porque eran vistos como pobres o pecadores. Nuestras instituciones están llamadas a imitar la justicia de nuestro Señor: ser imparciales, abogar a favor de los discriminados por su raza, cultura, género o posición socioeconómica.

Podríamos mencionar muchas otras de las cualidades del carácter de Jesús, como su paciencia con los discípulos en su proceso de aprendizaje y su disposición a perdonar a las personas. ¿Cómo trata nuestra institución a los estudiantes con dificultades para el aprendizaje? ¿Hasta qué punto practicamos el perdón pleno, genuino y espontáneo en nuestra comunidad?

El mundo sabrá que somos los seguidores de Cristo por la manera en que reflejemos su carácter, especialmente su amor (Jn 13:35). La meta del discipulado es que seamos semejantes a Cristo. Nuestros graduados esperan que así sea con las personas en sus ministerios. Si lo aprenden de nuestra cultura institucional, podrán decir como Pablo a los gálatas: «Queridos hijos, por quienes vuelvo a sufrir dolores de parto hasta que Cristo sea formado en ustedes» (Gá 4:19).

Imaginando una cultura ideal: valores académicos

Además de los valores bíblicos, un seminario teológico debe estar claro en cuanto a sus valores educativos. Después de todo, es un lugar de aprendizaje para los estudiantes. Y aprenderán en el contexto de la cultura de la institución. Por lo tanto, los valores académicos de esa cultura, y la forma en que se ve el proceso de enseñanza-aprendizaje, necesitan ser comprendidos adecuadamente.

En 2 Timoteo 2:2 Pablo imparte instrucciones que ilustran algunos de los valores académicos clave para un seminario teológico: «Lo que me has oído decir en presencia de muchos testigos, encomiéndalo a creyentes dignos de confianza, que a su vez estén capacitados para enseñar a otros». Estos valores incluyen un entorno de aprendizaje, la responsabilidad ética y una proyección misional.

Pablo el misionero también fue un maestro. Este comprendió que la continuación de su ministerio dependía de que formara y empoderara a otras personas. Al parecer, en ocasiones enseñó en ambientes formales; Hechos 19:9 afirma que, durante los dos años que estuvo en Éfeso, «a diario debatía en la escuela de Tirano». Pero la mayoría del tiempo estuvo enseñando en ambientes informales, mientras llevaba a cabo su ministerio y en sus viajes. Pablo enseñó con sus palabras, pero más aun con su vida. Por eso podía decirles a sus seguidores: «Pongan en práctica lo que de mí han aprendido, recibido y oído, y lo que han visto en mí, y el Dios de paz estará con ustedes» (Fil 4:9).

Pablo desarrolló *un ambiente* de aprendizaje tanto entre su equipo misionero como en las iglesias. Era un entorno comunitario; le menciona a Timoteo «las cosas que me has oído decir en presencia de muchos testigos». La importancia del entorno de aprendizaje es el tema del libro, "Schools that Learn".[10] Los autores subrayan «el vínculo entre la convivencia y el aprendizaje», señalando que «el aprendizaje es a la vez profundamente personal e inherentemente social; nos conecta no tan solamente con el conocimiento abstracto, sino con los demás».[11]

Un entorno de aprendizaje implica que aprendamos juntos, en relaciones entrelazadas. Este factor es importante tanto dentro del aula tradicional como en las clases en línea. Pero un entorno de aprendizaje también implica que alentamos a los miembros de nuestra comunidad a que desarrollen el hábito de hacer preguntas, explorar y participar en el debate académico. Nuestra cultura institucional debe promover, intencionalmente, ese ambiente de aprendizaje.

Los valores académicos incluyen *la responsabilidad ética*. Volviendo a las instrucciones de Pablo, los docentes deben ser «fieles» (RV60). La raíz de la palabra griega traducida como 'fieles' en 2 Timoteo 2:2 connota 'confianza'; también es una buena traducción «dignos de confianza» (NVI).[12] La fiabilidad

---

10. Peter Senge et al., *Schools That Learn: A Fifth Discipline Fieldbook for Educators, Parents, and Everyone Who Cares about Education* (Nueva York: Crown Business, 2012).
11. Senge et al., *Schools That Learn*, 4.
12. La frase griega es *pistois antropois*. La palabra *pistos* se deriva de *pistis*, 'fe', que también puede significar 'fidelidad'. *Antropos* es el término genérico para ser humano que es mejor traducido como 'gente'.

comprobada debe ser tanto un requisito como un producto del proceso de formación.

Una persona digna de confianza cumplirá sus asignaciones o responsabilidades. El valor académico de la fiabilidad implica que los estudiantes entregarán sus asignaciones a tiempo; que los profesores calificarán los trabajos de manera oportuna. Los administradores entregarán sus informes. La facultad cumplirá con sus horarios de oficinas y asistirá a las reuniones.

De igual modo, las personas confiables son veraces. El valor académico de la veracidad implica que los estudiantes son honrados con sus trabajos. Tanto los estudiantes como la facultad resistirán la tentación de incluir fuentes en sus trabajos sin darles el debido crédito. Ello conlleva que expliquemos los fundamentos éticos de la veracidad desde perspectivas bíblicas y profesionales. Se debe insistir en los procedimientos adecuados desde el principio. Los profesores tienen que aprender a reconocer el plagio y el reglamento debe ser estricto y claro en cuanto a las sanciones.

Los valores académicos de la cultura del seminario no están limitados al ambiente de aprendizaje y la responsabilidad ética; también incluyen *una proyección misional*. Los estudiantes deben estar preparados para «enseñar a otros». El término griego ha sido traducido como 'capacitados' en la NVI o 'capaces' en otras versiones; connota la idea de estar en forma o suficientemente preparado.[13] El objetivo final no es solamente que los aprendices estén capacitados para enseñar, sino que de verdad «enseñen a otros».

Pablo le transmitió a Timoteo la verdad que había recibido; Timoteo a su vez, la transmitiría a esas personas de confianza, quienes la transmitirían a otros. De esto se desprende que la cadena no tiene fin; los que aprenden enseñan a los demás, quienes enseñarán a otros y así sucesivamente. Estas personas dignas de confianza que reciben la verdad de Dios continuarán transmitiéndola.

La educación teológica nunca debe quedarse en un ejercicio académico. Las personas que estamos capacitando en nuestros seminarios ya deben de haberse comprometido con que transmitirán lo aprendido.

---

13. La palabra griega es *hikanos,* que cubre los significados de 'digno, apto; suficiente, capaz' (Barclay M. Newman, ed., *A Concise Greek-English Dictionary of the New Testament* Londres: United Bible Societies, 1971]).

La Gran Comisión de Mateo 28:19-20 es un importante marco de referencia para nuestra tarea educativa. Nunca debemos perder de vista el alcance global de esa tarea; debemos ir a «todas las naciones». Lo ideal es que nuestra cultura institucional esté comprometida con las misiones interculturales y mundiales. De igual manera, no debemos pasar por alto a las comunidades y grupos a nuestro alrededor que necesitan al Señor.

Hemos sido llamados a «hacer discípulos» o seguidores de Jesús. El primer elemento del proceso es la conversión, representado aquí por el bautismo. El segundo elemento es la instrucción continua: «… enseñándoles a obedecer todo lo que les he mandado a ustedes». Nuestra institución debe modelar un estilo de enseñanza que llame a una vida de obediencia, además de comunicar la verdad teórica.

Una cosa es que discutamos las características de una cultura institucional ideal; pero es otra cosa implementarlas. Tal es el desafío al que nos enfrentamos. Ciertos elementos son básicos para el establecimiento de una cultura institucional. Estos abarcan un liderazgo comprometido, un plan de acción y una conciencia de los factores clave para su implementación. Estos elementos serán considerados a continuación.

Estableciendo una cultura institucional

El papel del liderazgo

Los diversos niveles de liderazgo juegan un papel importante en el establecimiento de una cultura institucional. El consejo o la junta directiva también deben ser parte del proceso. Un consejo visionario querrá involucrarse en la definición de esa cultura. Otras juntas preferirán responder a la iniciativa del presidente del seminario y su equipo. En cualquiera de los casos, lo importante es que tengan sentido de propiedad. Después de todo, su responsabilidad con la institución abarca la cultura. Por eso deben entender cómo será definida y ser parte de su desarrollo.

De más está decir que el liderazgo principal juega un papel importante en el establecimiento de una cultura institucional. Su trabajo es aclararla, comunicar su visión e implementarla. El presidente será el portavoz, pero necesitará el respaldo de su decano académico y otros líderes de alto nivel. Asimismo, necesitará el respaldo de la junta directiva y de su presidente.

El liderazgo intermedio del seminario y la facultad también deben participar en el proceso. Ellos enseñarán, modelarán y promoverán los valores bíblicos y académicos de la cultura del seminario. Todos los niveles de liderazgo deben entender la visión de la cultura de la institución e involucrarse en su establecimiento.

La importancia de un plan

Cada seminario tiene su cultura. Sin embargo, cabe preguntarse si fue planificada. De lo contrario, puede deslizarse hacia lo «predeterminado», moldeada inconscientemente por los factores externos e internos que la influencian. Por otro lado, la planificación requiere aclarar el objetivo, obtener el respaldo de su gente, definir las acciones que se tomarán y evaluar el progreso.

El primer paso de este plan es *aclarar el objetivo*. Esta cultura ideal debe tener valores bíblicos y académicos específicos. Los enumerados anteriormente en este capítulo pueden ser el punto de partida para el debate; pero lo ideal sería que cada institución creara su propia lista de los valores que deben caracterizar su cultura. Se puede preguntar lo siguiente: ¿Cómo queremos que sea nuestro seminario?

El segundo paso es *obtener el respaldo* de su gente. Como ya fuera mencionado, los diferentes niveles de liderazgo tendrán que respaldar la implementación de los valores culturales. El grado de su participación en el proceso de definir los objetivos determinará cuánto se empeñarán en lograrlos. Tarde o temprano tendrá que involucrar a toda la institución, pero tiene que comenzar por los líderes y la facultad.

El tercer paso es *definir las acciones*. ¿Qué cosas prácticas contribuirán al establecimiento de esta cultura institucional ideal? Empiece asegurándose de que la junta directiva respalda la visión. Tal vez convenga que organice un retiro con la junta con la intención de discutir el asunto. El presidente querrá discutir a fondo su visión con su equipo de liderazgo y recabar su apoyo. Deberá incluir a la facultad, quizás organizando un taller o una serie de reuniones.

Mientras se definen las acciones a tomar, se puede dar atención algunos de los siguientes temas: ¿Cómo redactaremos nuestra visión para la cultura institucional? ¿Cómo la comunicaremos a las partes interesadas y al estudiantado? ¿De qué manera la mantendremos vigente?

El cuarto paso es *evaluar el* progreso. El calendario de la evaluación será determinado desde el principio. Para estos fines, se pueden considerar preguntas tales como: ¿En qué medida la junta y el liderazgo del seminario siguen comprometidos con la cultura institucional prevista? ¿Qué tan bien la hemos comunicado en los diferentes niveles? ¿De qué maneras mejoraremos esa comunicación? ¿Cómo hemos modelado los valores ideales de nuestra cultura? ¿Habrá manera de mejorar ese modelaje?

El establecimiento de una cultura institucional requiere planificación y dedicación. Este plan requiere mucho trabajo. Pero sin duda vale la pena. Hagamos caso al apóstol Pedro y «esforcémonos» (2P 1:5) en desarrollar la mejor cultura institucional posible.

Factores clave para la implementación

Aunque los factores que consideraremos aquí ya han sido mencionados, merecen una atención especial. El proceso para el establecimiento de una cultura institucional requiere una comunicación eficaz, un modelaje visible y relaciones constructivas.

El progreso de esta cultura dependerá de una *comunicación eficaz*. Usted puede empujar a la gente con su plan, y quizás le sigan, pero probablemente sería más fácil si entendieran sus razones. Este proceso es más llevadero cuando los participantes entienden sus implicaciones e importancia.

El liderazgo del seminario querrá asegurarse de que cada miembro de la comunidad está adecuadamente informado acerca de la visión: su base teológica, sus valores e implementación. Esto incluye a la junta, el liderazgo, el personal, los estudiantes y las partes interesadas.

La comunicación puede ser verbal, escrita o pictórica. Talleres para los diferentes grupos de la institución pueden ayudar a transmitir el mensaje. Sermones y conferencias durante los tiempos de capilla son otra manera de comunicarlo. Los boletines, cartas, carteles y estandartes mantienen el mensaje presente. Otros medios que se han vuelto esenciales son la página oficial del seminario y sus cuentas en redes sociales. Si establecer la cultura institucional es importante, deben usarse todos los medios posibles para promoverla.

Otro factor esencial para el establecimiento de una cultura institucional es el *modelaje de sus valores*. De nada vale que promovamos estos ideales si no son modelados por el liderazgo ni el personal. Por otro lado, su ejemplo puede ser una fuerza poderosa en la implementación de estos valores. Por ejemplo, digamos que uno de los valores es la dependencia de Dios. El que el liderazgo promueva y participe en los tiempos de oración, así como la imagen de grupos orando en el campus, surtirá un efecto mayor en la creación de una cultura de dependencia en Dios que una lista escrita de los valores institucionales.

El tercer factor clave para el establecimiento de una cultura institucional son *las relaciones constructivas*. Este proceso es más llevadero cuando la gente siente que sus líderes están interesados en su bienestar, que son francos, accesibles, y de confianza.

Scott Barfoot, un estudioso de la confianza en el liderazgo afirma que cada líder «*debe* prestarle una mayor atención al asunto apremiante de la confianza».[14] Este menciona cuatro elementos básicos que generan confianza: la integridad, el desarrollo de las destrezas, la comunicación y la presencia. Este último elemento merece una atención especial.

Barfoot define la presencia como «la manifestación genuina del interés, la compasión y la benevolencia de un líder hacia otra persona».[15] Este señala la importancia de la receptividad, afirmando que «un líder receptivo es aquel que está a disposición y diligentemente empatiza y escucha a sus seguidores para entenderlos». Y añade que «la presencia personal incorpora el aliento y el apoyo a otros». Por último, menciona que «la oración centra tanto la receptividad como el apoyo en la máxima confianza y dependencia del Señor».[16]

El establecimiento de la cultura será más fácil si las personas sienten la presencia de sus líderes, su interés genuino y un ambiente de confianza. De lo contrario, el proceso será más difícil. Aunque la presencia personal conlleva un esfuerzo y tiempo, vale la pena.

Doug Booker, consultor de liderazgo, comparte de su experiencia lo siguiente: «Cuando uno crea comodidad, confianza, respeto, excelente comunicación y el deseo de las personas de estar allí con UNO y con otros...

---

14. Scott Barfoot, "The Trust Factor," en *Crisis Leadership*, ed. Scott Barfoot y David Fletcher (Austin: XPastor, 2014), 97.
15. Barfoot, "The Trust Factor," 109.
16. Barfoot, 109.

grandes cosas pueden y van a suceder».[17] Perry Shaw, un líder de la educación teológica internacional, resume la importancia del modelaje y las relaciones personales en la cultura de una seminario con estas palabras: «La relación entre la administración, la facultad, el personal y los estudiantes comunica mensajes potentes sobre la naturaleza del liderazgo cristiano y la comunidad cristiana. Si los administradores son distantes y autoritarios, los estudiantes seguirán este modelo e ignorarán cualquier lección en el aula sobre la importancia del liderazgo en equipo. Si los conflictos interpersonales que existen dentro del seminario no son resueltos, los estudiantes no tomarán en serio las lecciones que instan a la reconciliación y a hacer la paz en las comunidades cristianas».[18]

Cuando una cultura institucional imaginada se logra establecer eficazmente, es en gran medida el resultado de una comunicación eficaz, el modelaje de los valores y las relaciones constructivas.

Conclusión: Estudio de caso

Mientras Justino reflexionaba sobre el desafío que tenía por delante, decidió dedicarse a conocer la cultura del Seminario Silver Tree. Se reunió con varias personas que conocían la historia del seminario o entendían la dinámica de la sociedad circundante. Luego, comenzó a hacer una lista de las características ideales que anhelaba para el seminario.

Compartió sus conclusiones las con el presidente de la junta, quien estuvo de acuerdo en que celebraran un retiro para discutir la cultura del seminario. Muchos de los miembros de la junta no estaban al tanto de este concepto y se entusiasmaron con poder discutirlo. Con el respaldo de la junta, Justino se reunió con su equipo de liderazgo para trazar una estrategia que involucrara al seminario entero en el proceso.

El equipo planificó y estuvo a cargo del retiro con la facultad. La primera plenaria fue sobre la cultura institucional: qué es, qué factores la forman y cómo entenderla. Esto fue seguido por una discusión en grupo. Cada grupo

---

17. Doug Booker, *Triangles, Compasses and God* (Milwaukee, WI: Drambert, 2015), 37.
18. Perry Shaw, *Transforming Theological Education* (Carlisle: Langham Global Library, 2014), 87.

escribió una lista de características que percibían en la cultura de la institución y los resultados fueron comparados entre todos.

Después de un receso, el decano académico dirigió un estudio bíblico sobre los valores que deben caracterizar a una comunidad cristiana. Una vez más, hubo una interacción grupal seguida de un debate general. Se nombró una comisión que prepararía una lista de los valores más importantes, junto con una corta descripción. Luego, hubo un torbellino de ideas sobre maneras de implementar la cultura ideal, seguido de un tiempo de oración.

El equipo de liderazgo tomó los resultados del retiro para redactar una descripción de la cultura ideal. Entonces, comenzaron a elaborar un plan de acción. Lo primero fue la comunicación. Ello constó en varias opciones para el lema que sería utilizado en los sermones, afiches y carteles, la página oficial, boletines y folletos. Incluso consideraron promocionar el mensaje con camisetas, pulseras y pegatinas.

El calendario académico incluiría cada trimestre un día de seminario con la facultad en donde discutirían temas como el modelaje de los valores y las relaciones constructivas. Además, organizaron las fechas de las evaluaciones, internas y externas. Los líderes serían los primeros en someterse a las evaluaciones. También se comprometieron a orar sin cesar por el progreso hacia la cultura institucional ideal que habían adoptado como suya.

La historia del Seminario Silver Tree y Justino es hipotética, pero puede ayudar a ilustrar el proceso para el establecimiento de una cultura institucional. Cada seminario tendrá que imaginar su propia cultura y luego esforzarse por implementarla. El proceso podría verse obstaculizado en varias áreas. Pero una comunidad que esté comprometida con el Señor avanzará hacia su meta. Una cultura institucional saludable genera un ambiente positivo para el aprendizaje, sirve de modelo para el ministerio de los estudiantes y glorifica a Aquel quien es nuestra razón de ser.

Reflexión y puntos de acción

Los siguientes ejercicios están diseñados para un debate grupal, en particular en respuesta a la presentación de este tema en un seminario de IPAL. Las preguntas pueden ser utilizadas en otros escenarios tales como talleres de la facultad.

1. *Comprenda la cultura de su institución.* Comience debatiendo los siguientes puntos:
(a) Según usted, ¿cuáles son las principales fortalezas de la cultura de su institución?
b) ¿Cuáles son las principales debilidades de la cultura de su institución?
c) ¿De qué manera influye la cultura de la sociedad circundante en la cultura de su institución? Trate de ser específico tanto con los factores positivos como los negativos.
d) ¿De qué manera la historia de su seminario ha moldeado su cultura? Piense en factores como su propósito original y los sucesos clave en su desarrollo.
e) ¿Quiénes han ejercido una gran influencia en la cultura institucional? Explíquese.

2. *Imagine la cultura ideal para su institución.*
(a) Este capítulo menciona los valores bíblicos de una cultura ideal como la dependencia en Dios, el liderazgo servicial y el carácter cristiano. Si se le pidiera que hiciera una lista de valores bíblicos para su seminario, ¿cuáles serían y por qué los incluiría?
(b) Este capítulo menciona los valores académicos de una cultura ideal, como el entorno del aprendizaje, la responsabilidad ética y la proyección misional. Si se le pidiera que hiciera una lista de los valores académicos para su seminario, ¿cuáles serían y por qué los incluiría?

3. *Establezca la cultura ideal para su institución: El papel del liderazgo.*
a) ¿Qué papel ha desempeñado el liderazgo de la institución en el desarrollo de su cultura en el pasado? ¿Cuál es su papel actual?
(b) Si usted es líder, ¿cómo puede participar de manera más efectiva en el establecimiento de la cultura de su institución?
(c) Si usted no es un líder, ¿cómo puede animar a sus líderes en sus esfuerzos por establecer una cultura institucional positiva?

4. *Establezca la cultura ideal para su institución: La importancia de un plan.*
(a) El primer paso es la definición del objetivo. Imagínese que tiene que preparar un primer borrador a tal efecto. Describa en un breve párrafo la cultura institucional que quisiera ver para su seminario.

(b) El segundo paso es involucrar a la gente. Mencione tres maneras que piensa que serían eficaces para recabar la colaboración de los grupos clave en estos objetivos.

(c) El tercer paso es definir un plan de acción. Haga una lista preliminar de las acciones recomendadas que considere útiles para el establecimiento de su cultura ideal.

(d) El cuarto paso es la evaluación del progreso. Redacte un plan de evaluación del proceso. ¿Cuándo y quién estará a cargo de llevar a cabo esta evaluación?

5. *Establezca la cultura ideal para su institución: Factores clave para la implementación:*

(a) *Una comunicación efectiva.* Haga una lista, por orden de importancia, de los medios de comunicación que recomendaría para promover el mensaje sobre la visión para la cultura institucional.

(b) *Modelaje de los valores.* Utilice la lista de valores de la pregunta 2 y añada un ejemplo de cómo están siendo modelados, y una recomendación de cómo podría mejorarse ese modelaje.

(c) *Relaciones constructivas.* A la luz de los comentarios de Barfoot y Shaw, evalúe la dinámica de las relaciones interpersonales en su institución con ejemplos y sugerencias para mejorarlas.

Recursos para seguir estudiando

Ayers, Edward. "The Academic Culture and the IT Culture: Their Effect on Teaching and Scholarship." EducauseReview. Acceso enero 1 2004. http://www.educause.edu/ero/article/academic-culture-and-it-culture-their-effect-teaching-and-scholarship.

Barfoot, Scott, y David Fletcher, eds. *Crisis Leadership.* Austin: XPastor Press, 2014.

Bergquist, William, y Kenneth Pawlak. *Engaging the Six Cultures of the Academy.* San Francisco: Jossey-Bass, 2008.

Birnbaum, Robert. *How Colleges Work: The Cybernetics of Academic Organization and Leadership.* San Francisco: Jossey-Bass, 1988.

Booker, Doug. *Triangles, Compasses and God.* Milwaukee, WI: Drambert, 2015.

Calian, Carnegie Samuel. *The Ideal Seminary: Pursuing Excellence in Theological Education.* Louisville, KY: Westminster John Knox, 2002.

Freed, Jann E., et al., "A Culture for Academic Excellence: Implementing the Quality Principles in Higher Education. *Eric Digest*. Publicado en 1997. http://www.ericdigests.org/1997-4/quality.htm.

Hofstede, Geert, Gert Jan Hofstede, and Michael Minkov. *Cultures and Organizations: Software of the Mind*. Nueva York: McGraw-Hill, 2010.

Kezer, Adriana, and Peter D. Eckel. "The Effect of Institutional Culture on Change Strategies in Higher Education." *The Journal of Higher Education* 73, no. 4 (July–Aug 2002): 435–460.

Manes, Juan Manuel. *Gestión Estratégica para Instituciones Educativas*. 2a ed. Buenos Aires: Granica, 2004.

The New York Times en línea. "Campus Culture or Climate." http://www.nytimes.com/ref/college/collegespecial2/coll_aascu_ecculture.html.

Senge, Peter, Nelda Cambron-McCabe, Timothy Lucas, Bryan Smith, Janis Dutton, y Art Kleiner. *Schools That Learn: A Fifth Discipline Fieldbook for Educators, Parents, and Everyone Who Cares about Education*. Nueva York: Crown Business, 2012.

Shaw, Perry. *Transforming Theological Education*. Carlisle: Langham Global Library, 2014.

Parte II

Sugerencias Prácticas para el Desarrollo Docente

4

Diseño e implementación de un plan para el desarrollo docente:
estrategias para el desarrollo de la facultad

Robert W. Ferris

Si ha leído hasta aquí posiblemente ha concluido que el desarrollo docente es un concepto importante. Usted tal vez haya decidido que es la clave para que los graduados sean más eficaces en su servicio a la iglesia en su región. Sin embargo, ¿qué necesita para echar a andar estas ideas? Este capítulo sugiere un procedimiento de seis pasos para el lanzamiento de un programa de desarrollo docente en su seminario.

Primer paso: Aclare sus metas

Como líder de la facultad, el decano tiene la autoridad y la responsabilidad de establecer el estándar del trabajo hacia el cual deben trabajar los miembros de la facultad, en sus caracteres individuales y como colectivo. Pablo nos recuerda: «Ahora bien, se requiere de los administradores que cada uno sea hallado fiel» (1Co 4:2 RV60). Esa autoridad y responsabilidad conllevan la rendición de cuentas. Hebreos nos recuerda que los líderes «tienen que rendir cuentas»

(Heb 13:17). La mayordomía requiere que demos lo mejor de nosotros en el proceso de llevar a nuestros colegas hacia un mejor desempeño en sus aulas, familias, la comunidad y la iglesia de Cristo.

¿Cómo ora usted por los miembros de su facultad? ¿Qué le gustaría que Dios hiciera por medio de su seminario? ¿Qué está pidiéndole para la vida de los hombres las mujeres de la facultad? ¿De qué manera quiere que Dios le use como dirigente de la facultad?

El primer paso es aclarar nuestros objetivos. Cada seminario es distinto, como también lo son nuestras iglesias y los ministerios a los que Dios nos ha llamado. De nada valdrán sus metas (y hasta pudieran resultar contraproducentes) si no encajan con el llamado que su seminario ha recibido de Dios. Permítanme sugerirles tres áreas a tomar en cuenta cuando estén formulando sus objetivos para el desarrollo docente.

Una cultura de servicio humilde y excelencia profesional

La educación está parcializada hacia el elitismo y la jerarquía relacional,[1] pero Jesús modeló la servidumbre y llamó sus discípulos a que rechazaran las actividades elitistas y acogieran el papel de siervo (Mt 20:25-28). Jesús está desafiándonos a que examinemos nuestros motivos. La servidumbre no significa que asumamos las tareas más bajas (aunque a veces sí lo requiere, véase Jn 13:3-17). Antes bien, antepondremos los intereses de la otra persona (colega, estudiante, la iglesia o los perdidos en nuestra comunidad) a los nuestros.

Pero la cultura de servicio no impide que nos comprometamos con la excelencia. Como profesores y líderes en nuestros hogares, iglesias y comunidades, debemos darles los mejor tanto a Cristo como a quienes servimos. Además, Dios nos ha dado la capacidad de aprender, crecer y mejorar. Quizás quiera escoger el objetivo de cultivar una cultura que combine la búsqueda de la excelencia en todas las cosas con la dedicación al servicio humilde.

Una facultad que da el ejemplo con su servicio humilde y excelencia profesional es un activo invaluable para cualquier programa de capacitación ministerial, ya que son los valores que enseñamos y deseamos en nuestros graduados. Pero esto dependerá de que los vean en acción en nuestro trabajo,

---

1. Robert W. Ferris, "Leadership Development in Mission Settings," en *Missiology: An Introduction*, ed. J. Mark Terry, 2a ed. (Nashville: Broadman & Holman, 2015), 457-470.

nuestras familias y relaciones dentro y fuera del campus. En última instancia, la facultad *es* el currículo.[2] La manera más eficaz de asegurarse que los graduados modelarán esos valores en la iglesia y la comunidad es cultivándolos entre la facultad.

Una cultura de colaboración y cuidado mutuo

Las estructuras y los procesos de la educación occidental reflejan sus raíces en el individualismo helénico;[3] esto debería preocuparnos como docentes a cargo de los futuros líderes de la iglesia de Jesucristo. Aunque Jesús enseñó que el amor (es decir, interesarse por cuidar a la otra persona) es el distintivo del cristianismo y oró por la unidad entre sus seguidores, la educación occidental insiste en que cada estudiante trabaje solo, tildando de «trampa» cualquier tipo de colaboración. La competencia es la orden del día en nuestros seminarios, tanto entre profesores como estudiantes; solamente puede haber una "«estrella» en cada clase.

La Biblia contradice estas nociones del individualismo y la competencia, afirmando la importancia de las relaciones personales y comunitarias. Dios nos ha creado a su semejanza para invitarnos a entrar en un círculo de relaciones personales que ha existido entre los miembros de la Trinidad desde la eternidad. El Nuevo Testamento contiene pasajes que enfatizan ese «unos a otros» y las relaciones comunitarias y de cuidado mutuo.

Sin este espíritu comunitario de cuidado mutuo, los estudiantes reproducirán en sus ministerios el individualismo y la competencia endémicas del sistema educativo. Dado nuestro modelo de formación, ¿por qué debería sorprendernos o decepcionarnos que tantos graduados aspiren a ser «la estrella» en sus comunidades o que vean a otra iglesias y líderes como la competencia? De nada vale que enseñemos acerca de la vida comunitaria y el cuidado mutuo si nuestro seminario está promoviendo el individualismo y los valores competitivos. El currículo oculto siempre se impondrá sobre el explícito. Aunque los profesores enseñen las verdades bíblicas, los estudiantes seguirán

---

2. Robert W. Ferris, "Ministry Education for the Global Church," *Evangelical Missions Quarterly* 52, no. 1 (enero 2016): 6–13.

3. Cory J. Nederman, "Individualism," en *New Dictionary of the History of Ideas*, Vol. 3, ed. Maryanne Cline Horowitz (Detroit: Charles Scribner's Sons, 2005), 1114.

su ejemplo más que sus palabras. Con esto en mente, quizás se deba considerar la promoción de una cultura que valore la vida comunitaria, la colaboración y el cuidado mutuo como uno de sus objetivos para el desarrollo docente.

Una cultura de crecimiento

El desarrollo profesional tiene que ver con el crecimiento personal, ministerial y comunitario. Cariaga-Lo y sus colegas señalan lo siguiente: «Aunque los fondos son un requisito importante, los participantes también valorarán que desarrollemos una infraestructura que fomente el diálogo y la colaboración entre los docentes de todas las disciplinas».[4] Habrá que negociar estos valores y expectativas sobre el crecimiento de manera que todos los compartamos. Lo más probable es que solamente veremos aquellos valores para el crecimiento y el desarrollo que gocen del respaldo de la facultad y el liderazgo del seminario.

Entre la facultad, el decano tiene el privilegio y la responsabilidad de ser el ejemplo del compromiso con el crecimiento; es decir, manteniendo buenas relaciones con la facultad, creciendo personalmente y retando y ayudando a los demás con su crecimiento. De la misma manera en que nadie debe esperar que los estudiantes adquieran los valores que no hayan visto en sus profesores, tampoco los profesores se comprometerán a crecer personal y profesionalmente si no ven el ejemplo de sus líderes. Mientras medita en los objetivos para el desarrollo profesional de su facultad, quizás decida que debe fomentar una cultura de crecimiento.

El desarrollo del personal modela la responsabilidad que tenemos con el Reino de nutrirnos los unos a otros.[5] En ello radica la importancia del desarrollo docente y la claridad de los objetivos. Su ministerio espiritual abarca el establecimiento de metas, así como la ruta hacia el desarrollo docente. Búsquelas con un espíritu de oración.

---

4. L. Cariaga-Lo, P. W. Dawkins, R. Enger, A. Schotter, y C. Spence, "Supporting the Development of the Professoriate," *Peer Review* 12, no. 3 (Verano 2010): 19–22.
5. Ef 4:11–16.

Segundo paso: Evalúe las necesidades de desarrollo docente

La evaluación de las necesidades no tiene que ser difícil ni complicada. Mucho se aprende conversando con los miembros de la facultad por separado acerca de sus intereses, experiencias, frustraciones y crecimiento deseado. El decano ya tendrá una idea de las fortalezas y debilidades de los miembros de su facultad (salvo que lleve poco tiempo en su puesto). Los informes de estudiantes y exestudiantes también son fuentes de información sobre las áreas en que los profesores pueden crecer personal y profesionalmente y mejorar su servicio a la iglesia. No obstante, la recopilación de observaciones y recomendaciones de estudiantes y exestudiantes debe ser sistemática, ya que los informes anecdóticos pueden ser sesgados e injustos.

Sin embargo, la evaluación de las necesidades no termina con el desarrollo profesional de los miembros de la facultad. La cultura del seminario también amerita una evaluación. Es motivo de elogio que la facultad goce de una relación de mucha confianza con el liderazgo. Pero cuando la comunidad del seminario no es saludable, la tarea de corregir la cultura de los grupos, la crítica o los conflictos, toma prioridad sobre el proyecto del desarrollo profesional.

Una vez que tenga los datos de las autoevaluaciones de los profesores, sus observaciones, los cuestionarios de los estudiantes y exestudiantes, y la evaluación de las dinámicas culturales entre la facultad, es una buena práctica proceder a enumerar las áreas necesitadas de crecimiento y priorizarlas de acuerdo con los objetivos para el desarrollo profesional.

Tercer paso: Determine los recursos

El primer recurso que se debe medir es el compromiso de los líderes y la facultad con la tarea del desarrollo docente. Si los miembros de la facultad están sobrecargados con sus labores, preocupaciones personales y familiares, ignorarán o rechazarán un programa de desarrollo docente. Del mismo modo, cualquier propuesta para el desarrollo docente no prosperará sin el total respaldo del liderazgo del seminario. Estos esfuerzos enfrentarán vientos huracanados en cualquier seminario si son vistos como la campaña de una persona. Es esencial, por lo tanto, que el equipo de liderazgo de la institución esté unido en su compromiso de promover un modelo de comunidad y de excelencia profesional verdaderamente cristianos entre la facultad. Es igual de importancia que el liderazgo entienda los costos involucrados.

El desarrollo docente toma tiempo y hasta dinero. La planificación debe tomar en cuenta el tiempo y los fondos disponibles para su éxito. La escasez de fondos o el tiempo limitado no impiden que se puedan lograr muchas cosas; pero, una mayor asignación de recursos logrará resultados más dramáticos. Si el seminario ya ha identificados las necesidades y ha trazado un plan definitivo a tales fines, podría solicitar una subvención de las iglesias patrocinadoras o fundaciones cristianas en apoyo de ese plan. Sin embargo, hay que tomar las debidas precauciones. Los donantes esperarán un informe del uso de los fondos y de los resultados. La reputación del seminario podría verse en entredicho con los donantes si ni la administración ni la facultad respaldan su proyecto.

Cuarto paso: Revise las posibles estrategias

Una vez que se hayan aclarado los objetivos, priorizado las necesidades e identificados los recursos, corresponde revisar y escoger las estrategias específicas de desarrollo profesional a implementarse. El menú es bastante amplio. Algunas estrategias son muy caras, mientras que otras no requieren un presupuesto.

Estrategias que no requieren un financiamiento especial

Si bien algunas metas requieren estrategias más específicas, hay mucho que se puede hacer para el desarrollo docente sin que sobrecargue el presupuesto del seminario.

Grupos pequeños que nutren las relaciones de confianza

Si el objetivo es el fortalecimiento de la comunidad y el cuidado mutuo entre los miembros de la facultad, el decano podría dividirlos en grupos pequeños para que compartan sus historias y se conozcan mejor. El fortalecimiento de las relaciones beneficiaría a cualquier facultad; en otras palabras, no hay que pensar solamente en los seminarios en donde existen tensiones.

Tengo algo de experiencia con esta estrategia. Durante mi primer semestre como decano del Seminario Bíblico y la Escuela de Misiones de Columbia (en Carolina del Sur), les solicité a los miembros de la facultad que identificaran a los colegas que conocían más de cerca. Luego, los asigné a grupos de tres personas con la tarea de reunirse (incluyendo a sus cónyuges) al menos tres veces durante el semestre. Mi sugerencia fue que se reunieran a cenar en sus hogares para que compartieran sus historias y se conocieran mejor. Les prohibí que hablaran del seminario, sus clases o disciplinas.

El siguiente semestre aumenté el nivel de riesgo. Esta vez les pedí que mencionaran a quienes de sus colegas querían conocer mejor. Una vez más, asigné grupos de tres personas con las instrucciones y restricciones anteriores. El proyecto fue muy útil para edificar el sentido comunitario en la facultad.

Colaboración en ministerios o proyectos

Otra estrategia que edifica a la comunidad es la organización de proyectos colaborativos tanto en el ministerio como el trabajo. Una facultad puede organizar una actividad evangelística en un pueblo o vecindario cercano, preferiblemente junto con una congregación local. Estas ministraciones en contextos ajenos a los salones de clases permiten que observemos los dones y las pasiones de nuestros colegas. Esta experiencia puede alterar radicalmente las dinámicas en el campus con un nuevo sentido de aprecio y confianza entre los profesores.

Un proyecto de trabajo puede surtir un efecto similar. Podría incluir hacer reparaciones menores o pintar un santuario, limpiar calles y lotes vacíos en el vecindario o ayudar a una colega con su mudanza a un nuevo hogar. Esas excursiones fuera de nuestras oficinas y el campus permiten que nos veamos de un modo distinto para que al regreso profundicemos nuestras relaciones.

El desarrollo profesional como parte de cada reunión docente

A menudo escuchamos que nuestros presupuestos y calendarios revelan nuestras verdaderas prioridades. Siempre haremos lo que sea necesario para financiar o llevar a cabo cualquier cosa que estimemos como importante. Los decanos demuestran que están interesados en el desarrollo profesional de sus facultades cuando sus agendas para las reuniones incluyen actividades a tales fines. Sin embargo, este tiempo de desarrollo debe promover el crecimiento de la facultad, en lugar de enfocarse en los logros académicos.

Una actividad sencilla podría girar en torno a que la facultad lea un artículo acerca de un problema social o misional de la iglesia y vengan preparados para discutirlo bajo la dirección de uno de sus colegas. El artículo puede ser tomado de un periódico o revista local o descargado de la internet. Ya sea que el artículo presente una alternativa cristiana o secular, la tarea de la facultad es presentar planteamientos útiles desde sus respectivas disciplinas, generando una discusión que podría beneficiar tanto a la iglesia como al seminario y, por ende, al grupo y a cada docente.

Esta estrategia puede ser modificada (lo que implica una inversión) seleccionando un libro que será leído por la facultad y discutido en grupo. La he usado con dos facultades diferentes. Al comienzo del año escolar anuncié el libro que leeríamos juntos y asigné a los profesores que dirigirían nuestras discusiones de los capítulos. Luego, en cada una de las reuniones de la facultad tomábamos treinta minutos para discutir el capítulo asignado. Seleccioné libros relacionados con asuntos y estrategias pedagógicas para el beneficio de todos. Sin embargo, dependiendo de sus objetivos para el desarrollo de la facultad, quizás un libro sobre un problema cultural o misional sea más apropiado. A fin de cuentas, la idea es abordar un tema juntos para que dialoguemos y crezcamos juntos.

Otra manera de fomentar el desarrollo profesional durante las reuniones de facultad es destacar un miembro de la facultad que ha sido especialmente efectivo en algún aspecto docente, como podría ser el diseño de actividades de aprendizaje, la moderación de debates, el uso de clips audiovisuales o entrevistas por Skype en sus interacciones en el aula, la integración de actividades de aprendizaje dentro y fuera del aula, el uso de la crítica constructiva con los estudiantes, la mentoría contextualizada o la evaluación del trabajo de los estudiantes. Se le podría pedir a dicho miembro de la facultad que presente ejemplos de su acercamiento, que explique cómo lo desarrolló y que hable francamente acerca de los beneficios y retos del proceso. Es importante que haya tiempo para preguntas y respuestas en este tipo de presentación. El decano haría bien en colaborar con el miembro de la facultad en preparación para la reunión, ya que no siempre se es consciente de su propio talento.

La idea es que estas interacciones estimulen el crecimiento profesional. Mallard sugiere lo siguiente: «Para que los profesores descubran el alma de la erudición, necesitarán una comunidad que fomente la productividad de la interacción informal entre la facultad. Mi ideal es una comunidad en donde el diálogo sea frecuente, energizante y productivo».[6]

---

6. Kina S. Mallard, "The Soul of Scholarship," en *Scholarship in the Postmodern Era: New Venues, New Values, New Visions*, ed. Kenneth J. Zahorski (San Francisco: Jossey-Bass, 2002), 67–68.

Debates durante los almuerzos de la facultad

Otra alternativa para el desarrollo profesional son los almuerzos de la facultad.[7] Rara vez es buena idea que almorcemos juntos todos los días, pero sí una o dos veces al mes. En la informalidad de comer juntos se trae a colación un tema para el debate, quizás tomado de un artículo. Lo importante es que los presentes hayan tenido la oportunidad de prepararse; si bien los temas libres son interesantes y agradables, rara vez rinden beneficios a largo plazo.

El almuerzo también se presta para que alguno de los colegas hable sobre su investigación. Piense en un artículo publicado para una revista de la denominación o una publicación profesional, una contribución a un comentario bíblico, o un proyecto de apologética o misiones. El propósito de la sesión no es honrar al presentador sino, como comunidad de profesionales, que examinemos su trabajo, aprendamos y contribuyamos nuestros comentarios. Este ejercicio requiere que el profesor o la profesora humildemente reciba los comentarios constructivos de sus colegas, lo cual nos enriquecería a todos.

Asesoramiento entre pares

Una facultad que haya desarrollado una cultura de crecimiento estará dispuesta a aprender unos de otros. Desde un acercamiento estructurado e intencional se puede describir como mentoría o asesoramiento (coaching) entre pares. Huston y Weaver ofrecen el siguiente comentario: «El asesoramiento de pares es un proceso colegial mediante el cual dos miembros de la facultad colaboran voluntariamente para mejorar o ampliar sus enfoques pedagógicos. El asesoramiento entre pares puede ser recíproco o unidireccional, en donde una de las partes asesora a la otra».[8]

Hay que hacer hincapié en dos elementos de esta definición. En primer lugar, el asesoramiento entre pares es voluntario; el decano puede plantearles los beneficios y los métodos de asesoramiento entre pares, animando a los miembros de la facultad a que consideren este tipo de relaciones, pero dándoles la libertad de que escojan a su pareja. En segundo lugar, el líder debe permitirles

---

7. Donna E. Ellis y Leslie Ortquist-Ahrens, "Practical Suggestions for Programs and Activities," en *A Guide to Faculty Development*, ed. Kay J. Gillespie, Douglas L. Robertson, et al., 2a ed. (San Francisco: Jossey-Bass, 2010), 120.
8. Therese Huston y Carol L. Weaver, "Peer Coaching: Professional Development for Experienced Faculty," *Innovation in Higher Education* 33, no. 1 (junio 2008): 5–6.

que determinen el propósito del asesoramiento, ya sea el mejoramiento o la expansión del repertorio de los métodos de enseñanza. (En ocasiones usted reconocerá que alguien necesita ayuda para salir adelante y le asignará un asesor, pero no sería una relación entre pares).

El asesoramiento entre pares funciona mejor cuando tiene un límite de tiempo (p. ej., un semestre) y un proceso prescrito. Los pares deben reunirse la primera vez para establecer los términos del asesoramiento y los objetivos de crecimiento de cada persona. Luego, tomarán turnos observando mutuamente su trabajo, incluyendo una o más clases. Cada observación es seguida por una reunión en la que intercambiarán sus impresiones y sugerencias de acuerdo con los objetivos de la relación.[9] Estos cubren el asesoramiento personal o recomendaciones de recursos que estén relacionados con el crecimiento deseado. El proceso continuaría varias veces, sobre todo si los pares han desarrollado una relación provechosa.

Hace falta un alto grado de confianza para que los miembros de la facultad conversen francamente sobre sus temores y fracasos en busca del crecimiento. Por tal razón, esta relación de asesoramiento entre pares debe estar protegida como confidencial, sin temor a quedar avergonzados o disciplinados por la administración.[10] No obstante, cuando la relación marcha bien y ha resultado en un crecimiento profesional, podría pedirles que compartan su experiencia durante una reunión o almuerzo con la facultad. La discreción animará a otros a que inicien relaciones de asesoramientos.

La revisión de sílabos

El decano tiene otras maneras de interactuar con sus profesores y alentarlos a crecer profesionalmente. La primera de estas es la revisión del sílabo (sumario o plan de la materia).

Por lo general, los miembros de la facultad someten sus sílabos a la revisión de su decano con el fin de mejorar la integridad del plan de estudios o currículo. Pocos decanos tienen el tiempo para revisar cada sílabo cada semestre, pero una buena práctica sería que se enfocaran en (1) cada curso nuevo en el currículo,

---

9. Huston y Weaver, "Peer Coaching," 8.
10. Huston y Weaver, 15.

(2) los instructores que por primera vez impartirán cierta clase y (3) uno de los cursos (que no haya sido revisado recientemente) de cada docente.

La revisión de sílabos tiene como propósito asegurar que (1) los objetivos definidos para cada curso armonicen con la descripción en el currículo; (2) que el diseño refleje la misión y los valores fundamentales del seminario; (3) que la materia esté actualizada y sea contextualmente apropiada; (4) que el curso facilite el aprendizaje de los estudiantes, en lugar de limitarse a «cubrir la asignatura»; y (5) que las tareas y los requisitos no sobrecarguen ni a los estudiantes (con respecto a las calificaciones) ni a su instructor.

No es necesario que estas revisiones sean usadas para evaluar la competencia del instructor. De lo contrario, estaría desperdiciando una valiosa oportunidad para el desarrollo de los docentes. Más bien, el decano tiene la oportunidad de fortalecer a sus profesores, elogiando su creatividad, guiando a los que necesiten ayuda y desafiando todos a superarse.

Observación de clases

El decano puede promover el desarrollo profesional de la facultad mediante la observación de sus clases. Para algunos estas visitas son estresantes, pero su ansiedad disminuirá cuando entiendan que no es una evaluación, sino otra manera de ayudarles a crecer profesionalmente. Estas visitas siempre deben ser programadas y tener la cortesía de sacar una cita con los profesores para asegurarse de que sea una clase típica y demostrativa de sus destrezas.

Conviene que tenga una guía para las visitas a las clases (véase el apéndice A). Esta guía debe ser discutida con la facultad para que estén al tanto de su plan y las áreas que serán observadas.

Después de la visita, el decano debe reunirse con el miembro de la facultad: «El puente entre lo que es importante para los estudiantes y los cambios en la práctica docente es precisamente que comparta sus observaciones con los profesores y los ayude a reflexionar sobre ellas».[11] Lo ideal es que la reunión ocurra al final de la clase, cuando sus impresiones todavía estén frescas. Si no fuera posible, acuerden reunirse pronto. Durante la reunión, la guía de visitas

---

11. Megan W. Stuhlman, Bridget K. Hamre, Jason T. Downer, y Robert C. Pianta, "How Classroom Observations Can Support Systematic Improvement in Teacher Effectiveness" (University of Virginia), acceso 3 de abril 2015, http://curry.virginia.edu/uploads/resourceLibrary/CASTL_practioner_Part5_single.pdf.

al aula servirá como el punto de partida para elogiar las cosas buenas, así como las áreas que requieren atención. Luego, determinarán las metas, los recursos necesarios y el plan de crecimiento profesional. Los comentarios deben ser enmarcados de un modo constructivo y que respalden la labor del miembro de la facultad. El decano debe aprovechar la ocasión para fortalecer su amistad y dedicación al desarrollo profesional de la facultad.

Evaluación anual

El decano tiene la oportunidad de estimular el desarrollo personal y profesional de los profesores durante sus evaluaciones anuales. Este proceso resulta amenazante cuando existe desconfianza entre las partes. Es de importancia crítica que el decano comunique con claridad sus intenciones de desarrollo y colegialidad. El propósito de la evaluación anual es *fomentar el mejoramiento y el crecimiento*, no juzgarlos. Si el proceso identifica áreas débiles y la experiencia previa ha demostrado que el docente no está dispuesto o no puede resolverlas, habría que sostener una conversación más difícil. Sin embargo, esa conversación no debe ocurrir dentro del contexto de la evaluación anual. La conversación debe ser cordial, enfocada hacia la excelencia y que establezca metas para el crecimiento personal y profesional.

Esta evaluación cubre dos áreas: (1) la dedicación a la misión y los valores fundamentales del seminario y (2) el profesionalismo en la pedagogía y mentoría. El decano está comprometido con ayudar a que sus profesores reconozcan las áreas de excelencia, las áreas donde han crecido y áreas que ameriten una atención disciplinada. Este acercamiento constructivo y solidario es fundamental para el éxito de la evaluación anual del desempeño.

Tres fuentes informan esta evaluación anual. En primer lugar, cada docente debe entregar su autoevaluación. Lo mejor es que lo haga usando el formulario de la evaluación anual. (Véase la muestra incluida en el apéndice B). De esta manera podrá autoevaluarse a la luz de las categorías descritas en la evaluación e identificar sus necesidades de crecimiento. Asimismo, tendrá la oportunidad de resaltar sus logros y proponer nuevas metas de crecimiento para el año entrante.

La segunda fuente de información son las evaluaciones de los estudiantes. Estas son recogidas en cada clase hacia el final o al final del semestre. Algunos seminarios cuentan con reglamentos para estas evaluaciones periódicas de fin de curso. (El apéndice C incluye una muestra de este tipo de evaluación de los estudiantes). En otros, el decano invita a un grupo de estudiantes a participar en un grupo focal y conversar sobre los diversos cursos. Cualquiera que sea el procedimiento, la discusión debe girar en torno a la dedicación del profesor a la misión y los valores del seminario y su profesionalismo como docente y mentor.

La tercera fuente de información para la evaluación anual radica en lo que el propio decano haya observado, formal e informalmente, de cada miembro de la facultad. Claro, debe abstenerse de las observaciones personales para que el proceso sea beneficioso. Sus observaciones informarán la revisión de los datos que haya recopilado de las otras dos fuentes. Entonces, completará el formulario de la evaluación anual del desempeño, que incluye evidencia de las tres fuentes. (Cuidado: No subestime el tiempo requerido para completarlos cuidadosamente. Lo más probable es que necesite hasta dos horas por cada docente). Este formulario será el foco principal de la evaluación anual.

La cita para discutir la evaluación anual debe agendarse con mucha anticipación; puede hacerlo cuando solicite la autoevaluación de cada docente. Esta reunión girará en torno a la revisión y la discusión del formulario de evaluación, dando atención especial a las áreas sobresalientes. También se deben cubrir las áreas que ameritan mejoramiento, las metas, los recursos y el apoyo necesario para superarlas en el próximo año. Si el docente entiende que el proceso no le ha hecho justicia a su desempeño, debe permitírsele que presente otras evidencias. Por lo tanto, este proceso tiene que ser franco, constructivo, colegial y justo. El decano fomenta una cultura de crecimiento profesional cuando ayuda a los miembros de la facultad a que reconozcan las áreas en que sobresalen y las que ameritan atención, así como a trazar metas y estrategias realistas para su desarrollo personal y profesional.

Estrategias que requieren un financiamiento especial

Si bien es cierto que existen muchas alternativas para el desarrollo docente que no requieren financiamiento especial, una partida especial en el presupuesto ampliaría dichas oportunidades. Esta partida puede ser modesta, pero puede lograr mucho.

Un retiro anual para la facultad

La celebración de un retiro anual en el campus tendrá un costo mínimo. Pero un retiro fuera del campus propicia el tipo de discusiones que no ocurrirían de otra manera. Además, evitará la tentación de atender los problemas en las oficinas o las interrupciones tanto del personal como de los estudiantes. Un día de retiro en un modesto centro de conferencias a una hora de distancia no costará demasiado. El costo aumentará si requiere alojamiento o un lugar más distante del campus.

Si el retiro de la facultad ocurre a principios del año académico, una parte estará enfocada en la información administrativa. No obstante, el decano debe hacer todo lo posible por dedicar la mayor parte del tiempo al desarrollo docente. Ello puede incluir, entre otras cosas, la discusión de la misión y los valores fundamentales del seminario, que los objetivos curriculares y del curso estén alineados con dicha misión, talleres sobre métodos de enseñanza, estrategias creativas para evaluar a los estudiantes o la interacción con asuntos teológicos o prácticos derivados del contexto cultural o de la denominación. Por supuesto, la vida espiritual de la facultad debe ser parte de la agenda del retiro por medio del estudio bíblico, testimonios acerca de las maneras en que Dios está obrando en sus relaciones interpersonales y oración (todos juntos, en grupos e individualmente). Esto requiere una buena planificación, pero podría surtir un gran efecto en el crecimiento comunitario y personal.

Biblioteca de crecimiento profesional

Los libros buenos cuestan dinero. El seminario promueve el crecimiento profesional cuando invierte en una biblioteca para la facultad. Una biblioteca básica de entre veinte a treinta libros estimularía bastante el crecimiento de la facultad. (Véase la sección de «Recursos» para una lista bibliográfica en inglés). El costo anual de añadir de tres a cuatro buenos libros rondaría los $100, o unos cinco o seis por $200 dólares. Este plan requiere un compromiso a largo plazo. Por otro lado, comprar unos cuantos libros una vez, y no hacer nada más, está enviando el mensaje equivocado acerca de la prioridad del desarrollo de la facultad.

Cada vez que añada un libro a la colección lo ideal sería que el decano, u otro de los profesores, ofreciera una corta reseña en una reunión de la facultad. De esta manera despertará el interés del resto de la facultad.

Asignaciones para la adquisición de libros y materiales

Una declaración muy poderosa de un seminario comprometido con el desarrollo docente es asignar a cada miembro de la facultad una cantidad en efectivo (si los recursos lo permiten) para la compra de libros y revistas profesionales o medios audiovisuales para el aula. Se sugiere que establezca un procedimiento para supervisar que los fondos sean utilizados del modo correcto. Otra alternativa es reembolsarles sus gastos hasta cierta cantidad. Esta inversión redundará en una facultad que estará al día con las investigaciones en sus campos, sentando un ejemplo para los estudiantes de la búsqueda constante del desarrollo profesional.

Estipulación de un contrato de crecimiento

En esta alternativa, el seminario y un miembro de la facultad llegan a un contrato de crecimiento en donde el primero se compromete a financiar un proyecto de crecimiento diseñado por el docente para responder a un área que lo necesita. Este proyecto puede tratarse de un programa de lectura, una investigación dirigida a la publicación de un artículo, matricularse en un curso especializado, taller o seminario, o cualquier otra actividad apropiada que requiera financiamiento. Los gastos podrían incluir la compra de libros, la matrícula del curso, la inscripción en el taller o seminario, viajes y otros costos directamente incurridos por el proyecto.

Por lo general, este tipo de contrato exige una justificación rigurosa del proyecto (que sea de beneficio al desarrollo profesional) e incluir la expectativa de que sus resultados y beneficios serán compartidos con el resto de la facultad. Los seminarios que presupuestan estos programas por lo general nombran un comité de administradores y profesores, a veces hasta partes interesadas, a cargo de la revisión de las solicitudes y adjudicaciones de los contratos. Un programa vigoroso sería un gran estímulo para el desarrollo profesional de los docentes, pero también requiere que la junta y la administración garanticen su financiamiento. Si su duración es de solo uno o dos años, esto socavará la cultura de desarrollo profesional, aun cuando haya bendecido a unas cuantas personas.

Licencia de estudio

Una licencia para la educación avanzada también debe ser abordada como un acuerdo contractual entre el seminario y sus docentes. Por lo general, la junta habrá adoptado una política que estipule (1) quién es elegible, (2) los requisitos para la propuesta, (3) la duración y (4) quién estará a cargo de conceder la licencia de educación continuada.

La mayoría de los seminarios restringirán estas licencias a los profesores que hayan servido por un tiempo (p. ej., cinco o seis años) y que no hayan usado esta licencia recientemente (p. ej., en los últimos seis años).

Aunque las licencias de educación avanzada suelen ser descritas como «sabáticos» (y «sabático» implica reposo), no se tratan de unas vacaciones; antes bien, es una oportunidad para concentrarse en el trabajo académico o un ministerio que promueva el desarrollo profesional del docente y beneficie al seminario y al estudiantado. El profesor negociará su propuesta y sus beneficios con el decano. Más aun, el contrato debe requerir un informe para el decanato y la facultad acerca del trabajo logrado y los beneficios obtenidos durante esta licencia de estudio.

La prudencia dicta que la licencia no exceda un semestre porque tomarse un año podría alterar la organización. El reglamento podría remediar esta situación si estipulara un tiempo más corto entre licencias breves (p. ej., después de tres o cuatro años). También es común exigirle al docente que continúe con el seminario por un tiempo estipulado (p. ej., tres veces la duración de la licencia) tras haber completado su licencia. El contrato indicará que la docente devengará su salario durante este tiempo, pero con la condición de que deberá reembolsarlo si decide marcharse del seminario antes de la fecha acordada. Por lo tanto, el contrato abarca tanto el período de la licencia como la obligación posterior.

El seminario debe estipular que las solicitudes de licencias de educación avanzada sean presentadas a el decano, pero llevadas ante la consideración de un comité compuesto por el liderazgo institucional, incluyendo al rector y al director de finanzas. En algunos casos, la facultad puede tener un comité que asesore al liderazgo. No es extraño que el decano reciba más solicitudes de las vislumbradas en el presupuesto del seminario. Algunas decisiones serán difíciles. Habrá que considerar las necesidades de la facultad y asegurar de que las licencias sean otorgadas imparcialmente.

La concesión de una licencia de educación avanzada puede costarle muchísimo o nada al seminario. Las clases de los profesores en licencia tendrán que ser asignadas a otras personas. Si hubiera que contratar profesores adjuntos, el impacto al presupuesto podría ser considerable.

Sin embargo, los seminarios con facultades grandes tienen otra alternativa. Los miembros de la facultad quizás estén de acuerdo con tomar la carga académica de los instructores que estén de licencia. Aquellos que se beneficien de este acuerdo harán lo propio cuando sus colegas tomen sus licencias de educación avanzada. La mayoría no tendría problemas con manejar la sobrecarga por un semestre. Pero la extensión de este período sería un problema para el seminario y la facultad.

Este repaso de las estrategias para el desarrollo docente no es exhaustivo. El objetivo es que los profesores mejoren su eficacia profesional en maneras que promuevan la misión del seminario. Esta lista no cubre todas las maneras de mejorar la conciencia, las destrezas y la eficacia de los docentes en un contexto específico. Nada sustituye la creatividad contextualizada en respuesta a las necesidades y aspiraciones de desarrollo de la facultad.

Quinto paso: Priorice las estrategias y los recursos

Después de haber aclarado los objetivos, evaluado las necesidades, determinado los recursos disponibles y explorado las posibles estrategias para el desarrollo docente, llega el momento de tomar una decisión. Puede ser útil comenzar por identificar la estrategia (o las estrategias) que se relacionan más con la principal necesidad de desarrollo docente. Esto podría considerarse como el acercamiento más estratégico del seminario para el desarrollo de la facultad. También es prudente identificar las que sean menos onerosas y más accesibles tanto para el seminario como la facultad. Es conveniente enfocarse en el acercamiento estratégico, en tanto sea posible. Quizás ahora no sea factible, pero podría serlo en el futuro. Mientras tanto, los líderes deben impedir que las dificultades para lanzar esas estrategias los detengan de hacer todo lo que puedan por el momento. Esos pequeños comienzos despertarán el ánimo y a la larga contribuirán significativamente al desarrollo de la facultad. El punto es que superen las meras intenciones y concreten un plan para el desarrollo profesional de la facultad.

Sexto paso: Implemente el plan de desarrollo docente

Un plan solamente sirve si es puesto en marcha; las buenas intenciones carecen de valor. El desarrollo de la facultad es importante porque es el recurso más valioso de un seminario; el decano y el equipo de liderazgo están obligados como mayordomos a fomentar el crecimiento de cada uno de sus profesores por el bien de la misión del seminario, las iglesias y el estudiantado. Un estudio amplio del desarrollo docente en las universidades de Estados Unidos y Canadá «validó nuestra creencia en que el desarrollo docente es una palanca crítica para la excelencia institucional».[12]

El desarrollo de la facultad también es importante porque *es* el currículo del seminario. La vida de los miembros de la facultad dentro y fuera del aula, la manera en que persiguen sus disciplinas, su relación con sus estudiantes, la Palabra de Dios, la iglesia y la sociedad general formará las vidas y los ministerios de estudiantes y graduados. Si el campus respira una cultura de crecimiento, si los profesores están comprometidos con su crecimiento personal y profesional y si cuentan con el respaldo del liderazgo y la junta, los estudiantes desarrollarán aspiraciones y patrones de vida similares. Este es el incentivo misional para emprender iniciativas sólidas en el desarrollo docente.

Por último, el desarrollo de la facultad es importante porque vivimos en un mundo que cambia constantemente. Los miembros de la facultad fueron capacitados en un mundo que ya no existe. Nuestros estudiantes están moviéndose hacia el ministerio en un mundo que todavía no existe. Mientras tanto, nuestras culturas están cambiando, así como los desafíos de la iglesia. Sería una irresponsabilidad que les ofreciéramos las respuestas del ayer para los desafíos del mañana. La Palabra de Dios no cambia, pero las culturas y los contextos sí; por lo tanto, es esencial que sigamos creciendo. Este es el incentivo curricular para un programa sólido de desarrollo docente.

Las excusas abundan para la renuencia a involucrarse en el desarrollo docente. Algunas son miopes. Una de las excusas más comunes es que «no tenemos tiempo para el desarrollo de la facultad». Aquí aplica la fábula de los dos leñadores. ¿Cuál leñador cortará más madera en un día: el que se detiene a

---

12. Mary Dean Sorcinelli, Ann E. Austin, Pamela L. Eddy, y Andrea L. Beach, *Creating the Future of Faculty Development: Learning from the Past, Understanding the Present* (Boston, MA: Anker, 2006), 175.

afilar su hacha o el que se esfuerza más con una desafilada? Una facultad bien preparada estará en una mejor posición de lograr los objetivos del seminario. Si no tenemos el tiempo para mejorar nuestras habilidades, probablemente debemos reevaluar nuestras prioridades.

Una segunda excusa sugiere que «no podemos financiar el desarrollo de la facultad». La sección anterior incluye varias estrategias que no requieren financiación. Por lo general, «eso no está en el presupuesto» es otra manera de decir que «no es importante para nosotros». Tanto en nuestras casas como en nuestros campus encontramos fondos para las cosas que estimamos. Cualquier seminario que use la excusa del presupuesto ciertamente no ha considerado la mayordomía, la misión y la importancia curricular del desarrollo de la facultad.

Otra excusa común sugiere que el seminario no tiene que adoptar un programa de desarrollo docente porque los miembros de la facultad crecerán por iniciativa propia. Casi siempre es una suposición arbitraria. Los miembros de la facultad no podrán sostener su crecimiento profesional a menos que reciban el apoyo de sus líderes y colegas. Aún más preocupante, si el liderazgo de un seminario no valora el crecimiento, tarde o temprano sus profesores adoptarán la misma mentalidad.

Conclusión

Este capítulo ha descrito seis pasos para la planificación e implementación de un programa de desarrollo docente. El desarrollo docente es «de importancia estratégica, exigente para el intelecto y profesionalmente gratificante en su contribución al fomento de la excelencia institucional e individual».[13] La responsabilidad de iniciar este programa recae primeramente sobre el decano, pero su tarea será más fácil si cuenta con el respaldo y la participación del liderazgo del seminario. Todo programa de desarrollo docente debe estar alineado con la misión y los valores del seminario, orientado hacia las necesidades de la facultad y hacer buen uso de los recursos disponibles. Entre tantas estrategias habrá que establecer prioridades y desarrollar un plan. Sin embargo, el plan será beneficioso solamente si es implementado.

---

13. Ann E. Austin y Mary Deane Sorcinelli, "The Future of Faculty Development: Where Are We Going?" *New Directions for Teaching and Learning* 133 (Primavera 2013): 85–97.

El desarrollo de la facultad es una inversión en el futuro de su seminario; *¡no lo vea como un gasto!* El presupuesto inicial no tiene que ser grande, pues hasta una pequeña asignación (¡entre tantas demandas apremiantes!) enviará el mensaje de que es un asunto importante para el liderazgo. *¡Finánciclo!* No sucederá a menos que lo planifique. *¡Planifique, comprométase y póngalo por obra!*

Recursos para seguir estudiando

Banks, Robert. *Reenvisioning Theological Education: Exploring a Missional Alternative to Current Models*. Grand Rapids, MI: Eerdmans, 1999.

Brookfield, Stephen D. *Becoming a Critically Reflective Teacher*. San Francisco: Jossey-Bass, 1995.

———. *The Skillful Teacher: On Technique, Trust, and Responsiveness in the Classroom*. 3a ed. San Francisco: Jossey-Bass, 2015.

Cranton, Patricia. *Understanding and Promoting Transformative Learning: A Guide for Educators of Adults*. 2a ed. San Francisco: Jossey-Bass, 2006.

Davis, Barbara Gross. *Tools for Teaching*. 2a ed. San Francisco: Jossey-Bass, 2009.

Elmer, Duane. *Cross-Cultural Servanthood: Serving the World in Christlike Humility*. Downers Grove, IL: InterVarsity Press, 2006.

Ferris, Robert W. *Establishing Ministry Training: A Manual for Programme Developers*. Pasadena, CA: William Carey Library, 1995.

Fink, L. Dee. *Creating Significant Learning Experiences: An Integrated Approach to Designing College Courses*. San Francisco: Jossey-Bass, 2003.

Horne, Herman. *Jesus the Teacher: Examining His Expertise in Education*. Revisado y actualizado por Angus M. Gunn. Grand Rapids, MI: Kregel, 1998.

Knowles, Malcolm. *The Modern Practice of Adult Education: From Pedagogy to Andragogy*. Revisado y actualizado. Chicago: Follett, 1980. (Fuera de imprenta, pero puede encontrar copias usadas).

Lingenfelter, Judith E., y Sherwood G. Lingenfelter. *Teaching Cross-Culturally: An Incarnational Model for Learning and Teaching*. Grand Rapids, MI: Baker Academic, 2003.

Palmer, Parker. *The Courage to Teach: Exploring the Inner Landscape of a Teacher's Life*. San Francisco: Jossey-Bass, 2007.

Plueddemann, James E. *Leading across Cultures: Effective Ministry and Mission in the Global Church*. Downers Grove, IL: InterVarsity Press, 2009.

Schön, Donald A. *Educating the Reflective Practitioner*. San Francisco: Jossey-Bass, 1987.

Shaw, Perry. *Transforming Theological Education: A Practical Handbook for Integrative Learning*. Carlisle: Langham Global Library, 2014.

Vella, Jane. *Learning to Listen, Learning to Teach: The Power of Dialogue in Educating Adults*. eVersión revisada. San Francisco: Jossey-Bass, 2002.

———. *Taking Learning to Task: Creative Strategies for Teaching Adults*. San Francisco: Jossey-Bass, 2001.

Weimer, Maryellen. *Learner-Centered Teaching: Five Key Changes to Practice*. San Francisco: Jossey-Bass, 2002.

Zuck, Roy B. *Teaching as Jesus Taught*. Eugene, OR: Wipf and Stock, 2002.

Zull, James E. *The Art of Changing the Brain: Enriching the Practice of Teaching by Exploring the Biology of Learning*. Sterling, VA: Stylus, 2002.

Apéndice A

Muestra de una uía de Observación de Clases y Formulario del Informe

Instructor Observado: _____

Observador: _____

Clase: _____ Fecha: _____

Tipo de curso: ☐ Requisito General ☐ Requisito del Programa ☐ Electivo

Número de estudiantes: ____ Lugar: _____ Hora: _____

Este documento guías y organiza las observaciones y expresiones como documentación y evidencia relacionadas con la calidad de la instrucción. La evidencia será lo que observe, escuche y experimente. En la medida en que sea posible registre sus observaciones con respecto a las actividades, interacciones, discursos, presentaciones, materiales, etc., como evidencia de la buena instrucción en el aula. Una visita no cubrirá todas las categorías. Si no encuentra algo positivo, limítese a señalar que no se observó ninguna evidencia. ANTES de la visita repase el sílabo del curso para tener mayor perspectiva.

A. Evidencia de que el instructor domina la materia.

B. Evidencia de una preparación adecuada y un buen manejo de la experiencia en el aula.

C. Evidencia del logro de los objetivos instruccionales (es decir, los resultados en los estudiantes).

D. Evidencia de la contextualización del contenido a las realidades de los estudiantes.

E. Evidencia del uso de los métodos pedagógicos y la tecnología apropiados.

F. Evidecia de que los estudiantes estuvieron involucrados en el proceso de aprendizaje.

G. Evidencia del fomento de una cosmovisión cristiana en los estudiantes durante la discusión de los aspectos filosóficos, éticos y bíblicos relacionados con el tema.

A la luz de esta observación limitada, el observador ofrece lo siguiente:

<u>Un</u> elogio (una oración positiva):

<u>Dos</u> sugerencias (ideas prácticas que estimulen el mejoramiento del proceso de enseñanza-aprendizaje o el manejo de la materia):

<u>Una</u> oportunidad (un comentario franco de un colega a otro sobre alguna distracción, debilidad o deficiencia en la experiencia educativa que el instructor deba tener en cuenta):

Apéndice B

Muestra de un Formulario para la Evaluación Anual del Desempeño

[Nombre del seminario] Valores fundamentales

1. ¿Cómo ha modelado [el primero de los valores] en el último año?

2. ¿Cómo ha modelado [el segundo de los valores] en el último año?

[Continúe este patrón con cada uno de los valores fundamentales del seminario]

Descripción del puesto, responsabilidades y expectativas:

    5 = Supera significativamente las expectativas
    4 = Supera las expectativas
    3 = Cumple con las expectativas
    2 = Necesita mejorar
    1 = Necesita mucha ayuda

Utilice la escala anterior para calificar el desempeño de cada docente.   Puntuación

Muestra de un Formulario para la Evaluación Anual del Desempeño

3. Demuestra un dominio profesional de la materia.   _____
Un ejemplo es:

4. Modela la integración de su disciplina con una cosmovisión   _____
bíblica
Un ejemplo es:

5. Sus respuestas y retroalimentación estimulan el aprendizaje   _____
de los estudiantes
Un ejemplo es:

[Continúe este patrón con cada elemento en la descripción de trabajo de cada docente].

Metas del año anterior para el desarrollo personal y profesional:

6. Meta de desarrollo #1: [Declare la meta]   ¿Lograda? Sí No
Comentarios:

7. Meta de desarrollo #2: [Declare la meta]   ¿Lograda? Sí No
Comentarios:

[Continúe este patrón con cada meta establecida en la Evaluación Anual del Desempeño].

Metas para el Desarrollo Personal y Profesional dentro del próximo año:

Apéndice C

Muestra de un Formulario de Evaluación del Curso para los Estudiantes

Título del curso: _____ Período: _____

Este curso:	Por debajo de las expectativas		Como esperaba		Superó las expectativas	
1. Me enseñó cosas que usaré en mi vida y ministerio						
2. Coincidió con la descripción en el catálogo						
3. El tiempo fue bien aprovechado						
4. Los requerimientos fueron desafiantes, pero realistas						
5. Me ayudó a desarrollar una perspectiva bíblica						

Comentarios:

Muestra de un Formulario de Evaluación del Curso para los Estudiantes

El instructor:	Por debajo de las expectativas	Como esperaba	Superó las expectativas
6. Conoce muy bien el tema			
7. Se prepara bien para cada clase			
8. Se comunica bien			
9. Responde bien a las preguntas de los estudiantes			
10. Se interesa en mi como persona			

Comentarios:

11. ¿Cuál fue la parte más valiosa de este curso?

12. ¿Qué le aconsejaría a otro estudiante que estuviera interesado en este curso el próximo año?

[Puede encontrar en línea muchos formularios similares. Este fue adaptado –y traducido de http://www.qvcc.commnet.edu/ce/Final%20Evaluation%20Form-Regular%20Courses.pdf.]

5

Responsabilidades administrativas de los líderes académicos en el trato con la facultad

Les Crawford

En el último año, el seminario ha experimentado un aumento de matrícula sin precedentes, lo que ha implicado la expansión de varios programas, así como la contratación de más profesores para las nuevas materias. Era un problema positivo y a la vez todo un desafío contratar urgentemente más profesores. El decano era el responsable de tomar acción inmediata.[1]

Durante varios semestres, los estudiantes constantemente habían indicado en sus evaluaciones que no estaban satisfechos con la calidad de la enseñanza ni la dedicación de cierto profesor. Era un reclamo que no podía atribuírsele a una situación aislada ni atípica. Sobre los hombros del decano recayó la responsabilidad de hacer algo al respecto.

Dos de los profesores habían estado tomando bandos opuestos durante las reuniones de la facultad y era obviamente personal. Estos colegas habían sido muy cercanos y hasta hace poco se les veía comiendo juntos, conversando

---

1. En este capítulo, el término «decano académico» se refiere al líder académico responsable por la facultad.

sobre la enseñanza y compartiendo fuera del trabajo. Pero su conflicto estaba afectando a la facultad, por lo que había que resolverlo. El decano tenía que lidiar con el asunto.

El presidente del seminario llamó al decano a una reunión urgente en su oficina. Uno de los programas estaba perdiendo matrícula y había dejado de ser viable, lo que implicaba hacer ajustes en la facultad. Era evidente que varios de los profesores serían cesanteados. El decano tenía que llevarles las devastadoras noticias.

Los ejemplos anteriores ofrecen una idea de las responsabilidades administrativas de los líderes académicos en su trato con la facultad. No es fácil reclutar, apoyar y supervisar a los docentes en las complejidades de las operaciones institucionales y las situaciones de la vida personal. Este capítulo considera el manejo de estas responsabilidades, pero antes, es importante que afirmemos dos de las realidades que caracterizan a las instituciones teológicas y sus facultades.

Dos realidades fundamentales de las instituciones teológicas

En primer lugar, las instituciones teológicas son entidades espirituales. Por lo tanto, sus facultades deben estar vivas espiritualmente. Una facultad competente en la erudición y enseñanza es esencial para que los estudiantes desarrollen su máximo potencial para el ministerio; pero no sucederá a menos que su espiritualidad sea genuina y viva (Jn 15:5). Los líderes académicos no pueden encargarse de la administración a expensas de la dimensión espiritual de la facultad.

De hecho, la dimensión espiritual es un recurso adicional para el éxito en la administración académica, porque reconoce y depende de la obra del Espíritu Santo tanto en las personas como en las situaciones. La sabiduría es apremiante en las decisiones y acciones administrativas y es un don de Dios (Stg 1:5-6). También lo es el amor (Ro 5:5). Ambos empoderan al decano para que trate con la facultad del mejor modo posible. Él debe gozar de una espiritualidad viva y profunda que ponga a su alcance las ricas provisiones de Dios en el descargo de sus responsabilidades con la facultad.

La segunda realidad fundamental es que los miembros de la facultad son, ante todo, hermanos y hermanas en Cristo y seres humanos (1Co 12:12-26). Por lo tanto, habrá que tratarlos como miembros de la comunidad cristiana, en lugar de los engranajes de una máquina o las partes de una organización. A veces esto queda relegado cuando trabajamos con sistemas educativos, planes estratégicos, restricciones presupuestarias, desarrollo de currículos y otros de los asuntos impersonales que conforman gran parte de la administración académica. El decano académico debe recordar que está lidiando con personas, más aún, miembros de la familia de la comunidad cristiana.

Mi hijo menor es analista de negocios en el Banco Westpac en la ciudad de Adelaida, Australia, y su tarea principal es mejorar la eficiencia, reducir los costos y aumentar la productividad. Por lo general, esto implica reducir el personal sin tomar en cuenta el impacto personal de tales acciones. Los negocios seculares anteponen las ganancias a las personas. Sin embargo, una organización cristiana no puede ignorar la dimension personal de sus operaciones, aun cuando tiene que tomar decisiones difíciles que afectan a sus empleados. Los decanos académicos tienen que equilibrar la responsabilidad relacional con la eficiencia administrativa; aunque difícil es esencial para la identidad cristiana de la institución.

Reclutamiento, retención y cesantía de profesores
El reclutamiento de profesores
Con estas dos realidades en mente, podemos considerar las responsabilidades administrativas hacia los profesores, comenzando por su reclutamiento, retención y cesantía. Alguien estuvo en lo correcto cuando dijo que la calidad de una institución educativa depende de su facultad, por lo que usted tiene la responsabilidad de contratar a los mejores candidato.[2] Al igual que en otros tipos de reclutamiento, hay que partir de una descripción de trabajo detallada para el puesto.[3] Cualquier cualificación esencial debe estar detallada en elperfil,

---

2. Allan Tucker y Robert Bryan, *The Academic Dean: Dove, Dragon, and Diplomat*, 2a ed. (Nueva York: American Council on Education/Macmillan, 1991), 151.
3. Gary Krahenbuhl, *Building the Academic Deanship: Strategies for Success* (Westport, CT: American Council on Education/Praeger, 2004), 94.

incluyendo asuntos que son particulares para su institución,[4] como distinciones teológicas o afiliaciones denominacionales requeridas de la facultad.[5] De esa manera limitará su caza de talentos o publicidad del anuncio a los candidatos más adecuados. Además, si publica el puesto vacante ahorrará el tiempo y la energía de filtrar a los candidatos.

Si no está a la caza de talentos, tendrá que revisar las solicitudes, verificar las referencias y reducir la lista de los aspirantes a los candidatos que serán entrevistados. Si bien las entrevistas en persona son preferibles, también puede usar los servicios de videoconferencia. Prepare una lista con preguntas que estén dirigidas a la vacante y no tema profundizar en los temas con tal de seleccionar a la persona adecuada. Siempre es más fácil descartar a alguien del proceso que tener que despedirla más adelante.

En este proceso debe tomar en cuenta que la persona contratada tendrá que encajar con la facultad y la cultura institucional existentes. Aunque sus calificaciones sean impecables para el puesto, si usted discierne que tendrá dificultades en esas dos áreas, no sería sabio que procediera con la contratación. Desde el principio establezca los términos del contrato de trabajo, incluidos los detalles sobre las condiciones, la remuneración, las licencias por enfermedad, las vacaciones y las disposiciones sabáticas y otros derechos. Establezca un período probatorio para que, de surgir la necesidad, no sea difícil terminar el contrato. Esperemos que no ocurra, pero es una contingencia necesaria. Estos términos variaran de acuerdo con las leyes de cada país u otras condiciones, pero tienen que estar claros antes de la contratación.

Retención de la facultad

Tras haber contratado a un nuevo profesor, lo siguiente es la inducción. Ayúdele en la transición hacia su nuevo puesto orientándolo acerca de la institución (su historia, cultura, visión y valores, plan estratégico, políticas académicas y procedimientos), la facultad, las instalaciones, los estudiantes y la administración.[6] Llévelo por un recorrido del campus, a cenar con la

---

4. Robert Ferris, "The Work of a Dean," *Evangelical Review of Theology* 32, no. 1 (2008): 66.
5. Dale Stoffer, "Faculty Leadership and Development: Lessons from the Anabaptist-Pietist Tradition," en *C(H)AOS Theory: Reflections of Chief Academic Officers in Theological Education*, ed. Kathleen Billman y Bruce Birch (Grand Rapids, MI: Eerdmans, 2011), 145–146.
6. Krahenbuhl, *Building*, 101–103.

facultad (o en un entorno social relajado), a conocer a los estudiantes en un contexto apropiado, a una reunión con el presidente, con el rector y dedíquele suficiente tiempo en su función como líder de la facultad. De esa manera, contrarrestaremos las ansiedades propias de la adaptación a un nuevo entorno para que funcione eficazmente.

Su relación con la facultad es como aplicarle aceite a la máquina. Muchas veces la atención dada a los nuevos profesores es descuidada hasta que las dificultades son ventiladas, ya sea mediante queja o una petición de ayuda. La retención de una buena facultad dependerá de la constancia de su relación, de su apoyo a sus labores investigativas, publicaciones, enseñanza y evaluación, mentoría y cualesquiera otras de sus tareas.[7] Los miembros veteranos pueden convertirse en mentores de los recién contratados[8] y ayudarles a desarrollarse en su nuevo entorno. Sin embargo, no sustituye su participación. El decano académico es un líder-siervo que trabaja para que la facultad sea exitosa, lo que requiere una relación personal, así como sugiere la metáfora bíblica del pastor.

Su respaldo es crucial para el éxito de la facultad, y mejora su retención. Ese respaldo consta de una serie de áreas tales como que cuenten con el espacio y mobiliario adecuados para una oficina, buenas aulas con buen uso de la tecnología, acceso a los recursos (una buena biblioteca) para la investigación y la enseñanza, asistencia con sus labores de corrección si fuera necesario, licencias de estudios y un presupuesto para el desarrollo profesional. Los miembros de la facultad deben estar convencidos de que usted quiere lo mejor para ellos, aun dentro de sus limitadas finanzas y circunstancias. Los profesores entenderán estas limitaciones cuando vean lo que sí puede hacer a su favor. Un respaldo limitado rinde mucho en el camino hacia el éxito y la satisfacción de la facultad.

Otra de las maneras en que usted garantizará el éxito de la facultad es librándola de las distracciones como el papeleo innecesario o los nombramientos a comités que no estén relacionados con sus funciones.[9] El decano académico debe abogar por la facultad ante las autoridades administrativas de la

---

7. Anne Yardley, "Scaffolding That Supports Faculty Leadership: The Dean's Constructive Role," en Billman y Birch, *C(H)AOS Theory*, 140.
8. David Bright y Mary Richards, *The Academic Deanship: Individual Careers and Institutional Roles* (San Francisco: Jossey-Bass, 2001), 154.
9. Ferris, "The Work of a Dean," 69.

institución, como el presidente/rector y la junta directiva. Los libera de tener que lidiar con esos asuntos directamente. Otra forma es protegiéndolos de la sobrecarga para que sus responsabilidades combinadas no excedan las horas de sus contratos. Un decano sabio tendrá un sistema de carga académica que explicite las horas requeridas para todo tipo de tareas, de modo que la carga total sea calculada con precisión.[10] Cada institución tendrá su sistema, pero el uso de un estándar objetivo previene el abuso de los docentes porque distribuye la carga equitativamente y contribuye a la salud de la cultura académica.

Esta tarea cada vez es más compleja porque los profesores siguen recibiendo diversas responsabilidades, sobre todo en los seminarios pequeños. Los factores para la evaluación de la carga de trabajo van más allá de las horas de enseñanza por semana y semestre. Las instituciones suelen añadir el formato en línea a cursos existentes, aumentando la carga de sus profesores sin cambiar sus horas de enseñanza en el campus. El tamaño de las clases también afecta el tiempo dedicado a la corrección de los trabajos y el asesoramiento a los estudiantes, así como el aumento o la disminución de otras tareas administrativas. Un alza repentina en la matrícula también requiere ajustes serios en la carga de trabajo. Súmesele los requisitos de mantenerse investigando, escribiendo y publicando, por lo que ese tipo de expectativas deben ser parte de la evaluación de la carga.

Otra de las consideraciones en la evaluación es la visión distorsionada del ministerio cristiano. Hay quien espera que la facultad se esfuerce, haga sacrificios personales, vaya más allá del cumplimiento del deber, «prefiera quemarse que oxidarse», como erróneamente se ha esperado del ministerio en la iglesia. Algunos administradores y docentes tienen esta mentalidad cuando justifican el exceso de trabajo como un servicio espiritual, pero sin tomar en cuenta el bienestar de la facultad. La pereza y la indolencia son inaceptables, pero también las exigencias irrazonables que nos exponen a la bancarrota espiritual.[11]

---

10. Como ejemplo véase un estudio reciente en Australia: http://www.swinburne.edu.au/corporate/hr/eb/docs/The%20proposed%20new%20Academic%20Workload_what%20it%20means%20for%20you200214.pdf.

11. La producción espiritual constante, cuya sobrecarga constante no da tiempo para el reabastecimiento de los recursos espirituales es una receta para la bancarrota espiritual o la ruptura, de la cual será difícil recuperarse. La pérdida de un miembro de la facultad (a corto o largo plazo) es un resultado trágico que transforma el beneficio de la producción adicional pasada en la responsabilidad de la pérdida por la producción futura.

El decano académico debe recordar que está tratando con personas no con máquinas, que sus colegas son siervos cristianos antes que eruditos. Fuera de la institución tienen vidas y familias, pasatiempos, el liderazgo en la iglesia y mucho más. Su carga académica no debe socavar las relaciones y actividades que son importantes para el bienestar general. Asimismo, revise periódicamente sus cargas para evitar que asuman más trabajo del asignado por la institución. Profesores saludables y equilibrados son activos valiosos que deben ser conservados, no recursos a ser consumidos y agotados.

Ello requiere que el decano académico conozca a cada uno de sus profesores y profesoras[12] más allá del contexto colectivo. El compromiso personal es esencial para desarrollar relaciones suficientes y estar al tanto de sus vidas.[13] Cierto que estas conversaciones estarán dominadas por asuntos cotidianos como las actividades académicas, las preocupaciones de los estudiantes, la falta de recursos, etc., pero también tendrá la oportunidad de inquirir acerca de sus situaciones o preocupaciones personales. En tales casos, sus muestras de apoyo serán necesarias y bien recibidas, lo cual aumentará las posibilidades del éxito de sus docentes en la institución.

Cesantía de profesores

El decano, tristemente, tendrá que intervenir con los profesores que, por diversas razones no alcancen el éxito, pero se espera que lo haga cristianamente. Las decisiones con respecto al desempeño de un docente dependen de datos objetivos.[14] Los comentarios de los estudiantes son una fuente para el discernimiento de patrones. También los son el crecimiento espiritual personal, la eficiencia con las calificaciones de trabajos, la investigación y producción de escritos, la contribución a las reuniones de la facultad, la eficacia de la mentoría y el estándar de enseñanza. Estos indicadores deben ser explicados antes de la contratación, revisados según sea necesario con el pasar del

---

12. Ferris, "The Work of a Dean," 72–73.
13. Tucker y Bryan, *Academic Dean*, 156–169.
14. Un recurso excelente para el tema del desempeño de la facultad es Peter Seldin y Socios, *Evaluating Faculty Performance: A Practical Guide to Assessing Teaching, Research, and Service* (San Francisco: Jossey-Bass, 2006).

tiempo e incluidos en las evaluaciones anuales del desempeño para evitar las conclusiones infundadas o inesperadas.[15]

Las evaluaciones de los profesores no pretenden amenazar sus empleos, pero tienen un lado agudo para los profesores cuyo desempeño sea pobre. Por lo general, afirman y asesoran a los docentes acerca de los aspectos positivos y débiles de su trabajo. Desde luego, sientan la base para decidir quiénes serán retenidos o despedidos. Si las oportunidades para mejorar no resultan en un nivel satisfactorio de desempeño, el decano académico debe despedir al profesor por el bien de la institución. Hay que tomar en cuenta el impacto económico de la pérdida de empleo, así como los efectos de no tomar las medidas necesarias para la institución.

Otras razones para despedir a alguien son más sencillas, como un fracaso moral, un cambio de postura teológica o el desacuerdo con la misión, la visión, los valores y la filosofía de la institución. Por supuesto, el docente debe ser llamada a cuentas por estos motivos claros antes de que se tome cualquier medida, según los principios de la disciplina de la iglesia, de Mateo 18:15-20. Estos casos no contemplan el desempeño académico ni la opción de un mejoramiento. La única respuesta adecuada es el despido.

Cualesquiera que sean las circunstancias, el despido de un miembro de la facultad es una tarea delicada que exige una gran sabiduría, un buen proceso y manejo compasivo. Esta experiencia cara a cara requiere la comunicación clara de los motivos que llevaron a esta decisión y preparase mentalmente para la reacción de la otra parte. La esperanza es que responda bien a la decisión, pero puede que no sea el caso. Tenga preparado algunos recursos de consejería para el final de la reunión formal. Tenga el cuidado de minimizar la interrupción que esta acción causará en la institución.. Organice bien la salida del campus, las comunicaciones con el resto de la facultad y los estudiantes, el retiro del acceso y otros asuntos de seguridad para que proteja tanto a la institución, su prioridad, como a la persona cesanteada.

---

15. Jeffrey Buller, *The Essential Academic Dean: A Practical Guide to College Leadership* (San Francisco: Jossey-Bass, 2007), 208–215.

Resolución de conflictos

Otra delicada tarea del decano académico es la resolución de conflictos entre profesores y con la facultad.[16] Los seminarios no están exentos de conflicto ni siquiera porque sus empleados sean cristianos maduros y piadosos. Las personas tienen diferencias que podrían ocasionar conflictos. Los cristianos maduros siguen luchando contra el pecado (1Jn 1:8-10)[17] y a veces esa batalla produce conflictos en las relaciones interpersonales. Sin embargo, no todos los conflictos son malos y aún pueden ser una oportunidad para crecer personalmente y fortalecer la cultura institucional. El conflicto latente amenaza la unidad y la armonía de cualquier institución, pero especialmente a la comunidad en Cristo.

Los conflictos surgen de las diferentes perspectivas acerca de la estructura, el contenido y la enseñanza de currículo, las prioridades referentes a la asignación de los recursos o las respuestas negativas a los cambios de reglamentos o procedimientos. Otras veces se originan en situaciones personales como las disputas entre dos profesores porque solamente uno recibió una licencia para que continuara su investigación. De igual manera, algunas personas no se llevan bien con otras y critican su desempeño. Añádasele los conflictos entre los docentes y su decano académico u otro personal. Ya sea que los ánimos estén caldeados o controlados, y sin importar el tipo de conflicto o su fuente, no hay que ignorarlo, más bien hay que evitar que se convierta en una influencia destructiva.[18]

Pocas personas disfrutan el manejo de los conflictos. La mayoría preferiría evitarlos, pero sabemos que las consecuencias serían muy costosas. Los conflictos provocan un daño serio en las organizaciones que dependen de las buenas relaciones para su éxito, como es el caso de los seminarios. Los

---

16. Un excelente libro sobre una variedad de aspectos conflictivos en la educación superior es Susan A. Holton, ed., *Mending the Cracks in the Ivory Tower: Strategies for Conflict Management in Higher Education* (Bolton, MA: Anker, 1998).

17. El apóstol Pablo disciplinaba su cuerpo para mantener su dominio propio y evitar que su ministerio fuera descalificado (1Co 9:27) y estaba muy consciente de su pecado, refiriéndose a sí mismo como «el primero de los pecadores» (1Ti 1:15) ya al final de su vida y ministerio.

18. Sharon Pearson ha preparado una synopsis excelente del artículo de Cynthia Berryman-Fink, "Can We Agree to Disagree? Faculty-Faculty Conflict," tomado de Holton, *Mending the Cracks*, el cual incluye consejos útiles sobre las estrategias para el manejo de conflictos, disponible en http://ombudsfac.unm.edu/Article_Summaries/Can_We_Agree_to_Disagree.pdf; acceso 7 agosto 2017.

decanos académicos deben obligarse a actuar cuando se presenta un conflicto; no deben esperar que el conflicto se disipe con el tiempo. Tal acción no debe ser precipitada, sino más bien decisiva y planificada. Sin duda es la responsabilidad más difícil del decano académico, como indica McLean: «Algunas de las destrezas más importantes requeridas de los directores académicos son el lidiar constructivamente con el conflicto, resolver problemas contenciosos, facilitar el acuerdo, o reconocer que un problema no tiene solución».[19]

Algo a tener presente es que algunos asuntos son irreconciliables y posiblemente ameriten que los involucrados se separen de la institución. A veces los líderes no logran ponerse de acuerdo y tienen que separarse como vemos en la iglesia primitiva con la disputa entre Pablo y Bernabé sobre Juan Marcos (Hch 15:36–41). En cierto sentido es una solución, pero que no conlleva unidad entre las partes. Quizás no sea el resultado preferido, pero Dios puede utilizarlo para redirigir la gente hacia lugares en donde serán más eficaces. La alternativa, un conflicto continuo, es insostenible para las partes y la institución.

Los decanos casi siempre actúan como mediadores, pero también suelen verse involucrados en el conflicto. Como mediadores intervienen cuando no ha habido un intento de reconciliación u otros han fracasado, lo que significa que el conflicto es grave. Esperemos que, en el caso de un conflicto personal, el proceso bíblico haya sido aplicado en el sentido de que la parte agraviada ha tomado el primer paso de buscar en privado la reconciliación con la parte infractora (Mt 18:15). Ahora, esperemos que esté dándose el segundo paso: buscar la asistencia de una tercera persona con autoridad que arbitre la situación, que en este caso es el decano académico (Mt 15:16); pero si los involucrados no toman la iniciativa, entonces el decano deberá intervenir en el asunto.[20]

---

19. Jeanne McLean, *Leading from the Center: The Emerging Role of the Chief Academic Officer in Theological Schools* (Atlanta: Scholars Press, 1999), 73.
20. Dos recursos útiles para el manejo de conflictos son los Ministerios Pacificadores, cuyo sitio web ofrece un resumen útil de los principios y la práctica de mediación, así como directrices para el arbitraje y el asesoramiento (www.peacemaker.net); y Peacewise, cuyo sitio web tiene una página similar que enumera los principios de pacificación y recursos descargables pdf:http://peacewise.org.au/get-help-with-conflict-2/peacemaking-principles/.

En este proceso es crítico que solamente participen las personas involucradas, las que son parte del problema y/o de la solución. De lo contario no habrá una reconciliación. La situación se complica si terceros son arrastrados a la situación. Los conflictos se propagan fácilmente y lo bíblico y sensato es que minimicemos la cantidad de involucrados (Mt 18:15-16). También hay que mantener la privacidad y la confidencialidad tanto como sea posible, pero los asuntos que hayan sido ventilados en público necesitarán una respuesta pública.

El trato con un docente difícil

No hace falta un conflicto para que una relación sea tensa o incierta, ya sea debido a una mala comunicación u otro comportamiento arraigado. En un sentido, es más fácil que lidie con un problema en particular porque las pruebas son suficientes para pedir una justificación. Pero los problemas genéricos tienen un historial y radican en los rasgos de la personalidad. No obstante, habrá que tomar las medidas para solucionarlo y evitar que influya negativamente en el resto de la facultad, el personal administrativo y los estudiantes. No deben pasarse por alto los comportamientos que contradigan el carácter cristiano.

En las situaciones conflictivas es fundamental que los datos sean suficientes para apoyar las evaluaciones de comportamiento; es mejor que el decano académico tenga conocimiento de primera mano de las preocupaciones en torno a este miembro de la facultad. Con estos datos en la mano debe reunirse con el profesor o la profesora, luego de haber orado por esta situación. El Espíritu Santo es quien cambia la conducta y debemos buscar su intervención antes de que abordemos el tema.

Cabe la posibilidad de que su docente esté ajeno a que su carácter es difícil y quizás no entienda su planteamiento. En tales casos, hable con claridad y diplomacia, ganándose la confianza y respeto de su docente para que obtenga una respuesta positiva. Las relaciones basadas en la confianza y el respeto (importantes para tratar con las personas difíciles) son duraderas. Ambas son el resultado del tiempo invertido y la cortesía en la relación. Ese respaldo facilitará que se acepte la ayuda ofrecida para superar la conducta. Esta persona no dudará de que usted está buscando su bienestar y responderá positivamente.

No obstante, quizás el docente este muy consciente de las dificultades con sus colegas, pero no ha tratado de modificar su conducta. Como ya hemos señalado, en estos casos también ayuda el haberse ganado la confianza y el respeto de su docente; de todas maneras, tendrá que tomar cartas en el asunto. Sea diplomático, pero prepárese para una renuencia a admitir la conducta o comprometerse a tomar las medidas. Tenga a la mano una prueba convincente cuando confronte a su docente. Además, trace las avenidas posibles que correspondan con su reacción. Explicite las alternativas disponibles para una respuesta positiva o las consecuencias de una respuesta negativa. El negarse a responder o tomar acción es inaceptable. Esta persona debe comprender la gravedad del problema y que no será ignorado.

En ambos casos, documente las reuniones y los resultados. Lo importante es que incluya un acuerdo por escrito con el docente, en donde él o ella se comprometa a cambiar y acepte el contrato para el desarrollo personal o profesional a estos fines. Así, podrá llamarle a cuentas, a la vez que protegerá a la institución en caso de que tenga que tomar otras medidas.

Una cultura relacional positiva

Una cultura de relaciones positivas es un ingrediente útil para el manejo exitoso de los conflictos y los profesores difíciles porque los miembros de la facultad han aprendido a apoyarse mutuamente y tienen en alta estima a sus líderes académicos. Este entorno recibe los conflictos o las inquietudes como intrusiones que deben ser resueltos. Los decanos deben fomentar este tipo de cultura, no tan solamente para manejar los conflictos o lidiar con las personas difíciles, sino como la expresión genuina de la comunidad espiritual del seminario. Todos los profesores prosperarán y crecerán como individuos dentro de ese contexto.

Reuniones de facultad

La reunión de facultad contribuye a una cultura de relaciones positivas y comunicación eficaz. El decano no tendrá otra mejor oportunidad para dirigirse a la facultad, por lo que debe hacerlo bien. Sobre usted, como líder académico, recae la moderación de la reunión[21] y asegurarse de que sea beneficiosa para todos. No basta con que usted sea la única persona satisfecha; sus profesores también deben estarlo para que valoren y contribuyan a las reuniones.

No es un decir que la reunión de facultad «valga la pena» porque es crítico para la eficacia. Los participantes esperan que su presencia sea valiosa y que la reunión tenga unos resultados pertinentes y necesarios.[22] Posiblemente usted recuerde reuniones extremadamente largas que produjeron muy pocos, si acaso hubo algunos, resultados útiles. Para los profesores talentosos y presionados por el tiempo, nada es más frustrante que las reuniones desperdiciadas. Pero varios componentes pueden evitar que esto suceda.

Componentes clave para reuniones de la facultad que valgan la pena

Propósito y procedimientos. En primer lugar, establezca y comunique el propósito y los procedimientos de las reuniones docentes. ¿Por qué se reúne la facultad? ¿Qué rige la agenda de la reunión? El propósito principal de la reunión es tratar los asuntos académicos que competen a la facultad, tales como el contenido y la enseñanza del currículo, el ejercicio y los recursos para la enseñanza, el progreso y bienestar de los estudiantes, el desarrollo y el avance profesional y los planes futuros. Los profesores deben saberse esenciales para los temas y las decisiones de la reunión; lo lograra con el propósito correcto.

Los procedimientos aclaran el orden de la reunión para que todos sepan a qué atenerse. Por lo general, estas reuniones son colaborativas y requieren un enfoque consultivo, en lugar de dictatorial. El estilo de liderazgo del decano es crucial para el éxito antes, durante y después de la reunión.[23] En este entorno, es aconsejable que aproveche la vasta gama de conocimientos, experiencias y destrezas de la facultad invitándola a ser parte del debate y la toma de decisiones. Su aportación personal refuerza la necesidad de su presencia y mejora su apropiación de los resultados.

---

21. Un recurso excelente es Patrick Lencioni, *Death by Meeting: A Leadership Fable* (San Francisco: Jossey-Bass, 2007), el cual ofrece un buen análisis de las reuniones y cómo aprovecharlas.
22. Lencioni entiende que son reuniones tácticas, es decir, tocan asuntos actuales para resolverlos en una hora, pero insiste en que no hace falta una agenda previa, pero difiero de su opinión.
23. Wilson Yates, "The Art and Politics of Deaning," *Theological Education* 34, no. 1 (1997): 91–92.

Un entorno seguro. El entorno es seguro cuando existen reglas de comunicación que controlan los comportamientos inapropiados, de modo que las contribuciones sean escuchadas. La primera regla es que todas las contribuciones serán bienvenidas y respetadas. La segunda regla es que cada persona esperará por su turno y nadie será interrumpido. La tercera regla es que los comentarios despectivos no serán tolerados. La cuarta regla es apegarse al tema y los hechos. La quinta regla es que todos deben acatar las decisiones. Lo ideal sería que la gente tuviera la voluntad de seguir estas reglas, pero no siempre es así. Por lo tanto, asegúrese de que los asistentes acepten el reglamento y así, podrá lidiar con cualquier infracción.

Una buena preparación. Un segundo componente que evita la pérdida de tiempo es prepararse para la reunión. Anuncie con tiempo la hora y el lugar y envíe recordatorios para que todos estén presentes. Notifique el orden del día con tiempo para que la facultad contribuya a los temas o sugiera otros. Asimismo, distribuya los documentos necesarios antes de la reunión. De ese modo, está responsabilizándolos por su preparación y comunicándoles que son importantes.

Una agenda funcional es esencial para la eficacia de la reunión de facultad.[24] Esta debe incluir el asunto, su propósito, el tiempo asignado para el tema, una pregunta para iniciar el debate (si es necesario), el proceso para administrarlo, el resultado y la persona responsable del seguimiento después de la reunión. La gráfica 5.1 presenta un formulario sugerido y adaptable a los entornos locales.

Los puntos del orden del día han sido ubicados bajo las categorías sugeridas, pero sus propósitos serían especificados de acuerdo con el tipo de reunión. El tiempo y el proceso serán asignados de acuerdo con la necesidad de cada punto, pero la mayoría de las veces conllevarán discusión y búsqueda de consenso. Para que la reunión de facultad haga la diferencia en la institución y valga la pena tendrá que exponer los resultados y asignar las tareas. La agenda es una sierva no la ama de la reunión, por lo que será adaptada según fuere necesario. Tiene que ser lo suficientemente flexible para que cubra cuantos asuntos sean necesarios, pero con una estructura que logre resultados viables durante el tiempo asignado.

---

24. Sue Brandenburg, "Conducting Effective Faculty Meetings" (EdD diss., Edgewood College, 2008), 107–108, 122.

Gráfica 5.1: Modelo para una agenda

Asuntos del orden del día	Propósito	Tiempo asignado	Pregunta de inicio	Proceso	Resultado	Persona Responsable
Inicio	Bienvenida a los participantes Establezca el contexto de la reunión Repaso de la agenda	5 minutos	¿Necesitamos hacerle cambios a la agenda?	Discusión y consenso	Agenda revisada	Decano Académico
Asunto 1 Currículo				Discusión y consenso		
Asunto 2 Enseñanza				Discusión y consenso		
Asunto 3 estudiantes				Discusión y consenso		
Asunto 4 Desarrollo profesional				Discusión y consenso		
Asunto 5 Planes futuros				Discusión y consenso		
Asunto 6 Otros asuntos				Según el tipo de asunto		
Conclusión	Exprésales su agradecimiento Repase las decisiones, tareas, fechas límites y asuntos para una agenda futura Programe la siguiente reunión	10 minutos		Repaso breve	Enumere las acciones a tomar Fecha, hora y lugar de la reunión	Personas a cargo de las tareas Decano académico y facultad

Un seminario debe incorporar en la agenda los elementos de la oración, devoción y reflexión sin restarle a los asuntos de trabajo. Esperamos que los profesores no dependan de las reuniones para mantener sus vidas de oración, devoción y reflexión. Esperamos que cada miembro de la facultad tenga una vida espiritual activa, y esto se puede compartir durante la reunión, como una manera de rendirse cuentas mutuamente. Otra manera de enfatizarlo es asignarles la oración, la devoción y la reflexión teológica durante la reunión.

Respete el tiempo. Otro componente para prevenir una reunión desperdiciada es no desperdiciar el tiempo de la reunión. En otras palabras, comience y termine a tiempo. No importa la cultura, los profesores siempre esperan que los estudiantes lleguen a tiempo al aula y estos, a su vez, esperan que la lección termine a tiempo. Los seminarios tienen que regirse por horarios y programas diarios que no aceptan interrupciones. Por consiguiente, es de esperar que las reuniones de facultad también cumplan su horario. No desperdicie el tiempo de los responsables esperando hasta que todos lleguen, pero tampoco abuse de sus cargados horarios alargando la discusión.

La planificación sensata de la agenda evitará que añada demasiados asuntos que requieran discusiones largas. El modelo sugerido incluye seis categorías posibles para los puntos del orden del día, pero no podrá cubrirlos todos en una sola reunión. En ese caso, prográmelos de acuerdo con la frecuencia de las reuniones de facultad. Una reunión es más provechosa cuando los asuntos son tratados a fondo que cuando se extiende hablando de todo un poco sin llegar a ningún sitio. En ocasiones excepcionales habrá que atender un asunto crítico, pero la facultad debe decidir por consenso si está de acuerdo con que continúe la reunión.

Otros dos tipos de reuniones

La administración eficaz contempla otros dos tipos de reuniones útiles para la facultad. El primer tipo de reunión consta de cinco a diez minutos para comunicar las responsabilidades del día y luego presentarse a Dios en oración. Esta reunión promueve la unidad y conciencia acerca de las actividades académicas generales. También es una manera de notificarles las necesidades, situaciones difíciles o únicas de ese día.

El segundo tipo de reunión[25] está dedicada a los asuntos que requieren planificación, por lo que no son tratados durante las reuniones de trabajo. Los profesores podrán enfocarse en los elementos que tienden a quedarse fuera del tintero. Las reuniones de trabajo identificarán los asuntos que serán atendidos en las reuniones estratégicas, de modo que no interfieran con la discusión del quehacer diario.

Conclusión

Espero que haya apreciado la complejidad y los desafíos asociados con las responsabilidades administrativas de los líderes académicos en el trato con los docentes, especialmente en un ambiente espiritual. No es fácil reclutarlos, retenerlos ni despedirlos. Tampoco lo son la resolución de conflictos y lidiar con los profesores difíciles. De igual manera lo es moderar las reuniones de facultad, pero llevarlas a cabo exitosamente será una gran recompensa.

Como decano o decana cristiana su ambición es agradar a Dios (2Co 5:9), especialmente en el cumplimiento de su misión, que incluye la misión de su institución. La medida de su éxito es el desempeño de su facultad, que a su vez permite que la institución cumpla la misión de Dios de capacitar a los estudiantes para que respondan eficazmente a sus llamamientos. Nada brinda tanto gozo como ver el avance de la obra de Dios, y su diligencia con estas responsabilidades redundará en un avance que transcenderá este lado de la eternidad. Vale la pena el dolor y la tensión (Ro 8:18; 2Co 4:7).

Reflexión y puntos de acción

1. Las instituciones teológicas son entidades espirituales, mientras que sus profesores son hermanas y hermanos cristianos y seres humanos. Considere estas dos realidades, ¿cómo afectan la manera en que lleva a cabo sus responsabilidades administrativas en el trato con la facultad?

¿Cómo afecta, positiva o negativamente, su entorno cultural a su enfoque?

---

25. Véase "The Monthly Strategic" en Lencioni, *Death by Meeting*, 157–163.

2. *Reclutamiento docente:* ¿Cuál es el desafío más grande que su institución confronta en la contratación de profesores en su contexto cultural? ¿Cómo puede superarlo?

3. *Retención de la facultad:* ¿Tiene una estrategia para retener a los docentes? Si no es así, ¿qué pasos puede tomar al respecto? Si es así, ¿cómo la mejorará?

4. *Cesantía de profesores:* ¿Qué factores culturales, si alguno, influyen su trato con los docentes de pobre desempeño o que estén en peligro de perder el empleo? ¿Cómo puede aprovechar o contrarrestar estos factores?

Si tuviera que despedir a un miembro de la facultad, ¿cuál sería el desafío con este proceso en su contexto cultural?

5. *Resolución de conflictos:* No ignore el conflicto, entre profesores o con usted, por más difícil y peligroso que sea. ¿Cuál sería el aspecto más difícil de lidiar con los conflictos y cómo lo abordaría en su contexto cultural?

6. *Tratar con una persona difícil:* ¿De qué manera trataría con un docente cuyo comportamiento esté afectando al resto de la facultad y los estudiantes?

7. *Cultura relacional positiva:* Revise la cultura de las relaciones en su institución; identifique sus fortalezas y debilidades, sugiriendo las maneras de fortalecerlas o mejorarlas. ¿Qué pasos puede tomar para mejorar la cultura relacional dentro de su institución?

8. *Reuniones docentes:* Reflexione sobre las reuniones habituales con sus docentes, ¿qué podría hacer para mejorar su eficacia?

Recursos para seguir estudiando

Billman, K. D., y B. C. Birch, eds. *C(H)AOS Theory: Reflections of Chief Academic Officers in Theological Education*. Grand Rapids, MI: Eerdmans, 2011.

Bright, D. F., y M. P. Richards. *The Academic Deanship: Individual Careers and Institutional Roles*. San Francisco: Jossey-Bass, 2001.

Buller, J. L. *The Essential Academic Dean: A Practical Guide to College Leadership*. San Francisco: Jossey-Bass, 2007.

Cedja, B. D., W. B. Bush Jr, y K. L. Rewey. "Profiling the Chief Academic Officers of Christian Colleges and Universities: A Comparative Study." *Christian Higher Education* 1, no. 1 (2002): 3–15.

Cooley, R. E., y D. L. Tiede. "What Is the Character of Administration and Governance in the Good Theological School?" *Theological Education* 30, no. 2 (1994): 61–69.

Douglass, J. D. "Faculty Development: A Shared Responsibility." *Theological Education* (Otoño 1991): 36–42.

Eckel, P. D., B. J. Cook, y J. E. King. *The CAO Census: A National Profile of Chief Academic Officers*. Washington DC: American Council on Education, 2009.

English, R. A. "The Deanship as a Cross-Cultural Experience." *New Directions for Higher Education* 25, no. 2 (1997): 21–29.

Fagin, C. M. "The Leadership Role of a Dean." *New Directions for Higher Education* 25, no. 2 (1997): 95–99.

Ferris, R. W. "The Work of a Dean." *Evangelical Review of Theology* 32, no. 1 (2008): 65–73.

Gillespie, K. J., ed. *A Guide to Faculty Development: Practical Advice, Examples, and Resources*. San Francisco: Jossey-Bass, 2002.

Gmelch, W. H., D. Hopkins, y S. Damico. *Seasons of a Dean's Life: Understanding the Role and Building Leadership Capacity*. Sterling, VA: Stylus, 2011.

Gmelch, W. H., y M. Wolverton. *An Investigation of Dean Leadership*. New Orleans: American Educational Research Association, 2002.

Gmelch, W. H., M. Wolverton, M. L. Wolverton, y J. C. Sarros. "The Academic Dean: An Imperiled Species Searching for Balance." *Research in Higher Education* 40, no. 6 (1999): 717–740.

Hardy, S. A. *Excellence in Theological Education: Effective Training for Church Leaders*. Green Point, Sudáfrica: Modern Printers, 2006.

Hartley III, H. V., and E. E. Godin. *A Study of Chief Academic Officers of Independent Colleges and Universities*. Washington DC: Council of Independent Colleges, 2010.

Holton, Susan A., ed. *Mending the Cracks in the Ivory Tower: Strategies for Conflict Management in Higher Education*. Bolton, MA: Anker, 1998.

Hough, J. C. "The Dean's Responsibility for Faculty Research." *Theological Education* (Otoño 1987): 102–114.

Hudnut-Beumler, J. "A New Dean Meets a New Day in Theological Education." *Theological Education* 33 (suplemento, 1996): 13–20.

Krahenbuhl, G. S. *Building the Academic Deanship: Strategies for Success*. Westport, CT: American Council on Education/Praeger, 2004.

Le Cornu, A. "The Shape of Things to Come: Theological Education in the Twenty-First Century." *British Journal of Theological Education* 14, no. 1 (2003): 13–26.

Lencioni, Patrick. *Death by Meeting: A Leadership Fable*. San Francisco: Jossey-Bass, 2007.

Lindt, G. *Managers, Movers and Missionaries: Who Leads the Graduate School?* Minneapolis: Association of Graduate Schools, 1990.

McLean, J. P. *Leading from the Center: The Emerging Role of the Chief Academic Officer in Theological Schools*. Atlanta: Scholars Press, 1999.

Moden, G. O., R. I. Miller, y A. M. Williford. *The Role, Scope, and Functions of the Chief Academic Officer*. Kansas City, MO: Association for Institutional Research, 1987.

Montez, J., y M. Wolverton. *The Challenge of the Deanship*. New Orleans: American Educational Research Association, 2000.

Nordbeck, E. C. "The Once and Future Dean: Reflections on Being a Chief Academic Officer." *Theological Education* 33 (supplement, 1996): 21–33.

Reason, R. D., y W. H. Gmelch. *The Importance of Relationships in Deans' Perceptions of Fit: A Person-Environment Examination*. Chicago: American Educational Research Association, 2003.

Seldin, P. *Evaluating Faculty Performance: A Practical Guide to Assessing Teaching, Research, and Service*. San Francisco: Jossey-Bass, 2006.

Sensing, T. R. "The Role of the Academic Dean." *Restoration Quarterly* 45, no. 1–2 (2003): 5–9.

Smith, J. I. "Academic Leadership: Roles, Issues, and Challenges." *Theological Education* 33 (suplemento, 1996): 1–12.

Toulouse, M. G. "A Dozen Qualities of the Good Dean." *Theological Education* 42, no. 2 (2007): 109–126.

Townsend, B. K., y S. Bassoppo-Moyo. "The Effective Community College Academic Administrator: Necessary Competencies and Attitudes." *Community College Review* 25, no. 2 (1997): 41–57.

Tucker, A., y R. A. Bryan. *The Academic Dean: Dove, Dragon, and Diplomat*. 2a ed. Nueva York: American Council on Education/Macmillan, 1991.

Waits, J. L. "Developing the Community of Scholars: An Address to New Academic Dean in ATS Schools." *Theological Education* 33 (suplemento, 1996): 71–76.

Wolverton, M., y W. H. Gmelch. *College Deans: Leading from Within*. Westport, CT: American Council on Education/Oryx, 2002.

Wolverton, M., W. H. Gmelch, J. Montez, y C. T. Nies. "The Changing Nature of the Academic Deanship." *ASHE-ERIC Higher Education Report* 28, no. 1 (2001): 95–108.

Yates, W. "The Art and Politics of Deaning." *Theological Education* 34, no. 1 (1997): 85–96.

6

La evaluación como herramienta para el crecimiento docente

Steve Hardy

La evaluación es parte del quehacer cotidiano de los programas de capacitación académica. Una evaluación cuidadosa del conocimiento y las habilidades, vocaciones, dones y pasiones de los solicitantes ayuda a determinar si están debidamente calificados para ingresar a nuestros programas. La institución educativa utiliza la evaluación para monitorear el crecimiento de los estudiantes desde el principio hasta el final. Los profesores, para ser buenos facilitadores del aprendizaje, dependen de múltiples medios para observar y documentar el progreso de los estudiantes dentro del currículo. La evaluación debe permitir a los estudiantes que demuestren su dominio del contenido y reciban créditos y títulos. También utilizamos la evaluación de programas para comprobar, ante las partes interesadas, los ministerios educativos gubernamentales o las agencias acreditadoras, que nuestros programas académicos están bien diseñados y cuentan con buenos recursos dentro de las estructuras administrativas y generales, a fin de cumplir con los estándares requeridos de todos los programas educativos en niveles similares. Como comunidades de aprendizaje, los programas educativos deben ser muy buenos para evaluar.

En este capítulo, nos preguntamos cómo podemos aplicar nuestras destrezas como evaluadores al mejoramiento del trabajo de nuestros profesores y facilitadores. Existen cuatro áreas que deberían interesarnos.

¿Son competentes nuestros profesores en sus campos?

Esta pregunta abarca dos áreas distintas: que los profesores son competentes en lo que conocen y entienden a tal grado que pueden enseñarlo a otros; y que su experiencia práctica les haya dado la competencia para guiar a los estudiantes en el desarrollo de sus dones y habilidades. No basta con que el profesor de Homilética conozca las prácticas básicas y la teoría de la predicación y la comunicación como para explicárselas bien a los estudiantes, sino que también debe ser un comunicador y predicador eficaz. Los profesores de estudios bíblicos necesitan una comprensión profunda de las Escrituras y las lenguas bíblicas, junto con un vasto conocimiento de la literatura y las teorías importantes en esta disciplina. Pero de igual manera tienen que ser buenos exégetas que amen y respeten la Palabra de Dios.

¿Tienen nuestros profesores las destrezas pedagógicas (o andragógicas) necesarias?

Si bien la Biblia declara que la enseñanza es un don de Dios para la iglesia, es perfeccionable. La vedad es que la mayoría de los profesores enseñan de la manera en que aprendieron y tristemente muy pocos tuvimos profesores creativos. Pero todos pueden aprender a ser mejores profesores. A medida que ellos enfrentan las nuevas generaciones de estudiantes cuyos estilos de aprendizaje, experiencias y orígenes son diferentes, ¿poseen las destrezas para facilitar el aprendizaje de estos estudiantes?

¿Están nuestros profesores influenciando positivamente a los estudiantes con su relación con ellos?

Los profesores afectan el aprendizaje de los estudiantes con sus actitudes. Esto es cierto aun cuando actúen inconscientemente. Entonces, ¿cuáles *son* sus sentimientos y expectativas con respecto a sus estudiantes? ¿Son buenos oyentes que entienden las necesidades y expectativas de sus estudiantes? ¿Se solidarizan con la reflexión de los estudiantes acerca de sus orígenes singulares? ¿Animan a los estudiantes a que busquen nuevas experiencias? ¿En qué medida facilitan el aprendizaje de sus estudiantes? ¿O se limitan a transmitir sus conocimientos y experiencia? Dado que nuestros estudiantes son seres integrales, ¿hasta qué punto están los profesores relacionándose de maneras sanas y fungiendo como pastores, mentores y asesores?

¿Cuán responsables son nuestros profesores con sus deberes?

Esta evaluación depende de que las expectativas hayan sido claramente explicadas por escrito. ¿Cuáles son las responsabilidades administrativas de la facultad? ¿Es compulsoria la asistencia a los retiros y las reuniones de la facultad? ¿Se espera que prediquen o promuevan el seminario en las iglesias locales? ¿Cuándo tienen que entregar las notas? ¿Hasta qué punto deben asesorar a sus estudiantes? ¿Importa si participan en las actividades sociales o deportivas de la institución? ¿Y cuáles de estas reglas aplican a los profesores adjuntos o instructores a distancia? Además, las expectativas van más allá del cumplimiento de los requisitos. La fidelidad y responsabilidad abarcan el *cómo* se hacen estas cosas. ¿Saben organizar el contenido que debe ser aprendido dentro del plazo asignado al aprendizaje? ¿Se preparan adecuadamente para cada sesión; administran bien el tiempo para cubrir el material del día? Y viene al caso, ¿Se presentan a todas sus clases? ¿Vienen a tiempo (o incluso un poco antes) y se quedan hasta el final de la hora de clase programada? Cuando evalúan el trabajo de los estudiantes, ¿cuán exhaustivos son? Como profesores, ¿se visten y comportan apropiadamente? ¿Cuál es la calidad del tiempo que invierten con sus estudiantes y colegas?

La evaluación será útil, tanto para nosotros como nuestros profesores, en el discernimiento de sus fortalezas y debilidades. Todos querrán ser responsables, pero cuando analicen (ellos y nosotros) sus competencias (conocimientos y habilidades), sus destrezas metodológicas y sus relaciones personales, posiblemente descubrirán que son más fuertes en una de las tres (y que francamente les gusta ser más fuertes allí). Las conversaciones sobre las evaluaciones los ayudarán a sacarle el máximo provecho a sus dones y fortalezas, así como a desarrollar un plan para el fortalecimiento de sus puntos débiles.

A algunos profesores les encanta la investigación y el estudio. Se han convertido en expertos en contenido. Estos llegan a la clase con una pila de libros o revistas para mostrar las cosas fascinantes que han descubierto, ya sea un nuevo matiz en la gramática griega, una persona interesante de la historia de la iglesia o historias exitosas sobre la comunicación intercultural. Sin embargo, aunque han memorizado grandes cantidades de información, no se acuerdan de los nombres de sus estudiantes. Lo más probable es que tampoco sepan cómo poner ese conocimiento en práctica ni que sus estudiantes entiendan por qué es tan valioso.

Otros profesores quizás sean brillantes ministros con experiencia sólida en la pastoral, las misiones, la mediación en situaciones de crisis o el trabajo social en los centros urbanos. Pero si no han leído casi nada en sus campos (desde sus días como estudiantes), probablemente sabrán muy poco de la teoría o del trabajo de otras personas. Su experiencia tampoco garantiza que sabrán enseñarles a los estudiantes a dominar estos campos.

También tendrá profesores que sencillamente amen la enseñanza. No les importa la materia ni su dominio del tema. Su deleite es hacer preguntas y provocar el diálogo. Eso es bueno, pero serían mejores facilitadores si dominaran el contenido pertinente antes de enfocarse en las interacciones.

Por último, tenemos profesores que aman a las personas. Tanto dentro como fuera del aula los vemos interactuando con los estudiantes, atentos a sus preocupaciones y animándolos. Pero si carecen del conocimiento o no saben preparar un plan de estudios con tareas relevantes, aunque sus estudiantes los amen, no aprenderán mucho de esa clase.

Bruce Wilkinson en su excelente obra, «Las siete leyes del aprendiz», afirma que cada docente tiene una orientación en particular: hacia la asignatura (lo que enseña) o el estudiante (a quién enseña) o su estilo (cómo enseña). Wilkinson recomienda que los buenos docentes aprendan a compensar sus debilidades. Su consejo es bueno, pero también aclara que los docentes deben adquirir cierto dominio en las tres áreas.[1]

Tal es nuestro propósito con el desarrollo de herramientas de evaluación. Queremos ayudar a nuestros profesores a que sean responsables, dominen el contenido y las destrezas que enseñan, las metodologías que usan y sus habilidades interpersonales.

Tres observaciones generales sobre la evaluación

La evaluación requiere un punto de referencia

No podemos hacer una evaluación sin un propósito claro. ¿Cuáles son nuestro puntos de referencia o estándares? No se trata de disparar una flecha y decir que dio en el blanco. De la misma manera en que un programa educativo tiene objetivos y un plan estratégico, nuestro equipo docente debe tener objetivos y un plan. Estas deben estar desarrolladas a partir de las expectativas realistas que cada institución tiene para sus docentes. No es justo evaluarlos por asuntos de los que no fueron informados. Tal vez parezca obvio que se preparen para sus clases. ¿Pero lo hacen? ¿Esperamos que presenten sus sílabos más o menos una semana antes del comienzo del curso? ¿Deben incluir una bibliografía con recursos disponibles en la biblioteca junto con los planes de las lecciones? ¿Cuál es el plazo para la calificación de trabajos y exámenes? ¿Cuánto tiempo deben separar para sus reuniones individuales con sus estudiantes durante la semana o el semestre? Si esperamos que continúen su educación, ¿cuánto tiempo por semana o semestre deben dedicarle a la lectura, investigación y escritura? ¿Tendrán responsabilidades administrativas (incluyendo a los adjuntos o de medio tiempo)? Si es así, ¿qué esperamos explícitamente? ¿Cuáles son nuestras expectativas para su crecimiento espiritual o participación en la comunidad y la iglesia? Estas y otras cosas deben ser parte de la descripción del puesto de trabajo en sus contratos. La evaluación también tiene que determinar cuán bien se ha desempeñado cada profesor o profesora.

---

1. Bruce Wilkinson, *The Seven Laws of the Learner*, ed. Académica (Sisters, OR: Multnomah, 1992), 48–54. Disponible en español, *Las siete leyes del aprendiz* (Vida: Miami, 2006).

La evaluación requiere perspectiva e interpretación

Como humanos damos por sentado que tenemos la razón y lo que estamos haciendo tiene sentido. Proverbios 18:17 lee así: «El primero en presentar su caso parece inocente, hasta que llega la otra parte y lo refuta». Los datos y las observaciones tienen un contexto, pero múltiples puntos de vista enriquecerán la sabiduría que se puede obtener de las evaluaciones. Los comentarios de los estudiantes nos dirán si opinan que sus profesores son responsables, edifican las relaciones, son competentes en conocimiento y práctica y creativos con sus métodos. No obstante, cuando un estudiante está descontento con su profesor, descubriremos que tal vez no se trata de un «mal profesor», sino de problemas de salud en la familia u otras dificultades graves que afectaron su desempeño. En la medida que los profesores reflexionen críticamente sobre su trabajo, también proveerán información que aclare la situación. De hecho, quizás descubramos que los comentarios negativos de un estudiante están relacionados con su propia deficiencia en la clase. Asimismo, las observaciones de los colegas y el liderazgo académico pueden aportar buenas perspectivas. Es útil contar con la perspectiva del tiempo. ¿Son estos nuevos problemas o un mal de años? De igual modo, necesitamos la perspectiva de cómo un tema en particular encaja con los propósitos y objetivos del currículo. Un profesor está encantado con su materia y los estudiantes con la manera en que fue enseñada, pero las evaluaciones demuestran que contribuye muy poco a la formación para la vida y el ministerio. Necesitamos perspectiva para interpretar las evaluaciones.

La evaluación debe ser un proceso programado con regularidad

Una buena evaluación es alentadora, pero sí es negativa desalienta. Pero para que sea útil tenemos que familiarizarnos con el estilo de cada docente. Hay que recopilar los comentarios de cada una de sus clases, y las evaluaciones deben ser anuales. Una evaluación llevada a cabo en reacción a un problema envía el mensaje incorrecto. Nuestro fin es mejorar la enseñanza, no identificar a las personas problemáticas o los culpables de una crisis. Entonces, ¿será que está mejorando uno de nuestros profesores o que algunos de nuestros mejores profesores muestran un deterioro en su calidad? ¿Quién ha aprovechado los comentarios de la evaluación para hacer cambios o sigue repitiendo los problemas de siempre? Un proceso programado y regular los ayudará a que sean mejores docentes.

Tipos de Evaluación

Los instrumentos de evaluación son útiles para recopilar los comentarios de los colegas, administradores, estudiantes y los propios docentes. Las herramientas serán diferentes para cada grupo.

Los profesores tienen que reflexionar sobre su práctica como facilitadores del aprendizaje. A medida que perfeccionan lo que saben y hacen, queremos que lo relacionen con la manera en que sus conocimientos, destrezas y carácter están afectando a sus estudiantes. Hay que hacerles preguntas abarcadoras sobre su manera de hacer las cosas y permitirles que expliquen y hasta sugieran lo que harán para mejorar su desempeño.

Los estudiantes son los mejores observadores de sus profesores. Necesitamos su ayuda para evaluar su responsabilidad, competencia, creatividad y destrezas personales. Conviene que documentemos la percepción de cada clase sobre su profesor, tomando notas de los cambios con el pasar del tiempo. También es útil que comparemos a los profesores. Las preguntas abiertas complican la recopilación de datos. Es más útil un instrumento de una página con frases para que los estudiantes marquen qué ha sido cierto y qué no.

Los comentarios generales de colegas o administradores pueden ser muy útiles, aunque la realidad es que pocas de estas personas tienen la oportunidad de visitar las clases. No obstante, sus opiniones son valiosas en cuanto a lo que hayan observado en las interacciones personales o sus percepciones sobre actitudes y comportamientos, sean positivas o negativas. Estos instrumentos de evaluación tienen que ser sencillos.

Las conclusiones de las evaluaciones institucionales quizás no ofrezcan un cuadro directo del desempeño de cada docente. Las directrices para la acreditación ofrecen las herramientas para ese tipo de evaluación. Sin embargo, como veremos más adelante, los profesores pueden extrapolar de la documentación sobre el éxito e impacto de la institución las implicaciones para el mejoramiento de la enseñanza a tenor con los propósitos generales.

En las páginas restantes de este capítulo exploraremos cómo cada uno de estos instrumentos de evaluación se puede desarrollar y usar para que nuestros docentes enseñen mejor. Cabe señalar que el decano académico o el «coordinador de asuntos académicos» (o cualquier otro título que le asigna su institución) debe ser el principal recopilador e intérprete de estas evaluaciones. El decano académico conoce cuáles son las expectativas de los docentes porque estuvo a cargo de sus descripciones de trabajo, revisa los sílabos y supervisa la enseñanza durante el semestre. Como pastor y consejero del equipo docente está en la mejor posición para escuchar las reflexiones críticas y los planes de la facultad. Ningún profesor o profesora debería estar a cargo de la administración o recopilación de las evaluaciones de los estudiantes al final de cada semestre. Los comentarios que los colegas traen al decano tampoco deben ser ventilados públicamente. Ofrecen información que el decano tendrá que digerir. En todo caso, compartirá lo que sea pertinente con la persona en cuestión. Por estas razones, debe hacerse cargo de las evaluaciones y de las conversaciones con cada docente sobre el mejoramiento de su enseñanza.

Autoevaluación

Un cuestionario de autoevaluación ofrece a los docentes una oportunidad de reflexionar sobre sí mismos. ¿Qué tan «responsables» se sienten nuestros docentes? ¿Cómo explican lo que hacen y lo que omiten? ¿Cómo evalúan su propia competencia, destrezas pedagógicas y relacionales?

La evaluación reflexiva permite que los docentes contextualicen su desempeño de acuerdo con sus vidas complicadas. Por ejemplo, un profesor sabe que ha estado llegando tarde o no ha estado preparándose adecuadamente o tardando en corregir los trabajos de los estudiantes. En la autoevaluación indicará los factores que contribuyeron a tales descuidos. Como seres integrales somos afectados por muchas cosas. Además, los estudiantes a menudo aprenden más de la vida de sus profesores que de lo que dicen o hacen en una clase. Por lo tanto, la evaluación del desempeño debe tomar en cuenta su salud espiritual, física y emocional, así como los conflictos, problemas familiares y financieros, asuntos de salud o dudas.

Un instrumento de autorreflexión podría incluir preguntas abiertas como las siguientes:
- ¿Cómo están relacionadas mis asignaturas con el resto del currículo?
- ¿Qué más debo aprender para que mis clases sean más efectivas?
- ¿Cómo puedo ser más creativo o creativa con mis métodos de enseñanza?
- ¿Cómo están mis relaciones con mis colegas, estudiantes y la administración?
- ¿Qué fortalecería al equipo docente del que formo parte?[2]

Un instrumento de autoevaluación podría seguir el ejemplo de la Gráfica 6.1. Tenga en cuenta que las preguntas son abiertas. Al pedirles que escriban sus respuestas en un papel aparte estamos dándoles la libertad de expresarse. Esta evaluación debe ser conversada, ya sea con la familia o los colegas, pero sobre todo con el decano académico. Lo escrito debe permanecer confidencial.

La autoevaluación invita a los docentes a que sugieran vías para su crecimiento o mejoramiento y que indiquen qué tipo de respaldo necesitan de la institución. Las preguntas abiertas revelan hasta qué punto la persona conoce la descripción de su trabajo y está abierta a que sea mejorada. Nuestros profesores mejorarán en la medida en que los escuchemos y discutamos sus ideas y planes de mejoramiento.

---

2. Steven A. Hardy, *Excellence in Theological Education: Effective Training for Church Leaders* (Peradeniya, Sri Lanka/Edenvale, Sudáfrica: The Publishing Unit, Bible College and Seminary; distribuido por SIM, 2007), 304.

Gráfica 6.1: Autoevaluación

> **Formulario de Autoevaluación (Confidencial)**
>
> Medite cuidadosamente sobre las siguientes preguntas y responda en otra hoja de papel. Indique su nombre y la fecha en que lo completó. Entréguelo en un sobre sellado al Decanato de Asuntos Académicos antes del ___/_____. Gracias.
>
> **1. Preocupaciones personales:**
> - Comente cualquier preocupación que durante este año haya afectado su ministerio o relaciones interpersonales, como la familia, salud, finanzas o relaciones interpersonales.
> - ¿Qué podría facilitarle las cosas durante este el próximo año?
>
> **2. Crecimiento espiritual:**
> - Durante el año pasado, ¿de qué maneras ha crecido espiritualmente? Comente acerca de su tiempo devocional, su relación con su mentor o mentora, el ministerio, la congregación, etc.
> - ¿Qué ha planificado para continuar creciendo espiritualmente en el próximo año?
>
> **3. Crecimiento personal y profesional:**
> - ¿De qué maneras ha crecido y aprendido en el último año? Mencione los libros que haya leído, cursos o talleres, etc.
> - ¿Cuáles son sus planes para continuar su crecimiento personal y profesional durante el próximo año?
>
> **4. Competencia profesional:**
> - ¿Cómo evalúa su competencia como profesor? ¿Siente que sabe lo suficiente como para enseñar bien esta asignatura y que tiene la suficiente experiencia para ser un modelo en las áreas en que se le ha pedido que enseñe a sus estudiantes?
> - ¿Cuáles son sus planes para mejorar su competencia y qué ayuda necesita de la institución?

5. Competencia metodológica:
- ¿Cómo evalúa su eficacia y creatividad en la facilitación del aprendizaje para sus estudiantes?
- ¿De qué manera le gustaría cambiar?
- ¿Cómo puede ayudarse a sí mismo y qué ayuda necesita de la institución para mejorar?

6. Relaciones interpersonales:
- ¿Cómo evalúa sus relaciones con sus estudiantes?
- ¿Cómo están sus relaciones con sus colegas y administradores?
- ¿Qué puede hacer para fortalecer estas relaciones y cómo podría ayudarle la institución?

7. Responsabilidades específicas:
- ¿Cuánto tiempo dedica a su ministerio de enseñanza aquí y hasta qué punto ha tenido problemas para manejar su tiempo?
- ¿Tiene claro sus deberes? ¿Siente que se le ha pedido que haga cosas que no le corresponde hacer?
- ¿Hay cosas que siente que debería estar haciendo, pero no son parte de su descripción de trabajo?

Evaluación de los estudiantes

Los estudiantes son los mejores observadores de lo que sus profesores hacen u omiten, si son competentes en sus deberes. Pero como hemos señalado anteriormente, lo que más necesitamos son los datos, no las conclusiones de los estudiantes. Ellos no están al tanto de los problemas más profundos. Además, todavía no están en condiciones de evaluar el impacto de sus profesores o clases.

Al final de cada semestre queremos recopilar datos de cada uno de los cursos del currículo. Las evaluaciones deben ser breves (una página es ideal) y lo más objetivas posible para compilar y comparar los resultados.

Esta información sin embargo puede malograrse de muchas maneras. Lea la breve evaluación de la Gráfica 6.2 y fíjese en lo que *no* se debe hacer.

Gráfica 6.2: (Muestra) Formulario de Evaluación para los Estudiantes

---

Profesor: _____ **Su nombre:** _____

Aviso: Cuando termine esta evaluación, entréguela en la oficina del seminario.

1. En una escala del 1 a 10, califique a su profesora o profesor y la clase que ha concluido.

1   2   3   4   5   6   7   8   9   10

2. ¿Por qué encontró útil esta clase?

3. ¿Qué fue lo que más le gustó de su profesor o profesora?

4. En una escala del 1 al 10, evalúe la metodología utilizada en la enseñanza de este curso.

1   2   3   4   5   6   7   8   9   10

5. ¿Qué recomendaría a quienes estén interesados en tomar este curso?

Los formularios deben ser breves, pero la Gráfica 6.2 presenta al menos ocho problemas:

1. Las evaluaciones de los estudiantes deben ser anónimas. Los estudiantes pueden imaginar (y a menudo con razón) que los comentarios negativos tendrán consecuencias negativas. Y la mayoría de los docentes reconoce la escritura de sus estudiantes. Por lo tanto, omita los nombres y envíe a otra persona a recoger los cuestionarios. Los estudiantes no serán sinceros si cabe la posibilidad de que alguien los identifique.

2. Si estamos evaluando las clases ofrecidas, debemos especificar el título del curso y cuándo fue enseñada o evaluada. Este formulario no tiene fecha ni información acerca de la clase.

3. Si queremos que nuestros estudiantes hagan una buena evaluación, no dejemos que las completen cuando puedan ni que las entreguen en otro lugar. Una persona debe venir al aula a distribuir y recoger las evaluaciones. Esto tal vez sea un problema para las evaluaciones de los cursos en línea. En tal caso, habrá que encontrar las maneras de incluir las evaluaciones dentro del curso.

4. La primera pregunta es muy imprecisa y amplia. Pero aun si quisiéramos hacernos una idea general de cómo se sintieron los estudiantes con el combo educativo de la clase y su profesor, ¿en qué sentido estamos pidiéndoles que «califiquen» a su profesor o la clase? ¿Es el «1» positivo y el «10» negativo o al revés? En cualquier caso, una escala del 1 al 10 es demasiado amplia. Tal vez sería mejor limitarse a 3 o a 5, explicando qué significa un «2» o «3».

5. La pregunta #2 no está del todo mal, pero la mayoría de los estudiantes por ahora desconocen cuán «útil» ha sido esta clase. Pero, en cualquier caso, tampoco aporta información sobre lo que su profesor hizo u omitió, de modo que no será de ayuda para que mejore su metodología.

6. La tercera pregunta, aunque podría ser útil averiguar qué no les gustaba de su profesor, honestamente no es necesaria porque trata más las peculiaridades de la personalidad que las cualidades de un buen profesor.

7. La cuarta pregunta, además del problema con una lista indefinida del 1 al 10, tampoco es informativa. Aunque un profesor recibiera la puntuación máxima, no sabríamos qué fue lo que hizo para afirmarlo.

8. En cuanto a la última pregunta, no estamos interesados en las recomendaciones de los estudiantes para sus pares. Lo interesante sería que le ofrecieran una sugerencia a su profesor sobre cómo mejorar la enseñanza de esta clase. Si la reformula, podría ser la única pregunta abierta dentro del cuestionario.

¿Cuál sería un mejor instrumento de evaluación para recopilar la información de sus estudiantes? La Gráfica 6.3 es una adaptación de una evaluación desarrollada por el Instituto Superior de Teología Evangélica de Lubango, un muy buen programa de educación teológica en Angola. Tenga presente que la mayoría de las preguntas son de selección múltiple para que los estudiantes respondan con la información necesaria para la institución.

Si bien los estudiantes podrían responder con otras expresiones, el decano académico ha echado mano de su experiencia como educador para ofrecerles alternativas que contribuyan a que la evaluación sea más objetiva.

Gráfica 6.3: Formulario de Evaluación para los Estudiantes, Adaptado del Formulario de Evaluación Desarrollado por ISTEL

Instituto Avanzado de Estudios Teológicos

Clase: _____ Nombre del instructor: _____
Fecha: ____/____/_____

1. ¿Cuán calificado estaba el profesor para enseñar este curso?
( ) Excelente experiencia, pero parece que no conoce mucho de la literatura de este campo
( ) Tenía mucho conocimiento, pero parece que no tiene tanta experiencia práctica
( ) Bueno, tanto en la experiencia como en el conocimiento
( ) Hubo días en que sentí que los estudiantes sabían más que el profesor

2. ¿Cómo describiría el estilo de enseñanza utilizado? Marque todas las respuestas aplicables:
( ) Conferencias   ( ) Organizó debates en clase
( ) Trabajos en grupos   ( ) Provocó discusión y alentó el hacer preguntas
( ) Usó PowerPoint.   ( ) Usó la pizarra
( ) Hubo poca reflexión; en su mayoría memorizamos hechos y detalles

3. ¿Qué tan bien fue manejado y estructurado el tiempo de la clase?
( ) Buen uso del tiempo; cubrimos todo el material en el programa
( ) El curso estaba bien estructurado, pero el profesor se distraía fácilmente y estaba muy desorganizado
( ) No parecía que hubiera un plan claro y coherente para enseñar esta materia

4. ¿Fue apropiada la cantidad de trabajo requerido de los estudiantes en esta clase?
( ) No, hubo demasiado trabajo en comparación con los créditos ofrecidos
( ) Tal vez, pero habría sido mejor si hubiéramos entendido las expectativas desde el principio
( ) Sí, disfruté de las asignaciones y aprendí de ellas

5. ¿Cómo fue evaluada la clase? Marque todas las respuestas aplicables:
( ) Desde el principio conocimos los criterios para las asignaciones
( ) Nuestro trabajo aparentemente fue calificado objetivamente
( ) Las evaluaciones fueron calificadas de manera oportuna

6. Describa la relación entre el profesor y los estudiantes. Marque todas las respuestas aplicables:
( ) Afirmaba nuestras ideas y agradecía nuestras aportaciones
( ) Nuestras preguntas como que le molestaban porque sus opiniones eran fuertes
( ) Parecía como que apreciaba a unos estudiantes más que a otros
( ) A veces se ponía nervioso o irritado por cosas sin importancia
( ) Se interesó en nosotros y sacaba tiempo para que compartiéramos fuera de la clase
( ) Era de confianza. Compartí algunos de mis problemas personales con el profesor

7. En general, ¿cómo calificaría a este profesor?
( ) Uno de los mejores que he tenido
( ) Casi igual que otros de los profesores de esta institución
( ) Bien, pero no tan bueno como la mayoría de los profesores de esta institución
( ) No es un buen profesor. Sería mejor que el seminario buscara a otra persona para esta clase

8. ¿Qué sugerencias tiene para que este profesor mejore su enseñanza?

En la primera pregunta, queremos escuchar cómo los estudiantes perciben la competencia de su profesor. No hay espacio para que respondan «sí» o «no», ya que queremos que escojan una de las cuatro respuestas. Usted se encarga de la redacción exacta.

La segunda pregunta se refiere a la metodología utilizada para la enseñanza, por lo que sugerimos varios de los métodos usados por los profesores. Se espera que los estudiantes marquen más de una casilla para demostrar lo que ocurrió (o sucedió frecuentemente) durante la clase. Estas respuestas nos proporcionan datos objetivos con los que ayudaremos a los profesores a que sean más creativos. Usted seguramente querrá preguntar sobre otras áreas.

La tercera pregunta inquiere dos cosas: si hubo un sílabo para el curso y cómo fue administrado el tiempo para cumplirlo. Otras respuestas podrían ser añadidas, pero las tres enumeradas ofrecerán información valiosa.

La cuarta y quinta pregunta en conjunto solicitan información acerca de las tareas y asignaciones de la clase. ¿Lo vieron como demasiado (o muy poco) trabajo? ¿Fueron explicadas las asignaciones y las expectativas de cada trabajo claramente? ¿Fueron evaluadas de manera justa y oportuna? Esta crítica ayudará a que nuestros profesores mediten en la elaboración y evaluación de buenos ejercicios de aprendizaje, para que sus estudiantes aprendan más a través de las tareas.

La sexta pregunta gira en torno a las percepciones de las relaciones interpersonales. Esta pregunta puede fácilmente convertirse en dos ya que admite muchas respuestas. Todo dependerá de lo que le interese, pues el formulario está limitado a una página. La mayoría de las posibles respuestas debe reflejar problemas del pasado. Sin embargo, vele por que también afirme las relaciones buenas, y no solo identifique lo que salió mal.

La séptima pregunta les pide a los estudiantes que «califiquen» a su profesor en comparación con otros de sus profesores en «esta institución». Aunque no estamos creando un sistema de clasificación de la facultad, tenemos que darles la oportunidad de opinar en cuanto a si sus profesores deben ser elogiados, ayudados o despedidos.

Y la pregunta final permite que los estudiantes ofrezcan sus sugerencias a los profesores. La experiencia me ha enseñado que, por más que los aliente, solamente la mitad de los estudiantes escribirá un comentario.

Esta evaluación no debe tomar más de quince minutos. Al final, alguien de la decanatura recogerá los formularios y documentará la información. Eso incluye los comentarios de la pregunta final, aunque a veces los edito o indico que varias personas hicieron la misma sugerencia. El decano estudiará el resumen de la evaluación y entregará una copia al profesor como parte de la evaluación de desempeño anual (o semestral). Una copia permanecerá en el expediente del profesor.

Evaluación entre colegas

La evaluación entre colegas es una de las herramientas más poderosas en la formación docente porque afirma los buenos hábitos y a la vez, nos presiona a que cambiemos. Debemos esforzarnos por ser comunidades de aprendizaje en donde compartamos de manera informal lo que hemos aprendido y participemos en seminarios o talleres que nos enseñen a ser mejores docentes. Una costumbre excelente es que visitemos las clases de nuestros colegas, para después intercambiar impresiones y consejos.

Un currículo funciona bien cuando todos colaboramos. Estoy enseñando sobre lo que otros ya enseñaron y preparando el camino para los cursos del futuro. El currículo ha sido cuidadosamente diseñado para que mi clase armonice con otras asignaturas, de modo que nuestros estudiantes terminen equipados de acuerdo con los propósitos y objetivos de la institución. Si quiero enseñar bien, tengo que saber qué y cómo están enseñando los demás.

Además, la seria realidad es que los estudiantes aprenden una gran parte no de las actividades del currículo formal, sino de lo que absorben de la comunidad de estudio. Aprenden de las actitudes y las relaciones informales. Lo que seamos como personas y comunidad afectará a nuestros estudiantes.

En cuanto al aprendizaje y la crítica entre colegas hay que tener en cuenta cuatro cosas.

Confianza en el equipo docente

El aprendizaje entre colegas fomenta la confianza en la calidad del equipo docente. Cuando conocemos nuestras historias personales y pasiones, aprendemos a respetarnos y a confiar en la labor educativa de los demás. La sensación de que somos parte de un buen equipo docente de por sí mejora nuestra enseñanza.

Un buen entendimiento de como encajan las piezas

La mayoría de las personas están demasiado ocupadas para notar cómo les va a sus colegas. En gran parte del mundo mayoritario los docentes tienen más de un trabajo a jornada completa. Por consiguiente, llegan a sus clases a la última hora y salen corriendo a seguir con su ajetreo diario. Si no se han tomado el tiempo para estudiar el catálogo del curso, o si no fueron parte del grupo de desarrollo curricular, probablemente no sepan cómo encaja su clase con las demás. Serían mejores docentes si lo hicieran. No tenemos que volver a enseñar lo que nuestros estudiantes ya han aprendido, pero podemos perderlos del todo si suponemos que ya conocen tal o cual cosa. Y asimismo tenemos que prepararlos adecuadamente para lo que vendrá luego.

Conciencia de comunidad

Nuestros estudiantes son conscientes de las relaciones entre sus profesores, así como entre la facultad y el personal. Con mucha probabilidad terminen imitándonos cuando formen relaciones personales en sus vidas y ministerios. La manera en que nos relacionamos con nuestras familias en el contexto de nuestro ministerio afectará sus propias interacciones con sus familias. Los comentarios de los colegas nos mantienen al tanto del papel que jugamos en la formación de una comunidad de aprendizaje saludable.

Aprender de cómo otros enseñan

Como ya hemos mencionado, sería bueno que los profesores visiten las clases de sus colegas. Nuestra confianza en la competencia de los demás debe darnos el valor de querer aprender de lo que están haciendo. No obstante, la verdad es que la mayoría de nuestros colegas desconocen lo que sucede en nuestras aulas. No es realista creer que aportarán mucho al proceso de la evaluación docente. Pero podemos nombrar a un miembro experimentado de la facultad, alguien especialmente "bueno" que funja de maestro o maestra de docentes, y esté a cargo de la capacitación y evaluación del resto de los profesores. Puede que algunos profesores estén más dispuestos a recibir las sugerencias. De todas maneras, es útil y conviene que escuchemos los comentarios de cualquiera de nuestros colegas. Si el seminario es pequeño, podría pedírseles que cada uno comente sobre las clases de sus colegas. En las instituciones más grandes hay que ser más selectivo. Este tipo de comentarios de retroalimentación necesita ser presentado en un formulario, pero uno que tenga solo unas pocas preguntas. El decano académico se encargará de recogerlas y guardarlas en confidencialidad en caso de que sea necesario alguna aclaración o más información. En tal caso, convendría solicitar el nombre del evaluador, de la persona bajo evaluación y la fecha. Véase el modelo sugerido en la Gráfica 6.4.

Gráfica 6.4: Evaluación de los Colegas

Comentarios de evaluación sobre: _____
Su nombre: _____
Fecha: ___/___/_____

¿Cuál es su relación con la persona que está evaluando?
( ) Mi colega y amigo o amiga a quien conozco desde hace años
( ) Mi colega, pero no le conozco bien personalmente
( ) Alguien que apenas conozco

1. En su opinión, ¿cómo encaja esta persona en nuestra comunidad académica?

2. ¿De qué maneras sabe si es o no un profesor o una profesora excepcional?

3. ¿Qué ha notado acerca de la contribución que esta persona hace a la comunidad académica más allá del aula?

4. ¿De qué maneras observa si esta persona es sabia y afable en sus relaciones con los estudiantes, colegas y el personal administrativo?

5. ¿Tiene sugerencias que podrían ayudar a que esta persona mejore como profesor o profesora?

Nótese que las preguntas abarcan las percepciones generales de la persona evaluadora acerca de la competencia del docente, sus funciones no docentes y las relaciones interpersonales en el contexto de la institución. También debe permitir sugerencias. Esta información no será compartida en su totalidad durante la evaluación, sobre todo si contiene acusaciones que son halladas falsas o inservibles. Esta evaluación ayudará al decano académico durante la evaluación anual del desempeño de su docente.

Evaluación docente proveniente de las evaluaciones institucionales

Todas las instituciones educativas periódicamente conducen evaluaciones sistémicas. Estas evaluaciones suelen estar motivadas por la necesidad de demostrar a los grupos interesados que está haciendo un buen trabajo, así como establecer su credibilidad ante los organismos acreditadores. Un buen ejemplo de los tipos de preguntas que deberían incluirse en una evaluación exhaustiva y sistemática son las desarrolladas por la Asociación para la Educación Teológica Cristiana en África (ACTEA por sus siglas en inglés).[3]

Este estudio también tiene un valor importante en cuanto a cómo afecta la calidad interna de la institución: «Una institución excelente de entrenamiento para el liderazgo se toma el tiempo para desarrollar y revisar de manera rutinaria un plan estratégico que incluye descubrir sus valores, definir su misión a la luz de sus necesidades, evaluar sus propias fortalezas y debilidades y luego soñar en oración para desarrollar un plan factible que la lleve hacia donde debe ir».[4]

Lo que se aprende de la evaluación institucional tiene implicaciones para el equipo docente. Las autoevaluaciones y las evaluaciones de estudiantes y colegas ya deben haberle informado de que algunos de sus profesores podrían ser aún mejores. Pero desde una perspectiva institucional, ahora aprenderá cuán bien está funcionado su equipo docente. Los comentarios de los graduados y la comunidad nos ayudarán a comprender hasta qué punto los profesores han modelado el respeto hacia los demás o enseñado las destrezas para la resolución de conflictos. Esta evaluación abarcadora nos ayudará con los planes para el mejoramiento de la eficacia de la comunidad docente.

Las evaluaciones institucionales también revelan si contamos con los profesores adecuados para nuestros programas. Por ejemplo, si siete de nuestros ocho profesores son expertos en los estudios interculturales, podríamos desarrollar un fabuloso programa de misiones. Pero no tendremos el personal para los estudios especializados en Historia de la Iglesia o Estudios Bíblicos.

---

3. Concilio Acredidator para la Educación Teológica en África, "ACTEA Standards and Guide to Self Evaluation," 2011, http://www.acteaweb.org/downloads/ACTEAStandardsGuideToSelfevaluation.pdf.

4. Hardy, Steven A. *La Excelencia En La Educación Teológica: Entrenamiento Efectivo Para Líderes Eclesiales*. (Cumbria, UK: Langham Global Library, 2016), 35.

Estas conclusiones no afectarán a la facultad actual, pero deben alterar sus prioridades a la hora de contratar más docentes para mejorar el equipo.

Una comprensión más clara de nuestros estudiantes, misión y contexto requerirá que repensemos lo que ofrece nuestro currículo y reformemos la manera en que nuestros docentes actuales enseñan. Por ejemplo, si parte de nuestro enfoque es el equipamiento de hombres y mujeres para que sean maduros en Cristo, ¿cómo alentará cada sesión la formación del carácter? Si los comentarios de terceros señalan que nuestros estudiantes carecen de pasión y amor por Dios, ¿cómo integrará cada docente la adoración y el amor a Dios en sus lecciones? Si las tensiones étnicas son un problema importante en el mundo de nuestra institución, ¿cómo ayudará cada clase a que los estudiantes confronten esta situación? Si nuestra expectativa es que cada estudiante se convierta en maestro y mentor, entonces el aprender a enseñar debería ser integrado a todo lo que enseñamos. Estas asignaturas no necesariamente serán agregadas al currículo ni cambiarán el contenido de una clase, pero deben informar las actitudes y dar forma a las metodologías de los profesores.

La interpretación de la evaluación

Dentro de una comunidad de aprendizaje siempre estamos evaluando. Tanto los estudiantes como los profesores aprenden de lo que ven y oyen. Pero además del conocimiento y la información, queremos ver cómo poner en práctica lo aprendido. Esto es bueno, por lo que debemos asegurarnos de que cada año separemos un tiempo para enfocar en ayudarles a los profesores a que enseñen mejor.

Cada docente debe tener el «derecho» de reunirse por treinta minutos con su decano académico una vez al año. Una de las responsabilidades más importantes del decano es apartar el tiempo para conversar uno a uno con los profesores. Esta puede ser una «evaluación anual» formal, pero si el fin es mejorar la enseñanza, sería mejor una conversación al final del período o módulo.

Tanto el decano académico como cada docente deben prepararse para esta conversación de treinta minutos. Si el profesor presentó un plan de enseñanza o sílabo, esperemos que el decano haya estado siguiendo la clase. Tal vez deba visitarla durante el semestre. Como una manera de velar por que los estudiantes estén recibiendo lo que justamente deberían recibir, su deber es verificar que la clase esté marchando según el plan y que los trabajos son corregidos y devueltos a tiempo. De igual manera, repartirá las autoevaluaciones, solicitará evaluaciones de unos cuantos colegas y administrará las evaluaciones de los estudiantes en el último día de clase. A continuación, recogerá y recopilará estas evaluaciones. Cierto que es mucho trabajo, pero es una de las tareas más importantes para que mantengamos la calidad del programa educativo.

El profesor también debe prepararse completando cuidadosamente la autoevaluación. El decano académico debe recibirla y estudiarla antes de la conversación. Asimismo, querrá revisar la descripción de trabajo de cada docente.

Sin embargo, la conversación de treinta minutos tampoco es el momento para resumir lo dicho por todo el mundo. Estos treinta minutos deben permitir que los profesores respondan a preguntas sencillas como «¿Cómo le está yendo o cómo le fue?», para que sea una oportunidad de crecimiento (en lugar de una negociación sobre un aumento, reducción del salario o despido).

El profesor quizás responda con un: «¡Me encanta enseñar! Y este último año ha sido muy satisfactorio con estos estudiantes». Eso es bueno, suponiendo que los estudiantes estén igual de satisfechos con el aprendizaje. Pero si los estudiantes (y colegas) sugieren lo contrario, habrá que tener una conversación seria.

Por otro lado, si el profesor respondiera, «Este semestre fue una lucha. No sé qué pasó, pero todo fue cuesta arriba», y si los estudiantes concuerdan con que fue un semestre difícil, entonces, la conversación giraría en torno a los cambios posibles. De otra parte, si los estudiantes disfrutaron de la clase, habrá que alentar al profesor. Todos experimentamos momentos de desánimo. El decano académico debe estar alerta a las señales de estrés o agotamiento. O tal vez se trate de dudas teológicas o serias preocupaciones acerca de las prácticas y las personas en nuestra institución. Aunque estos problemas son difíciles de tratar, la conversación anual de treinta minutos puede detener su crecimiento. Aquí es donde las funciones administrativas incluyen la consejería pastoral y el desarrollo profesional.

Después de esta conversación de treinta minutos, redacte un breve informe confidencial. Se archivará en el expediente del profesor junto con las copias de las evaluaciones. Aunque bien pudiera convertirse en el argumento para cesantear a los profesores, recuerde que su propósito principal es ayudarles a mejorar como profesores. Por lo tanto, sería bueno que revise ese expediente antes de la próxima conversación de treinta minutos.

Estas conversaciones individuales arrojarán temas comunes entre el equipo docente. El decano académico querrá ayudar a cada docente con el desarrollo de su plan para mejorar su enseñanza. También querrá desarrollar planes institucionales, como talleres de capacitación que fortalezcan el currículo y el equipo docente.

Conclusión

Como hemos señalado, las instituciones educativas siempre están evaluando. Tenemos que aprovechar la oportunidad de mejorar la enseñanza de nuestros profesores. Las autoevaluaciones permiten que los profesores reflexionen sobre su quehacer, comprendan el alcance de su influencia y desarrollen sus propios planes para el crecimiento continuo en el ministerio que Dios les ha dado.

Para orientar a la facultad necesitamos información. Gran parte de esta información debe ser recopilada periódicamente de los estudiantes para ver hasta qué punto nuestros profesores son tenidos como creíbles y competentes en sus conocimientos, destrezas y experiencia. Queremos saber cuán creativos son con sus métodos y cómo sus relaciones afectan el aprendizaje de los estudiantes. Queremos que los estudiantes y colegas nos den una idea de cuán responsablemente están nuestros profesores cumpliendo con sus descripciones de trabajo. Y nos gustaría entender cómo encajan sus contribuciones en el quehacer de nuestra institución educativa.

Sin embargo, hay que interpretar la evaluación. El decano académico, que está a cargo de las evaluaciones, también debe interpretarlas. Cada docente debe tener una conversación confidencial con el decano académico al menos una vez al año. En esta conversación, el decano académico debe prestar atención cuidadosa al docente, a la luz de las aportaciones de las múltiples evaluaciones. Sus palabras como pastor y mentor surtirán un efecto poderoso en la calidad de la enseñanza de la institución.

Reflexión y puntos de acción

1. ¿Hasta qué punto cuenta su institución con instrumentos de evaluación que ayuden a su equipo docente a enseñar mejor?

Autoevaluación para profesores:
( ) Sí, lo tenemos
( ) Sí, lo tenemos, pero podría ser mejor
( ) No tenemos este instrumento de evaluación

Evaluación de profesores por parte de los estudiantes:
( ) Sí, lo tenemos
( ) Sí, lo tenemos, pero podría ser mejor
( ) No tenemos este instrumento de evaluación

Evaluación de colegas:
( ) Sí, lo tenemos
( ) Sí, lo tenemos, pero podría ser mejor
( ) No tenemos este instrumento de evaluación

Evaluación institucional:
( ) Sí, lo tenemos
( ) Sí, lo tenemos, pero podría ser mejor
( ) No tenemos este instrumento de evaluación

Si no está satisfecho con sus instrumentos de evaluación o si no los tuviera, tómese el tiempo para revisarlos o escribirlos. A continuación, separe una fecha para revisarlos junto a su equipo docente.

2. ¿Cuáles son algunas de las áreas específicas en las que su facultad ya es muy buena?

3. ¿Cuáles son algunas de las áreas específicas en las que su facultad podría mejorar?

4. ¿Qué planes o programas específicos podría desarrollar para compartir las fortalezas existentes y mejorar otras?

5. Al escuchar los comentarios y observaciones de evaluación, ¿qué dificulta la mentoría? ¿Cómo podrían sus mejores docentes ayudar a los que estén luchando?

Recursos para seguir estudiando

Blumberg, Phyllis. *Developing Learner-Centered Teaching: A Practical Guide for Faculty*. San Francisco: Jossey-Bass, 2009.

Gillespie, Kay J., Douglas L. Robertson, y Asociados, eds. *A Guide to Faculty Development*. 2a ed. San Francisco: Jossey-Bass, 2010.

Hardy, Steven A. *Excellence in Theological Education: Effective Training for Church Leaders*. Peradeniya, Sri Lanka/Edenvale, Sudáfrica: The Publishing Unit, Lanka Bible College and University; Distribuido por SIM, 2007.

Kane, Thomas, Kerri Kerr, y Robert Pianta. *Designing Teacher Evaluation Systems*. San Francisco: Jossey-Bass, 2014.

Marshall, Kim. *Rethinking Teacher Supervision and Evaluation*. 2a ed. San Francisco: Jossey-Bass, 2013.

Nolan, James. *Teacher Supervision and Evaluation*. 3a ed. San Francisco: Jossey-Bass, 2011.

Posner, George J., y Alan H. Rudnitsky. *Course Design: A Guide to Curriculum Development for Teachers*. 6ª ed. Nueva York: Addison Wesley Longman, 2001.

Shaw, Perry. *Transforming Theological Education: A Practical Handbook for Integrative Learning*. Carlisle: Langham Global Library, 2014.

Vella, Jane. *How Do They Know They Know: Evaluating Adult Learning*. San Francisco: Jossey-Bass, 1998.

———. *On Teaching and Learning: Putting the Principles and Practices of Dialogue Education into Action*. San Francisco: Jossey-Bass, 2008.

Wilkinson, Bruce. *The Seven Laws of the Learner*. Versión académica. Sisters, OR: Multnomah, 1992.

Parte III

Procesos Estratégicos para el Desarrollo Docente

7

La formación de un equipo docente

Pieter Theron

Imaginemos dos escenarios:[1]

- *Seminario #1:* Este seminario tiene profesores que son excelentes académicos en sus respectivas disciplinas y en general, buenos docentes. Sus intenciones son buenas y se preocupan por el aprendizaje de los estudiantes en sus asignaturas. Pero no pasan mucho tiempo hablando ni pensando juntos sobre la misión, la visión, los valores, los objetivos y la filosofía educativa del programa de educación teológica del seminario. Cada miembro de la facultad está ocupado con su propia investigación y enseñanza. La coordinación es pobre entre las diferentes áreas temáticas. Su interacción es casi nula en cuanto al aprendizaje de los estudiantes y los métodos de enseñanza. Por lo general, se reúnen solamente durante los eventos oficiales y las reuniones de facultad. La mayoría de los profesores desconoce los intereses y las responsabilidades de sus colegas.
- *Seminario #2:* La facultad comparte una visión y pasión por su trabajo. Están dedicados a un conjunto de valores y una filosofía

---

1. Estos escenarios son una adaptación y paráfrasis de Patrick Lencioni, *The Advantage: Why Organizational Health Trumps Everything Else in Business*, ed. Kindle (San Francisco: Jossey-Bass, 2012), 72, para aplicarlos a los equipos docentes.

educativa, las cuales son el resultado de diálogos deliberados y creativos. Sus objetivos para la educación teológica están claros y tienen una estrategia para desarrollar el programa. Conocen las fortalezas de cada miembro, confían el uno en el otro y entienden sus contribuciones hacia el logro de las metas. Durante sus reuniones y conversaciones habituales piensan, aprenden y crean juntos, además de coordinar y facilitar la interacción entre las diferentes áreas temáticas. Los profesores sirven como mentores de pares para ayudarse mutuamente a crecer profesional y espiritualmente.

Por desgracia, muchas facultades teológicas funcionan como el seminario #1. Creo que la facultad de un seminario teológico debe funcionar como el equipo del segundo escenario. ¿Por qué?

La mayor parte del ministerio y las misiones de la iglesia involucran trabajo en equipo. La facultad está desarrollando líderes cristianos que participarán, liderarán y edificarán equipos. Por lo tanto, no deben limitarse a prepararlos para el trabajo en equipo, sino también darles el ejemplo. La facultad debe funcionar como una comunidad de aprendizaje. Por «comunidad de aprendizaje» entiéndase un equipo que constantemente está mejorando las capacidades de sus miembros para que logren la visión común. Esta comunidad de aprendizaje siempre está creciendo en la semejanza de Cristo. De modo que el líder académico, ya sea el rector, decano o jefe de departamento, ha sido llamada a que edifique un equipo docente.

Acerca del trabajo en equipo existen muchos recursos disponibles con variados acercamientos, métodos y actividades. A pesar del sinfín de estudios, recursos y actividades, nada ha cambiado. Las organizaciones invierten tiempo y dinero en este tipo de actividades. Las disfrutamos y nos divertimos juntos, pero cuando regresamos a la oficina o el lugar de trabajo seguimos con el statu quo en el trato mutuo y el trabajo compartido. No logramos una verdadera sinergia o solamente por un corto tiempo y luego desaparece. ¿Cuál es el problema?

La confianza es fundamental para la formación de equipos. Sin confianza no habrá equipo. De modo que la prioridad debe ser el fomento de la confianza mutua. No obstante, ello requiere que recuperemos el arte de la conversación, del diálogo.

Este capítulo no presenta un método o proceso para la formación de equipos. A estos fines ya existen muchísimos recursos excelentes y cualquier intento de mi parte no hará justicia a la complejidad y la importancia del proceso ni a estos recursos disponibles. Me concentraré en algunas de las disciplinas y destrezas básicas para cualquier proceso de formación de equipos, sin importar los métodos o instrumentos utilizados. Su proceso no funcionará sin este tipo de dirección y apoyo. En su desarrollo me referiré a recursos que ofrecen instrumentos y procesos que pueden ayudar a que los equipos adquieran disciplinas y destrezas. Al final del capítulo, en la sección de «Recursos para seguir estudiando», presento un panorama de otros recursos para la formación de equipos.

Las Disciplinas Fundacionales del Equipo

El arte perdido de la conversación

Isaacs comienza el primer capítulo de su libro, "*Dialogue and the Art of Thinking Together*", con la siguiente pregunta:

> ¿Cuándo fue la última vez que realmente le escucharon? Si es como la mayoría de la gente, probablemente le costará recordarse. Piense en alguna ocasión en la que vio a otras personas tratando de conversar sobre un tema difícil. ¿Cómo les fue? ¿Penetraron en el corazón del asunto? ¿Lograron llegar a un entendimiento en común y mantenerlo? ¿O se veían acartonados y mecánicos, cada uno reaccionando, enfocándose solamente en sus propios temores y sentimientos, escuchando solo lo que se ajustaba a sus ideas preconcebidas?[2]

Este continúa diciendo que la mayoría de nosotros, «tendemos a pasar el tiempo de conversación esperando la primera oportunidad para ofrecer nuestros comentarios u opiniones».[3] Nuestras conversaciones muchas veces parecen un tiroteo en la calle principal de un pueblito del lejano oeste: «Gana más puntos

---

2. William Isaacs, *Dialogue and the Art of Thinking Together: A Pioneering Approach to Communicating in Business and in Life* (Nueva York: Currency, 1999), 17.
3. Isaacs, *Dialogue*, 17.

quien sea más rápido con la pistola o mantenga su territorio por más tiempo... La gente no escucha, sino que recarga».[4] Toman una postura y escuchan para defenderse o atacar al otro: «En lugar de crear algo nuevo, polarizamos y peleamos... tendemos a solidificar nuestras posturas y defenderlas a brazo partido. Defender una postura se entiende como expresar nuestro punto de vista. Por lo general, lo hacemos unilateralmente, sin darle espacio a los demás».[5] Entonces, en lugar del diálogo, nuestros equipos están involucrados en una serie de monólogos. Los equipos «no han aprendido a pensar juntos».[6] Parece que hemos perdido el arte de la conversación.

Hace falta que aprendamos a «encender y sostener un nuevo espíritu conversacional que tenga el poder de penetrar y disolver algunos de nuestros problemas más difíciles e intratables».[7] Necesitamos «un poderoso conjunto de instrumentos y prácticas» –disciplinas– que nos ayuden a recuperar el arte de la conversación y a pensar juntos para que seamos más eficaces y creativos.

Me gustaría compartir con ustedes un conjunto de disciplinas. Hay cuatro disciplinas que son fundamentales para el trabajo en equipo. Estas son el fundamento del resto de las actividades de formación de equipos y trabajo en equipo. Si no forman parte de la cultura y el entorno, de nada valdrán las actividades de formación de equipos. También son integrales y dependen la una de la otra. Son integrales al proceso de la formación de equipos. Funcionan, se afectan y necesitan las unas a otras.

Son disciplinas porque hay que esforzarse para que se conviertan en hábitos. En otras palabras, no sucederán al azar. También las llamamos disciplinas porque su eficacia radica en el desarrollo y la práctica habitual.

Estas disciplinas fundamentales son la visión compartida, la confianza, los modelos mentales y el diálogo. De estas tres, la confianza es la base. Y el amor las une a todas (Col 3:14).

En este capítulo me enfoco en la disciplina del diálogo con unos comentarios breves acerca de la confianza y los modelos mentales. La disciplina de los modelos mentales va de la mano y es esencial para la práctica del diálogo. Y

---

4. Isaacs, 18.
5. Isaacs, 18.
6. Isaacs, 2.
7. Isaacs, 6.

ambas están basadas en la confianza. Estas disciplinas nos concienciarán sobre la manera en que pensamos y hablamos. No hablaré de la visión compartida porque hay muchos recursos excelentes para edificarla. Basta con decir que un equipo que carece de una visión no es un equipo. Me concentraré en el diálogo porque es esencial para generar la confianza y una visión compartida. Los modelos mentales facilitan el diálogo y el desarrollo de la confianza. Y la confianza es la base de un equipo creativo y de alto rendimiento que, al mismo tiempo, sea una verdadera comunidad de aprendizaje.

Confianza

La confianza subyace las disciplinas fundamentales. Podríamos decir que es la raíz. Sin establecer y desarrollar una confianza firme no se podrá establecer a las otras disciplinas ni formar un equipo.

Las siguientes fuentes enfatizan la importancia y el papel esencial de la confianza. Estos son recursos excelentes para el desarrollo de la confianza. Estas fuentes exploran la teoría y los principios subyacentes a este proceso. Por lo tanto, no me enfoco en el desarrollo de la confianza en este capítulo porque estaría repitiendo lo que otros han dicho. Me concentraré en el diálogo como una de las disciplinas fundamentales para la formación de equipos. Se requiere diálogo para generar la confianza. El diálogo también está habilitado por la confianza. Nótese que estas fuentes discurren sobre la importancia de los discusiones abiertos, la comunicación constructiva, la conversación o el diálogo como una práctica clave en el desarrollo de la confianza y la edificación de equipos.

Creo que los libros de Patrick Lencioni son de los mejores lugares para iniciar el proceso de formación de equipos y entender la confianza. Estos no se limitan a la teoría, sino que también ofrecen los instrumentos y procesos para el desarrollo de la confianza y la construcción del equipo.[8]

---

8. P. Lencioni, *The Five Dysfunctions of a Team: A Leadership Fable* (San Francisco: Jossey-Bass, 2002); P. Lencioni, *Overcoming the Five Dysfunctions of a Team: A Field Guide for Leaders, Managers, and Facilitators* (San Francisco: Jossey-Bass, 2005); P. Lencioni, *The Five Dysfunctions of a Team: Facilitator's Guide: The Official Guide to Conducting the Five Dysfunctions Workshop* (San Francisco: Pfeiffer, 2007); Lencioni, *The Advantage*.

Bill Thrall y sus colaboradores ofrecen otro conjunto de recursos que enfatizan la importancia del desarrollo de relaciones de confianza y ambientes de gracia, los cuales son esenciales para la formación de equipos y el crecimiento espiritual y personal de los miembros.[9]

Véase, además, los libros de Covey y Merrill, "The Speed of Trust" y Ryan y Oestreich, "Driving Fear Out of the Workplace".[10]

Modelos mentales

Una excelente historia de David Hutchens, "Shadows of the Neanderthal: Illuminating the Beliefs That Limit Our Organizations", ilustra bien qué son y cómo funcionan los modelos mentales.[11] Además de la historia, su libro explica los modelos mentales, ofreciendo pautas y preguntas de discusión para usarlos como disciplina para la formación de equipos.

«Los modelos mentales son las creencias, imágenes y suposiciones profundamente arraigadas acerca de nosotros mismos, nuestro mundo y nuestras organizaciones, y cómo encajamos en ellas».[12] El filósofo griego Platón, en su alegoría de la caverna en *La república,* declaró lo siguiente: «Habitamos la caverna desinformados, operando bajo percepciones incompletas o distorsionadas de la realidad... y violentamente renuentes a dejar que otros las desafíen».[13]

Los modelos mentales son nuestras suposiciones sobre el mundo, las personas y la realidad e influyen en nuestra conducta y reacciones,

---

9. Bill Thrall, Bruce McNicol, y Ken McElrath, *The Ascent of a Leader: How Ordinary Relationships Develop Extraordinary Character and Influence* (San Francisco: Jossey-Bass, 1999); Bill Thrall, Bruce McNicol, y Ken McElrath, *Beyond Your Best: Develop Your Relationships, Fulfill Your Destiny* (San Francisco, CA: Jossey-Bass, 2003); Bill Thrall, Bruce McNicol, y John Lynch, *Truefaced: Trust God and Others with Who You Really Are,* ed. rev. (Colorado Springs, CO: NavPress, 2004).

10. Stephen M. R. Covey y Rebecca R. Merrill, *The Speed of Trust: The One Thing That Changes Everything* (Nueva York: Free Press, 2006); Kathleen Ryan y Daniel K. Oestreich, *Driving Fear Out of the Workplace: Creating the High-Trust, High-Performance Organization,* The Jossey-Bass Business & Management Series, 2a ed. (San Francisco: Jossey-Bass, 1998).

11. D. Hutchens, *Shadows of the Neanderthal: Illuminating the Beliefs That Limit Our Organizations* (Waltham, MA: Pegasus Communications, 1999).

12. Hutchens, *Shadows,* 61.

13. Citado por Hutchens, 62.

comportamiento e interpretaciones de dicha realidad, las personas y las experiencias. Por lo general son tácitos, existen en el subconsciente sin que los examinemos o cambiemos.[14] La disciplina de los modelos mentales se refiere a las acciones de reflexionar, aclarar y mejorar constantemente nuestra cosmovisión y sus efectos sobre nuestras acciones y decisiones.[15] Esta disciplina saca a la superficie nuestros «modelos mentales para que los exploremos y hablemos de ellos sin ponernos a la defensiva».[16]

Los modelos mentales limitan tanto a nuestras organizaciones y equipos como a nosotros mismos todos los días. Muchas buenas ideas mueren porque no coinciden con las suposiciones y creencias prevalecientes.[17] A veces llevan a la polarización y a conflictos altamente politizados. Cuando examinamos la raíz de tales conflictos, encontramos diferentes conjuntos de suposiciones y comenzamos a etiquetar, lo que da pie a un ciclo reflexivo en donde los grupos comienzan a comportarse de acuerdo a como hayan sido etiquetados. «La construcción de los modelos mentales es incremental a medida que observamos los datos y llegamos a conclusiones todos los días. Entender cómo esto sucede permite que comencemos a controlar este proceso oculto».[18]

«La escalera de inferencia» es un instrumento útil para entender la formación y el funcionamiento de nuestros modelos mentales. La escalera es una herramienta de la Ciencia de la Acción, desarrollada por los teóricos Chris Argyris y Donald Schán. Esta rastrea los procesos (o inferencias o abstracciones) que forman y mantienen los modelos mentales.[19]

Muchas veces subimos la escalera en el subconsciente y casi instantáneamente, en cuestión de segundos. «Hacemos estos saltos de inferencia instantánea y silenciosamente... incluso varias veces durante el transcurso de una interacción simple. Con el tiempo, estos saltos, combinados con el

---

14. Peter M. Senge, *The Fifth Discipline: The Art and Practice of the Learning Organization* (Nueva York: Doubleday/Currency, 1990), 176. Peter M. Senge, *The Fifth Discipline Fieldbook: Strategies and Tools for Building a Learning Organization* (Nueva York: Doubleday/Currency, 1994), 236.
15. Senge, *Fifth Discipline Fieldbook*, 6.
16. Senge, 236.
17. Hutchens, *Shadows*, 62.
18. Hutchens, 72.
19. Hutchens, 72. Véase también las obras de Peter Senge que explican la «escalera de inferencia» con buenos ejemplos.

ciclo reflexivo» –las creencias que afectarán los datos que seleccionaremos la próxima vez– forman y moldean nuestros modelos mentales.[20]

Uso de los modelos mentales

¿Por qué he planteado este resumen de los modelos mentales? La disciplina de los modelos mentales está integrada con, y facilita la disciplina del diálogo en equipo. El diálogo sería difícil sin esta disciplina y sin la herramienta de la escalera de inferencia. Hacen falta las siguientes destrezas para usar la escalera de inferencia. Como veremos, son similares a las necesarias para un diálogo eficaz.

- *Reflexión:* Cobrar una mayor conciencia de nuestro propio pensamiento y razonamiento. Tenemos que lentificar nuestros procesos mentales para que seamos más conscientes de cómo formulamos nuestros modelos mentales.
- *Consulta:* Indagar el pensamiento y el razonamiento de los demás.
- *Defensa:* Exponer nuestro pensamiento y razonamiento ante los demás.[21]

Las dos últimas habilidades implican conversaciones en las que compartimos abiertamente nuestros puntos de vista y conocemos las suposiciones de los demás. Este es el arte de la conversación o el diálogo.

Nuestros modelos mentales nos mantienen atrapados en lo que Argyris llama «rutinas defensivas» que aíslan nuestros modelos mentales del escrutinio, y por lo tanto desarrollamos una «incompetencia diestra».[22] Nos asusta exponer nuestro pensamiento y razonamiento ante los demás porque no queremos que descubran sus defectos o que los usen en nuestra contra. Tenemos que salir de estas rutinas defensivas y abrir nuestros modelos mentales tanto a nuestro propio escrutinio como el de los demás.

El conocimiento de los modelos mentales no es suficiente. «El entendimiento por sí solo no produce un cambio».[23] Hay que ponerlo por obra. Las siguientes preguntas y pasos servirán para que los miembros del

---

20. Hutchens, 73–74.
21. Senge, *Fifth Discipline Fieldbook*, 245.
22. Senge, *The Fifth Discipline*, 182.
23. Hutchens, *Shadows*, 74.

equipo practiquen los modelos mentales y la escalera de inferencia, de modo que tengan un verdadero diálogo. Así, «reduciremos la probabilidad de que nuestros modelos mentales limiten nuestra capacidad de tomar medidas efectivas». Nos ayudarán «iluminando su presencia y tomando las medidas deliberadas para que confrontemos nuestro pensamiento con la escalera de inferencia».[24]

Las siguientes preguntas sirven para detener una conversación e identificar en cuáles escalones están su colega y usted:
- ¿Cuáles son los hechos observables detrás de esa declaración?
- ¿Están todos de acuerdo con los datos?
- ¿Podría explicarme su lógica?
- ¿Qué nos llevó de los datos a estas suposiciones abstractas?
- Cuando usted me dice [su inferencia], «¿quiso decir [mi interpretación de esta]»?[25]

Utilice las siguientes pautas para practicar la disciplina de los modelos mentales en su
diálogo y desarrollo del equipo:[26]
- Tenga en cuenta que su conclusión pudiera estar basándose en sus inferencias, y que pudieran no ser hechos evidentes u obvios.
- Suponga que su proceso de razonamiento podría tener lagunas o errores que usted no ha visto.
- Utilice ejemplos para ilustrar los datos que usó para llegar a sus conclusiones.
- Parafrasee (en voz alta) los significados que escucha en lo que los demás estén diciendo para corroborar que los ha entendido correctamente.
- Explique los pasos de su razonamiento que lo llevaron desde la selección de los datos y los significados que ha parafraseado hasta llegar a sus conclusiones.

---

24. Hutchens, 74.
25. Senge, *Fifth Discipline Fieldbook*, 245.
26. Estas pautas han sido tomadas de Hutchens, *Shadows*, 74-77. Fueron «desarrolladas por los socios de Action Design (Diana Smith, Bob Putnam y Phil McArthur)».

- Pregúntele a los demás si han interpretado los datos de otras maneras o si ven lagunas en su razonamiento.
- Suponga que otros llegarán a diferentes conclusiones porque están siguiendo su propia lógica en la escalera de inferencia.
- Solicíteles que ilustren los datos que han seleccionado y los significados que han parafraseado.
- Pídales a otras personas que expliquen los pasos de sus pensamientos.

¿Cómo aplicamos este concepto a nuestro equipo?
- Explíque a la facultad las disciplinas de los modelos mentales y la escalera de inferencia y su efecto sobre el aprendizaje y el diálogo en equipo.
- El equipo debe comprometerse con estas disciplinas.
- Luego deben practicarlas durante sus reuniones o interacciones.
- El equipo podría desarrollar unas reglas básicas para sus interacciones, reuniones y trabajo a partir de las preguntas y los pasos anteriores.

El diálogo o el arte de la conversación

Senge la ha catalogado como la disciplina más desafiante (en términos intelectuales, emocionales, sociales y espirituales), como veremos durante la discusión.[27] ¿Qué es el diálogo?

- David Bohm y L. Nichol, autores de "On Dialogue", comentan lo siguiente: «El diálogo es un conjunto de prácticas en torno a la idea de la reunión de personas para crear un entendimiento colectivo. En su sentido más sencillo, es una forma de conversación cuyo propósito es promover la comprensión y el aprendizaje».[28] Su intención principal es el aprendizaje, enfocándose en entender las perspectivas de los demás y en aclarar lo que estemos tratando de lograr.[29]

---

27. Senge, *Fifth Discipline Fieldbook*, 355.
28. David Bohm y L. Nichol, *On Dialogue* (Londres/Nueva York: Routledge, 1990), 1.
29. L. Ellinor y G. Gerard, *Dialogue: Rediscover the Transforming Power of Conversation*, ed. Kindle (Hertford, NC: Crossroad Press, 2014).

- Según William Isaacs, citado por Peter Senge y sus colaboradores, el diálogo es «una investigación colectiva sostenida en torno a la experiencia cotidiana y lo que damos por sentado».[30]
- Peter Senge afirma que el diálogo es «escucharse profundamente y suspender los puntos de vista propios». Se trata de la «exploración libre y creativa de asuntos complejos y sutiles».[31]

Quizás la mejor manera para entender el diálogo es comparándolo con el debate o la discusión, que tienden a prevalecer en nuestras reuniones de equipo. Esta comparación parte de lo que Ellinor y Gerard denominan la «Continuación de la conversación»:[32]

El diálogo es	La discusión o el debate son
Ver el *todo* entre las partes	Dividir los problemas/asuntos en *partes*
Ver las *conexiones* entre las partes	Ver las *distinciones* entre las partes
Indagar los supuestos	*Justificar/ defender* suposiciones
Aprender a través de la investigación y la divulgación	*Persuadir, vender, contar*
Crear un significado *compartido*	Llegar a un acuerdo sobre *un* significado

¿Por qué es importante el diálogo?

Como líder, el diálogo «puede ayudarle a descubrir los pensamientos que las personas de su organización no discuten... Los problemas de hoy son demasiado complejos como para dejárselos a una persona. Necesitamos más de un cerebro para resolverlos. El diálogo busca aprovechar la "inteligencia colectiva"... de las personas que le rodean; juntos somos más conscientes e inteligentes que por nuestra cuenta».[33]

Las organizaciones y los seminarios tienen que reinventarse constantemente para que no pierdan su pertinencia ni eficacia en este mundo cambiante. A

---

30. Peter M. Senge, Nelda Cambron-McCabe, Timothy Lucas, Bryan Smith, y Janis Dutton, *Schools That Learn: A Fifth Discipline Fieldbook for Educators, Parents, and Everyone Who Cares about Education*, 1a ed. (Nueva York: Doubleday, 2000), 75.
31. Senge, *The Fifth Discipline*, 237.
32. Ellinor y Gerard, Ubicación en Kindle 1126-1127 (énfasis del autor).
33. Isaacs, *Dialogue*, 11.

estos fines, «es crucial esta capacidad colectiva para la improvisación y la creatividad [diálogo]».[34] Como método de liderazgo, el diálogo es un enfoque que «uno debe desarrollar dentro suyo y modelar... para los demás antes de que siquiera intente aplicarlo a los equipos a su cargo o sus problemas».[35]

Además, el diálogo nos ayudará a enfrentarnos a los problemas y las relaciones interculturales presentes en muchos de nuestros seminarios. «El diálogo permite que las personas expongan estas diferencias y comiencen a darles sentido, fomentando la comunicación y la comprensión mutua».[36]

Destrezas para el diálogo[37]

Isaacs ha identificado cuatro destrezas que necesitamos para el diálogo:
- Escuchar
- Respetar
- Suspender
- Expresar

Escuchar

La destreza de escuchar tiene que ver con hacerlo sin resistencia o imposición. Lo primero es reconocer cómo escucho ahora. Tengo que escucharme a mí mismo y mis reacciones. Debería preguntarme: ¿Qué estoy sintiendo? ¿Cómo se siente?[38] Debo estar al tanto de lo que estoy pensando mientras escucho.

En segundo lugar, el escuchar requiere apegarse a los hechos. Debemos escuchar con más humildad. Esto significa que debemos aterrizar, superar los puntos de vista u opiniones exageradas que tengamos de nosotros mismos y admitir que no lo sabemos todo. Muchas veces lo que sabemos son las conclusiones a las que hemos llegado a partir de los datos que hayamos seleccionados de nuestras experiencias particulares. Siempre estamos llegando a conclusiones, por lo que tenemos que bajarnos de la escalera de nuestras inferencias y revisar la información de nuestras experiencias. Isaacs también

---

34. Isaacs, 11.
35. Isaacs, 11.
36. Isaacs, 11.
37. las siguientes cuatro secciones han sido adaptadas y resumidas de los capítulos de Isaacs sobre estas habilidades: capítulos 4–7, págs. 83–184.
38. Isaacs, 92.

recomienda la escalera de inferencia como una poderosa herramienta para la destreza de escuchar.[39]

Asimismo, muchas veces estamos atentos a las perturbaciones. Por ejemplo, alguien dice algo que no me gusta y desencadena algo dentro de mí. Esto sucede porque estamos escuchando desde nuestra memoria emocional en lugar del momento presente.[40] Una manera de lidiar con esto es «seguir la perturbación», es decir, que aprendamos a escuchar las fuentes de la dificultad. «En lugar de buscar las pruebas que confirmen su punto de vista, busque qué lo desconfirma, qué lo desafía».[41] Entonces, el escuchar se torna reflexivo. «Empezamos a ver cómo otros están experimentando el mundo».[42]

El escuchar sin resistencia en realidad requiere que estemos alertas a la resistencia. El reto aquí es «ser conscientes de las formas en que proyectamos las opiniones que tenemos de los demás sobre ellos, de cómo coloreamos o distorsionamos lo que están diciendo».[43]

El estarse quieto es otra destreza para escuchar bien. Isaacs lo llama «quizás la práctica más sencilla y poderosa», pero no la más fácil, «pues escuchar es simplemente estarse quieto».[44] Tenemos que calmar el parloteo interno de nuestras mentes para poder escuchar desde nuestro silencio. «Escuchar desde el silencio significa escuchar y recibir los significados que brotan desde lo más profundo de nosotros».[45]

Las siguientes preguntas básicas nos pueden ayudar a aprender y practicar la escucha:

- ¿Qué estoy sintiendo en mi cuerpo?
- ¿Cómo se siente?
- ¿Cómo afecta a las personas?
- ¿Qué están tratando de transmitir las diferentes voces?
- ¿Cuáles voces están marginadas?
- ¿Qué sucede cuando planteamos asuntos controversiales?

---

39. Isaacs, 93–98.
40. Isaacs, 98–101.
41. Isaacs, 99.
42. Isaacs, 100.
43. Isaacs, 101.
44. Isaacs, 101.
45. Isaacs, 101–102.

- ¿Estoy actuando de acuerdo con lo que profeso?
- ¿Cómo estoy comportándome?
- ¿De qué maneras estoy haciendo precisamente lo que he insistido no debe hacerse?[46]

Respetar

El respeto en el diálogo implica ser consciente de la integridad de la postura de la otra persona y la imposibilidad de entenderla plenamente. El respeto es «ver a la persona como un ser integral».[47]

«El respeto nos invita a que veamos a los demás como legítimos».[48] «El respeto también significa honrar los límites de las personas hasta el punto de protegerlos. Si uno respeta a alguien no se entromete. De igual manera, si respeta a alguien, no se retrae ni se distancia de ella».[49] El dejar en paz al otro no es una muestra de respeto, sino de negarse a lidiar con algo. «Cuando respetamos a alguien, aceptamos que tiene algo que enseñarnos... El tratar a quienes nos rodean con gran respeto significa que vemos el potencial de cada persona... que la tratamos como una maestra o un maestro. ¿Qué tiene para enseñarle que usted ahora no sabe?».[50]

El respeto en el diálogo amerita que escuchemos todo el flujo de la conversación, en lugar de seleccionar solo las partes que nos importan o irritan. «Para ello tenemos que dar un paso atrás, alejarnos de los detalles, ampliar la mirada y escuchar lo que está sucediendo en el espacio general de la conversación».[51] Según Isaacs:

> El respeto también implica que tomemos en serio el hecho de la coherencia subyacente en nuestro mundo, y que encajamos en esta escena. Somos participantes, no solamente observadores de lo que está sucediendo. Cuando lo aceptamos, estamos asumiendo nuestra responsabilidad. En este estado ya no es posible que

---

46. Isaacs, 101–102.
47. Isaacs, 110.
48. Isaacs, 111.
49. Isaacs, 114
50. Isaacs, 114–117.
51. Isaacs, 120.

culpemos a los demás. Nuestras huellas están en todo el mundo. El adagio acuñado por Walt Kelly en una caricatura de Pogo aplica aquí: «Hemos conocido al enemigo y somos nosotros».[52]

Este resume y define el respeto de la siguiente manera: «El respeto es... buscar lo más excelso y mejor de las personas y tratarlas como un misterio que jamás comprenderemos del todo. Son una parte del todo y, en un sentido muy particular, de nosotros».[53]

El respeto cobra una dimensión más profunda cuando añadimos que la otra persona, al igual que yo, ha sido creada a imagen de Dios. Ambos somos parte de la creación de Dios, quien de alguna manera está representado en la otra persona. Y si es creyente, entonces Cristo también mora en él o ella como en mí. Más aún, Dios la ama. Y espera que yo la ame como a mí mismo.

Si cobrásemos conciencia de todo esto durante nuestras conversaciones, tendríamos un verdadero diálogo. Las siguientes preguntas básicas nos ayudarán a ser más respetuosos:

- ¿Cómo encaja lo que estoy viendo y oyendo en algún cuadro mayor?
- ¿Qué está sucediendo?
- ¿Qué está en riesgo en esta situación?
- ¿Cuál es la preocupación dominante?
- ¿Acaso podríamos ampliar esta conversación e incluir a los que podrían verse afectados?[54]

Suspender

Cuando escuchamos generalmente comenzamos a formarnos una opinión de la otra persona. Tenemos dos alternativas: «En primer lugar, podemos defender nuestra opinión y resistirnos a las suyas. Podemos tratar de que la otra persona entienda y acepte la manera 'correcta' de ver las cosas (¡la nuestra!). Podemos buscar las pruebas que corroboren que están equivocadas y descartar aquellas que señalen las fallas de nuestra lógica».[55] Cuando tomamos posturas

---

52. Isaacs, 124.
53. Isaacs, 117.
54. Isaacs, 117.
55. Isaacs, 134.

intransigentes, nos paralizamos y terminamos a la defensiva. El debate rara vez cambia o resuelve las cosas. Antes bien, terminamos más atascados que antes.

En segundo lugar, «podemos *suspender nuestra opinión* y la certeza que la sostiene. La suspensión no suprime nuestra opinión ni esta pierde su convicción. Más bien, exponemos nuestro pensamiento ante nosotros mismos y otros para que lo entendamos».[56]

Quizás ésta sea la habilidad clave para el diálogo. Consta en que nos abstengamos de imponerles a otros nuestros puntos de vista, pero sin que suprimamos o retengamos lo que opinamos. «La suspensión es un cambio de dirección, es detenerse, retroceder, ver las cosas con nuevos ojos»; suspensión es «el arte de aflojar y ganar perspectiva».[57] La suspensión implica examinar nuestros pensamientos. Esto conlleva las siguientes actividades:

- En primer lugar, *suposiciones emergentes:* «cada persona debe estar consciente de sus suposiciones antes de que las plantee y suspenda».[58]
- En segundo lugar, *la visualización de las suposiciones:* esto implica «desplegar sus suposiciones ante todos». Las «ventilará» para que, junto con otros, pueda reflexionar sobre ellas.[59]
- En tercer lugar, la *indagación*: «Uno suspende sus suposiciones para dejar que otros le muestren nuevas dimensiones de lo que está pensando y diciendo». Esto significa que las «explorará desde nuevos ángulos: las ventilará, explicitará, les dará peso considerable y buscará entender de dónde vinieron».[60]

Este ejercicio es muy difícil porque nuestras suposiciones están estrechamente vinculadas con nuestras creencias y valores más profundos. Por lo tanto, lo debe guiar un valor importante: «que honremos la pasión subyacente en las opiniones de todos».[61] No implica que renunciemos a las nuestras, sino que por un momento las pondremos «en el medio del salón, a la disposición de las preguntas y exploraciones de los demás». Estamos

---

56. Isaacs, 134–135 (énfasis del author).
57. Isaacs, 135, 141
58. Senge, *Fifth Discipline Field book*, 378.
59. Senge, 378.
60. Senge, 378.
61. Senge, 378–379.

pidiéndoles a nuestros colegas: «¿Me ayudarían a ver qué estoy pasando por alto acerca de mis convicciones?».[62]

Las siguientes preguntas nos ayudarán a suspender las suposiciones:
- ¿Cuáles son mis «certezas nobles»?
- ¿Qué hace que me sienta tan seguro de que tengo razón?
- ¿Qué hace que vea las cosas de esta manera?
- ¿Cuál es la pregunta detrás de la pregunta?
- ¿Qué temas, patrones, vínculos, percibo detrás de lo que escucho?
- ¿De qué otras maneras podría percibirlas o enmarcarlas?[63]

Expresar

Este aspecto del diálogo es muy difícil: «El expresarse revela lo que uno entiende por verdadero, independientemente de lo que otras influencias indiquen... Que uno encuentre su voz en el diálogo significa aprender a hacer una pregunta sencilla: ¿Qué hay que expresar ahora?».[64] Expresarse conlleva «tomar en serio la posibilidad de que sus opiniones podrían de hecho ser válidas para otros».[65] Otras personas pueden aprender de mí y yo de ellas. Por lo tanto, el *expresarse* es «estar atento a, y hablar con, mi auténtica voz».[66]

En un entorno de equipo también implica que preguntemos, «¿Qué están tratando de decir? ¿Qué quieren decir juntos?».[67] No significa que todos estén de acuerdo. «Se trata de que prestemos atención a una historia o voz emergente que al parecer esté captando y expresando más de lo que una sola persona articularía. La voz de un grupo es una función de la historia emergente entre sus miembros».[68]

Las siguientes preguntas nos ayudarán a expresarnos:[69]
- ¿Qué hay que expresar aquí? ¿Por parte de usted? ¿Por parte de otros? ¿En general?

---

62. Senge, 378-379.
63. Isaacs, *Dialogue*, 155.
64. Isaacs, 159.
65. Isaacs, 162.
66. Isaacs, 168.
67. Isaacs, 172.
68. Isaacs, 172.
69. Isaacs, 172.

- ¿Qué está animando esta conversación, relación, sistema?
- ¿Qué está tratando de emerger? ¿Qué es?

Lanzarse al vacío

Uno de los muchos ejercicios de expresión descritos por Isaacs es «lanzarse al vacío»,[70] el cual es muy interesante y útil para el diálogo.

Expresarse no significa que siempre estemos preparados para hablar o saber lo que diremos. Según Isaacs, a veces hay que «lanzarse al vacío». Durante el diálogo descubro que al hablar estoy creando algo. Es la «voluntad de hablar en el círculo, aunque no sepa lo que voy a decir».[71] A medida que hablamos estamos desarrollando pensamientos e ideas. Expresarnos es «adentrarnos en el espíritu improvisador de la conversación… Esta expresión improvisada requiere que nos dispongamos a no saber qué diremos».[72]

Esta experiencia es poderosa para un equipo porque comprenden que juntos han creado nuevas ideas.

El diálogo aplicado a la disciplina de la formación de equipos

Tal vez esta discusión ha sido abrumadora. Resulta algo abstracta y teórica. ¿Cuál es su aplicación? He compartido estos principios porque son muy importantes para que el líder académico entienda la teoría subyacente a las disciplinas para la formación de equipos.

La buena noticia es que el líder y su equipo cuentan con una gran cantidad de recursos, herramientas y procesos para aplicarlos a la disciplina de la formación de equipos.

Uno de estos es la obra de Muehlhoff, "I Beg to Differ: Navigating Difficult Conversations with Truth and Love".[73] Este aplica los principios del diálogo, la confianza, los modelos mentales y el amor en una serie de pasos prácticos.

---

70. Isaacs, 170–171.
71. Isaacs, 164, 165.
72. Isaacs, 170.
73. Tim Muehlhoff, *I Beg to Differ: Navigating Difficult Conversations with Truth and Love*, ed. Kindle (Downers Grove, IL: IVP Books, 2014).

Cualquier equipo que utilice este acercamiento en sus conversaciones experimentará los poderosos resultados del diálogo.

En la primera sección, «Comprendiendo la comunicación» (Caps. 1-4), Muehlhoff analiza unos principios similares a los anteriores. Allí ofrece la teoría de la comunicación que fundamenta los pasos que sugiere para llevar a cabo una conversación. En la segunda sección, «La organización de una conversación» (Caps. 5-9), identifica los siguientes cuatro pasos o preguntas a tales fines. Además, analiza la regla de la reciprocidad (Cap. 8) como esencial para sus pasos:

- Pregunta 1: ¿Qué cree esta persona?
- Pregunta 2: ¿Por qué tiene esta creencia?
- Pregunta 3: ¿Dónde estamos de acuerdo?
- Pregunta 4: En vista de lo que he aprendido, ¿cómo debo proceder?[74]

No tenemos el espacio para analizarlas en detalle. Muehlhoff explica las pautas para la aplicación de estos pasos, resumiéndolas con una guía que podría servir para las reuniones docentes. La tercera sección, «La práctica» (Caps. 10-12) presenta estudios de caso sobre este método.

Baldwin y Linnea ofrecen otro poderoso proceso de aplicación del diálogo en su obra, "The Circle Way: A Leader in Every Chair".[75] Estos explican la estructura y el proceso para la conversación en círculos. Este modelo es muy eficaz para la construcción de equipos sostenibles. La práctica del círculo es la base de otros procesos grupales tales como «Café mundial»,[76] «Espacios Abiertos»[77] y «el arte del liderazgo participativo».[78] Otro recurso útil para facilitar la conversación es *El arte de la conversación enfocada* escrito por Stanfield.[79] Este explora las pautas para la estructura y el liderazgo de una

---

74. Muehlhoff, *I Beg to Differ*, 85-159.
75. C. Baldwin y A. Linnea, *The Circle Way: A Leader in Every Chair* (San Francisco: Berrett-Koehler, 2010).
76. J. Brown y D. Isaacs, *The World Café: Shaping Our Futures through Conversations That Matter* (San Francisco: Berrett-Koehler, 2005).
77. H. Owen, *Open Space Technology: A User's Guide* (San Francisco: Berrett-Koehler, 2008).
78. Véase en español, http://www.artofhosting.org, para una explicacion de este proceso grupal.
79. R. B. Stanfield, ed., *The Art of Focused Conversation: 100 Ways to Access Group Wisdom in the Workplace* (Gabriola Island, BC: New Society, 2000). Disponible en español.

conversación enfocada y presenta un centenar de herramientas para varios tipos de conversaciones.

Cuando el equipo docente decida que practicará la disciplina del diálogo o la conversación, les sugiero que escojan una de las herramientas mencionadas como guía.

Diálogo: ¿Fantasía o posibilidad?

Usted tal vez esté diciendo algo como: «Esto suena muy bien, pero pensar que puede funcionar es vivir en un mundo de fantasía. No es posible». En primer lugar, discutiré algunos de los problemas relacionados con la aplicación y la práctica del diálogo. Aquí veremos a qué se debe el escepticismo y por qué fracasa el diálogo. Acto seguido, afirmaré que sí es posible.

En nuestra interacción diaria nos hemos acostumbrado a que somos incapaces de pensar juntos; nos hemos vuelto escépticos acerca de la posibilidad del diálogo. Algunos sienten que es contraproducente, que nos acerca demasiado a los pensamientos de los demás y, «estaríamos arriesgándonos a perder nuestra objetividad, distancia y preciadas creencias».[80] Otras personas entienden que las prácticas y los procesos involucrados en el diálogo y las otras disciplinas para la formación de equipos, como la confianza, son demasiado «quisquillosas» y blandas. Quieren poner manos a la obra, lidiar con problemas difíciles y concretos. O bien entienden que todo este esfuerzo es una pérdida de tiempo. Por estas y otras razones (como la falta de confianza) la gente evita el diálogo real y caemos en uno de dos extremos.

Por un lado, nuestra búsqueda de la armonía puede resultar en una falsa armonía en la que sacrificamos nuestra individualidad. No compartimos muchas buenas ideas y pensamientos y, por lo tanto, se pierden. Por otro lado, terminamos en «argumentos», «en el estancamiento de los argumentos polarizados». En ambos casos las personas dejan de pensar.[81]

«El diálogo presenta una paradoja. Sabemos hacerlo, pero tenemos que aprender más».[82] Por eso, algunas personas no lo ven como algo misterioso

---

80. Isaacs, *Dialogue*, 5.
81. Isaacs, 5.
82. Isaacs, 24.

y complejo, sino que lo romantizan, y simplifican excesivamente su ejercicio. Como resultado, su comunicación es defectuosa y fragmentada. Además están los que descartan la posibilidad del diálogo; creen que es una fantasía. Su actitud pudiera deberse ya sea a una imagen romántica o simplista del diálogo o a que están a la defensiva en sus posturas.[83]

Las personas restan importancia al diálogo limitándolo a unas cuantas técnicas simplistas que al final terminan fragmentando sus conversaciones. «En cambio, hace falta que evoquemos lo que la gente ya sabe del diálogo, al tiempo que reconozcamos las formas en que nos socavamos o no sacamos el mayor provecho de nuestras conversaciones».[84]

El diálogo concierne al liderazgo

Como líderes debemos instruir y exigirles a nuestros equipos «que confronten sus suposiciones, preocupaciones, temores, animosidades y sueños», y que en el proceso acojan «la posibilidad de que juntos nos comprometamos con un curso de acción más poderoso».[85] Ni el diálogo ni la confianza ni la formación de equipos ocurren al azar; tenemos que aprenderlas y practicarlas a diario. Como líderes deberíamos servir de ejemplos para nuestros equipos, capacitándolos y exigiéndoles que practiquen estas disciplinas.

El diálogo ha transformado los ámbitos de la vida, como lo atestiguan los recursos mencionados en este capítulo y el sinnúmero de estudios de caso y ejemplos presentados. Y así, pude haber incluido más recursos y ejemplos de páginas electrónicas de comunidades de aprendizaje que practican el diálogo. Los recursos mencionados abren la puerta a más herramientas, procesos y casos prácticos del diálogo en equipos exitosos. Así que el diálogo es posible. Por lo tanto, la confianza es posible, así como los equipos genuinos. Cuando estamos dialogando, «la gente comienza a darse cuenta de que está hablando al significado que juntos han creado, no entre sí. Juntos están buscando un significado de calidad y entendimiento mutuo. No están interactuando, sino creando juntos».[86]

---

83. Isaacs, 24, 25.
84. Isaacs, 25.
85. Isaacs, 5.
86. Isaacs, 174.

Pero la pregunta es si estamos dispuestos a ayudar a nuestros equipos a ser más eficaces por medio de esta poderosa disciplina. El diálogo, la confianza, la creación de equipos: son cuestiones de liderazgo.

Concluyo citando a Peter Senge en su prólogo al libro de Isaacs:

> [Goethe, el poeta alemán] dijo que la conversación es «la más sublime de las experiencias». He llegado a la conclusión de que el mundo moderno está profundamente hambriento por significado y las prácticas básicas mediante las cuales lo creamos. Quizás no volvamos a vivir en tribus. Pero tenemos un deseo insaciable de vivir con dignidad y sentido, y cuando descubrimos las maneras de hacerlo, suspiramos aliviados. Hemos encontrado nuestro camino. Ahora debemos recorrerlo.[87]

Ese camino es el diálogo que está fundado en la confianza y el amor cristiano. «Vengan ahora, y razonemos…» (Is 1:18 NBLA).

Reflexión y puntos de acción

1. La hoja de ruta para la creación de equipos de Lencioni[88] presenta los pasos para la formación de equipos. Pero antes de que un equipo se embarque en este o cualquier otro proceso, debe reflexionar, discutir y responder con sinceridad las siguientes preguntas:
    - ¿Somos un equipo?
    - Si no, ¿queremos convertirnos en un equipo real?
    - ¿Estamos listos para el trabajo pesado? La formación de un equipo es un trabajo arduo que requiere que los miembros sean humildes, vulnerables, sumisos y honestos.

Aquí, añadiría una pregunta para el/la líder académico/a: ¿Está listo para liderar la formación de equipos? Este asunto le compete y requerirá un trabajo arduo y sacrificado.

---

87. Isaacs, xx.
88. Lencioni, *Overcoming the Five Dysfunctions of a Team*, 9.

2. Si su gente está de acuerdo en esforzarse por formar un equipo, debe escoger el proceso. Las fuentes mencionadas en el capítulo presentan varios de estos procesos. Recomiendo altamente el proceso de Lencioni,[89] pero otros pudieran ser más viables en su cultura y la situación de su facultad.

3. Desde el principio, y simultáneamente con el proceso decidido en el segundo punto de acción, el equipo debe aprender las disciplinas de los modelos mentales y el diálogo. Recomiendo el enfoque de Muehlhoff[90] y el uso de la escalera de inferencia. El uso de los procesos basados en círculos con las preguntas de Muehlhoff será muy eficaz. Seleccione uno de los recursos mencionados. Recomiendo "The Circle Way".[91]

4. Los dos pasos anteriores para la formación de equipos (tras completado el segundo paso) son seguidos por varias actividades para la práctica de las disciplinas. Tanto en la literatura como la internet encontrará muchísimos recursos. Sin embargo, seleccione los que sirvan a sus fines, en lugar de escogerlos solo para hacer dinámicas de equipos. Escoja los más pertinentes para las necesidades, la situación y la cultura de su equipo docente. Muchos de los recursos mencionados incluyen este tipo de herramientas.

Otros dos recursos adicionales:

- E. Biech, ed. *The Pfeiffer Book of Successful Team-Building Tools: Best of the Annuals*. San Francisco: Jossey-Bass/Pfeiffer, 2001.
- L. B. Sweeney y D. Meadows. *The Systems Thinking Playbook: Exercises to Stretch and Build Learning and Systems Thinking Capabilities*. White River Junction, VT: Chelsea Green, 1995.

5. Termino recordándoles que la formación de equipos no termina con estos procesos, actividades o talleres. Antes bien, es el ejercicio constante de las disciplinas que hemos discutido. De lo contrario su equipo se debilitará y dejará de ser un equipo verdadero.

---

89. Lencioni.
90. Muehlhoff, *I Beg to Differ*.
91. Baldwin y Linnea, *The Circle Way*.

Recursos para seguir estudiando

A continuación, aparece un listado de literatura y herramientas adicionales.

Formación de equipos

Dolny, Helena, ed. *Team Coaching: Artists at Work*. Johannesburgo: Penguin, 2009.
> Este libro ofrece un panorama de las herramientas para la creación de equipos. Este sería un buen lugar para que un líder explore las herramientas disponibles. Sin embargo, no es una herramienta en sí. Usted tendrá que revisar las fuentes sugeridas para aprender cómo usarlas. También analiza el uso de los tipos de personalidad en la construcción de equipos, los cuales pueden ser muy eficaces si son utilizados con sabiduría. Pero debemos estar al tanto de sus peligros. Por ejemplo, podríamos etiquetar y estereotipar a los miembros o estos bien podrían usar sus tipos como excusas o mecanismos de defensa, rehusándose a cambiar o a lidiar con sus defectos. Este libro analiza dos herramientas: el *Indicador de Tipo de Myers-Briggs* (MBTI por sus siglas en inglés) y el eneagrama. El MBTI bien usado ayuda a la creación de equipos. El equipo tiene muchos recursos a su disposición. Su facultad de consejería puede ayudarle con su búsqueda en la internet. Una herramienta menos conocida, pero en mi opinión mucho mejor, es el eneagrama. La diferencia es que el eneagrama es una herramienta para el crecimiento personal, psicológico y espiritual que no encajona a la gente. Los siguientes recursos explican el uso del eneagrama. Recomiendo que se asesore sobre su uso.

Aspell, Patrick J., y Dee Dee Aspell. *The Enneagram Personality Portraits: Enhancing Team Performance – Trainer's Guide*. San Francisco: Pfeiffer, 1997.

Riso, Don Richard y Russ Hudson. *The Wisdom of the Enneagram: The Complete Guide to Psychological and Spiritual Growth for the Nine Personality Types*. Nueva York: Bantam, 1999. Disponible en español. *La sabiduría del eneagrama*.

Rohr, Richard, Andreas Ebert, y Peter Heinegg. *The Enneagram: A Christian Perspective*. Nueva York: Crossroad, 2001.

> El siguiente recurso es un instrumento de personalidades muy divertido y útil para la formación de equipos. Este incluye una herramienta de veintiocho días:

Jones, Laurie Beth. *The Four Elements of Success: A Simple Personality Profile That Will Transform Your Team*. Nashville, TN: Nelson Business, 2005.
> Un equipo eficaz entiende las fortalezas de sus miembros. Un gran recurso para este análisis es *StrengthsFinder 2.0*. Para más información, véase su sitio web, http://strengths.gallup.com/default.aspx.

Rath, Tom. *StrengthsFinder 2.0*. Nueva York: Gallup, 2014.

Muchos equipos son multiculturales. Esto complica su funcionamiento. Como recursos recomiendo los siguientes:

Hibbert, E., y R. Hibbert. *Leading Multicultural Teams*. Pasadena, CA: William Carey Library, 2014.

Takagi Silzer, S. *Biblical Multicultural Teams: Applying Biblical Truth to Cultural Differences*. Pasadena, CA: William Carey International University Press, 2011.

Manejo de conflictos

Sande, Ken. *The Peacemaker: A Biblical Guide to Resolving Personal Conflict*. Grand Rapids, MI: Baker, 2004. Disponible en español. *El pacificador*.

El conflicto es inevitable hasta en los mejores equipos. ¿Cómo lo manejarán el líder y el equipo, y cómo lo resolverán creativa y bíblicamente? El enfoque y la teología de Sande deben ser parte de la cultura de cada equipo docente. Lo recomendable es que el líder y algunos de los miembros se capaciten en la mediación de conflictos.

Runde, Craig E., y Tim A. Flanagan. *Building Conflict Competent Teams*. Center for Creative Leadership. San Francisco/Greensboro, NC: Jossey-Bass, 2008.

8

El asesoramiento (coaching) en el desarrollo profesional de los docentes

Ralph Enlow

Si usted está leyendo este libro en orden, ya habrá recibido una gran cantidad de instrucción útil sobre el *qué, por qué,* y *cómo* del desarrollo docente. Este capítulo fluye de los anteriores. Aunque intentaré limitarme al título y la intención de los editores, reiteraré algunos de los principios para el desarrollo de la facultad que ya fueron discutidos, ya que son indispensables para el tema de este capítulo.

¿Cuál es precisamente el tema de este capítulo, «El asesoramiento en el desarrollo profesional de los docentes»? Para ser más precisos con las implicaciones de este título exploraremos dos temas esenciales: (1) el asesoramiento (coaching); y (2) el desarrollo profesional. ¿A qué estamos refiriéndonos con *asesoramiento?* ¿Y a qué nos referimos con *desarrollo profesional?*

Asesoramiento

Asesoramiento vs. capacitación

Cualquiera podría equiparar el asesoramiento con el adiestramiento. Después de todo, ambos aparentemente tienen el mismo objetivo: el mejoramiento y el progreso. Pero, a pesar de la ambigüedad y la inconsistencia del uso de *asesoramiento, capacitación* y *mentoría*, lo cierto es que, aunque las actividades sean similares, sus diferencias cruciales afectan en gran manera los resultados del desarrollo docente. Los dos conceptos difieren en términos de fines y medios.

Los fines del asesoramiento

La capacitación persigue satisfacer las necesidades y adelantar los propósitos de la *institución*. Su mentalidad es la *formación* ya sea que el objetivo implique la adquisición o el mejoramiento de ciertas destrezas y competencias académicas, o incluso de las credenciales de la facultad de estudios avanzados o graduados, o publicaciones y presentaciones académicas. El asesoramiento, por otro lado, está dirigido hacia las necesidades del individuo.[1] La pregunta de la capacitación es cómo mi/nuestra inversión en este docente *contribuirá* a los objetivos, las prioridades y la reputación de esta institución. En cambio, el asesoramiento pregunta: con mi inversión en este colega, ¿qué podrá llegar a *ser*?

Espero que ustedes reconozcan que no son situaciones mutuamente excluyentes. De hecho, me atrevería a decir que cuando uno se propone asesorar a los profesores en su desarrollo profesional, también obtendrá la mayoría de los beneficios de la capacitación. Y de igual manera, si uno limita su visión y propósito a la capacitación centrada en la institución, disminuirán tanto el atractivo como la eficacia del desarrollo docente. Dicho esto, hay que ser genuinos en cuanto a la preferencia del asesoramiento sobre la capacitación. No se pueden disimular los intereses de la institución. Después de todo, los miembros de la facultad fueron capacitados como escépticos y detectarán cualquier emprendimiento engañoso.

El desarrollo profesional nunca debe ser aislado de, ni subordinado al, desarrollo personal. Dicho de otro modo, el asesoramiento fiel nunca permitirá que los miembros de la facultad desvinculen su desarrollo personal del desarrollo profesional y el avance en el gremio. Después de todo, la facultad *es* en última instancia el «currículo» de su institución. Como mi amigo y colega Robert Ferris lo describe es esta viñeta de la reunión de la facultad:

---

1. Michael K. Simpson, *Unlocking Potential: 7 Coaching Skills That Transform Individuals, Teams, and Organizations* (Grand Haven, MI: Grand Harbor Press, 2014), 3.

> El verdadero currículo es esta facultad. Es la manera en que manejamos la Palabra de Dios. Es la forma en que nos relacionamos con Dios. Es la forma en que nos relacionamos unos con otros. Es la forma en que nos relacionamos con nuestros estudiantes. Es la forma en que nos relacionamos con la iglesia de Cristo. Es la forma en que nos relacionamos con este mundo perdido. Ese es el verdadero currículo de este seminario. Esta lista de cursos que hemos adoptado es un vehículo para comunicarnos con nuestros estudiantes. Si hemos actuado sabiamente, estos cursos facilitarán, en lugar de inhibir ese proceso. Al final no debemos olvidar que la facultad es el currículo.[2]

Ferris procede con los corolarios de esta verdad. Por ejemplo: «El desarrollo de la facultad es el camino más corto hacia el mejoramiento curricular».[3] En pocas palabras, si quiere mejorar el currículo de su institución, invierta en el desarrollo de su facultad. Sin embargo, tal mejoramiento debe ser ante todo personal. El avance profesional nunca debe suplantar al crecimiento personal, tampoco los logros profesionales pueden justificar los defectos de carácter. La falta de observación y fomento de estas prioridades envía un mensaje claro y contradictorio tanto a los estudiantes como a los profesores en cuanto al mérito de la facultad.

Los medios del asesoramiento

Indagación

El *asesoramiento* difiere de la capacitación no solamente en términos de su orientación, sino también del *modo* en que ocurre. La capacitación requiere una *instrucción,* pero el asesoramiento es una *indagación.*[4] Preguntamos más de lo que respondemos. No presionamos ni averiguamos ni dictamos ni dirigimos, sino que sugerimos y respaldamos, reabastecemos y reflexionamos. Su medio es la conversación, en lugar de las órdenes. La indagación facilita la reflexión y la aclaración de los obstáculos, temores, preguntas y aspiraciones.

---

2. Robert W. Ferris, "The Faculty Is the Curriculum: A Vignette" (Manuscrito no publicado, s.f.).
3. Ferris, "The Faculty Is the Curriculum."
4. Perry Zeus and Suzanne Skiffington, *The Complete Guide to Coaching at Work* (Roseville, Australia: McGraw Hill-Australia, 2001).

Las preguntas bien planteadas son más inspiradoras que las instrucciones, aunque sean meritorias.

Evaluación

Por esta razón, el asesoramiento debe derivarse de la evaluación. Los profesores tienden a sentirse amenazados por las evaluaciones, tildándolas de injustas y desacreditando sus resultados como parcializados. Aunque algunas de sus razones sean un tanto descabelladas, cabe la posibilidad de que parcialmente estén en lo correcto. Las evaluaciones docentes a menudo están enfocadas en la *instrucción*, limitándose casi exclusivamente a los comentarios de los estudiantes. Usted debe aclararles que la eficacia educativa es una de las dimensiones de la excelencia docente.[5] Asimismo, debe explicitar que el crecimiento en la competencia académica y las contribuciones profesionales son otras dimensiones. En mi experiencia, he insistido en que la evaluación docente integre las siguientes seis dimensiones:[6]

- El modelaje de una vida y servicio cristianos.
- La excelencia en la instrucción.
- La eficacia en el asesoramiento académico y profesional.
- El fomento de relaciones formativas con los estudiantes.
- El desarrollo profesional y contribuciones académicas.
- La compatibilidad y contribución a la institución.

Lo ideal es que las variables anteriores sean el resultado de varios informes, incluyendo la autoevaluación de los miembros de la facultad. Sin duda, usted aportará sus observaciones y juicio. No ande con pretensiones ni se disculpe. Tampoco debe sorprenderle que la percepción o el resultado de la evaluación disminuyan si no requiere ni acredita una autoevaluación rigurosa. Además, usted reconocerá que es un medio beneficioso para concienciar a sus docentes y comprometerlos con una agenda de crecimiento y mejoramiento. Fomentará este efecto cuando les aclare por escrito y en la práctica que la evaluación docente tiene un fin principalmente *formativo* (es decir, de mejoramiento y

---

5. L. Gregory Jones y Stephanie Paulsell, eds., *The Scope of Our Art: The Vocation of the Theological Teacher* (Grand Rapids, MI: Eerdmans, 2002). Véase en particular L. Gregory Jones, "Negotiating the Tensions of Vocation," 209–224.

6. Desarrollé y empleé esta rúbrica general durante mi liderazgo académico (1988–1998; 2000–2006) en la Universidad Internacional de Columbia (en Carolina del Sur).

crecimiento), en lugar de *acumulativo* (es decir, para los fines de ascenso, retención, estatus).

Modelaje

El asesoramiento más poderoso que usted tiene a su alcance es su propio ejemplo. Uno de los riesgos ocupacional del liderazgo académico en todos los niveles y contextos es precisamente el descuido del crecimiento personal en todas sus dimensiones, incluida la propia carrera académica. Tal vez esta negligencia sea más aguda entre los educadores teológicos globales debido a que son esencialmente bivocacionales (¿aun trivocacionales?) y las limitaciones económicas de sus instituciones. A esto habrá que añadir la pesadez constante de la ineficiencia de los administradores que no recibieron un entrenamiento formal para ejercer sus responsabilidades en el liderazgo y la administración educativas. Estos factores dificultan extremadamente el que los líderes educativos progresen en sus propias carreras académicas y profesionales. A menudo, las primeras víctimas del nombramiento son la erudición y el crecimiento profesional. Aunque sea prudente y hasta necesario que limite sus ambiciones personales, evite la pasividad que conduce al estancamiento.

Si usted no mantiene la postura de un aprendiz (o educando) en todas las esferas de sus esfuerzos, no se sorprenda de que fracase en sus intentos de convencer o incentivar a sus colegas a que crezcan profesionalmente. Permita que los sentimientos de Leonard Sweet, "A Learned to Learner Litany",[7] permeen la disposición que usted modela para sus colegas:

- Una vez fui un profesor educado. Ahora soy un educando.
- Cuando era el educado la vida era un concurso de quién sabía más. Ahora que soy un educando la vida es un canal de descubrimiento.
- Cuando era el educado era una cuestión de lo mucho que sabía. Ahora que soy un educando es cuánto estoy siendo estirado más allá de mi comodidad.
- Cuando era el educado el conocimiento era todo. Ahora que soy un educando la bondad es todo.

---

7. Leonard Sweet, "A Learned to Learner Litany of Transformation," acceso 2009, http://leonardsweet.com/. Ya no está disponible es ese sitio.

- Cuando era el educado solía apuntar con el dedo y pontificar. Ahora que soy un educando me golpeo la frente todo el tiempo.
- Cuando era el educado me asustaban las nuevas ideas. Ahora que soy un educando también me asustan las viejas ideas.
- Cuando era el educado era un hablador. Ahora que soy un educando prefiero escuchar porque así aprendo.
- Cuando era el educado tenía algo que enseñarle a todo el mundo. Ahora que soy un educando todo el mundo tiene algo que enseñarme.
- Cuando era el educado, veía el conocimiento como una forma de poder. Ahora que soy un educando sospecho que mucho conocimiento es una forma de debilidad.
- Cuando era el erudito, desde la altura de la retrospectiva instruía al pasado sobre sus errores. Ahora que soy un educando el pasado me indica cómo puedo enderezar el futuro.
- Cuando era el erudito, las palabras grandilocuentes eran poderosas y misteriosas. Ahora que soy educando las palabras pequeñas y sencillas son poderosas y misteriosas.

Recursos

Un último medio de asesoramiento profesional y académico de sus colegas es la asignación de recursos. El consejo de Peter Drucker para los ejecutivos es aplicable a los líderes educativos: los líderes eficaces se centran más en la asignación de recursos que en resolver problemas.[8] Usted tal vez piense que carece o no puede asignar los recursos, pero tal no es el caso. Los recursos no constan solamente de fondos monetarios, sino también (y de igual o mayor importancia) tiempo y conexiones. Aunque sus fondos sean limitados, siempre tendrá recursos para el desarrollo profesional de su facultad ya sea (1) vinculando a los profesores con personas y entidades que estén dispuestos a invertir en ellos; y (2) dándoles el tiempo para que busquen tales conexiones. Algunos de mis desarrollos profesionales más grandes vinieron a través

---

8. Peter F. Drucker, "Managing for Business Effectiveness," *Harvard Business Review* (Mayo 1963), acceso 4 de octubre 2015, https://hbr.org/1963/05/managing-for-business-effectiveness/ar/1.

de las oportunidades para que compartiera con la comunidad de colegas profesionales. Haga todo lo posible por alentar este tipo de conexiones.

Cuando se trata de la asignación de los recursos financieros para el desarrollo de la facultad, admito que es probable que tenga una batalla difícil. Si bien puede enfrentar una escasez real, es más probable que se enfrente a la escasez de imaginación y la falta de comprensión de que sería una inversión, en lugar de un gasto. Las corporaciones seculares lo entienden. Estas invierten, en promedio, entre el 5 y el 10% de sus presupuestos en la formación y el desarrollo de los empleados. ¿Por qué no hacemos lo mismo nosotros? Porque no creemos que los recursos están disponibles ni que pagarán dividendos. ¡Pero están disponibles y pagarán dividendos!

Si aún no lo ha hecho, comience por hacer un inventario de las inversiones que su institución lleva a cabo anualmente en la carrera y el desarrollo profesional de su facultad. Esas inversiones incluirían el pago o subsidio para la compra de libros académicos; suscripciones a revistas profesionales; inscripciones en conferencias y asignaciones para viajes (tanto de tiempo como de fondos); cuotas de membresía en las organizaciones profesionales o académicas; licencias de estudio o sabáticas y préstamos o subvenciones para los estudios avanzados. De paso no se olvide de las asignaciones de tiempo y oportunidades para que construyan y expandan sus conexiones profesionales. Ya solo hacer un seguimiento de estas inversiones tendrá su efecto. Medimos lo que valoramos y valoramos lo que medimos. Sin embargo, tan pronto haya cuantificado su asignación de recursos para el crecimiento profesional de la facultad, establezca una meta modesta para aumentarlo y dele seguimiento cada año. Este objetivo de asignación porcentual no dependerá de la escala financiera de su institución.

Cuando comencé esta práctica en mi antigua institución, me asusté al saber que el total de la inversión anual en el desarrollo profesional y académico equivalía a menos de la mitad del 1% de nuestro presupuesto operativo. Quizás usted me envidie, pero era una pobre demostración de nuestras supuestas convicciones con respecto a la importancia del desarrollo de la facultad. Pero, teniendo una medida aproximada de la inversión anual, nos fijamos la meta de duplicarla al 1% y trabajamos duro por varios años hasta lograrlo. No es de extrañar que a la hora de cuadrar el presupuesto nos encontráramos con desafíos y resistencias. Al final, pocos creen de verdad que el desarrollo profesional es una inversión. Pero persevere. De lo contrario, de nada valdrá el asesoramiento de la facultad.

Desarrollo profesional

Ahora que comprendemos qué es el *asesoramiento*, incluyendo la diferencia crítica con el adiestramiento, nos enfocaremos en la definición de *desarrollo profesional*. Ajuste su perspectiva de lo individual a lo colectivo y de la uniformidad a la singularidad.

De lo individual a lo colectivo

La palabra *facultad* es un sustantivo colectivo. Por lo tanto, su visión para el desarrollo docente tiene que abarcar lo colectivo. Una facultad madura y bien formada es como un jardín exuberante en plena flor, muy variado y bello en todos los aspectos imaginables.

En el 1993 organicé un taller para la facultad de la Universidad Internacional de Columbia, durante el cual el Profesor Robert Clinton, del Seminario Teológico de Fuller, me presentó un marco conceptual que respalda esta idea. Clinton afirma que «Una facultad necesita un perfil que facilite su misión corporativa o el mandato profético de Dios».[9] ¿Qué es un perfil de la facultad? Clinton continúa diciendo: «Un perfil de la facultad es la descripción ponderada... en términos de las principales funciones docentes y especializadas que el seminario necesita para que cumpla su mandato o propósito corporativo».[10]

En consecuencia, una visión colectiva para el desarrollo de la facultad reconoce y afirma los «dones diferentes» (Ro 12:6). Clinton ofrece la siguiente taxonomía[11] de perfiles de facultad:

- *Facultad académica*: Aquellos que dan credibilidad al seminario en la academia exterior. Escriben textos técnicos o conceptuales que

---

9. J. Robert Clinton, "Faculty Profile," notas inéditas de la conferencia presentada en el retiro de la facultad de la Universidad y Seminario Bíblico de Columbia, 23–26 agosto 1993.
10. Clinton, "Faculty Profile."
11. Clinton.

están a la vanguardia del pensamiento en sus campos. Publican para el mundo académico.

- *Investigadores*: Aquellos que están desarrollando nuevas ideas o aplicaciones del pensamiento bíblico y teológico con respecto a las realidades y los desarrollos contemporáneos en la iglesia y el mundo.
- *Docentes eficaces que cambian vidas*: Aquellos cuyas actividades en el aula y diseños de cursos afectan las perspectivas, los desafíos y conceptos de los estudiantes.
- *Facultad publicitaria*: Aquellos con la habilidad para la escritura y las conferencias populares. Saben simplificar los conceptos para el beneficio de las personas en el ministerio y la iglesia.
- *Facultad ministerial*: Aquellos que resaltan la pertinencia de los conceptos enseñados en el campus para el ministerio. Su trabajo ministerial es bien influyente en las iglesias, organizaciones y las partes interesadas.
- *Reclutadores*: Miembros que son muy eficaces atrayendo nuevos estudiantes al seminario.
- *Comunicadores*: Aquellos que inspiran e inculcan valores en la comunidad del campus; siempre están moviendo a la gente con información, afecto y voluntad.
- *Facultad organizadora*: Estos entienden el perfil y las necesidades de la facultad, facilitan un ambiente de apoyo para que cada profesor y profesora desempeñe sus labores adecuadamente.
- *Conectores*: Profesores que establecen contactos con organizaciones, recursos y personas cuyas contribuciones mejorarían grandemente la eficacia general de la institución.

Yo creo que la taxonomía de Clinton es solamente una sugerencia. Además, sus perfiles no son necesariamente discretos o excluyentes. Es decir, una persona pudiera clasificar bajo más de uno de estos «perfiles». Sin embargo, este marco nos desengaña de que el *desarrollo profesional* competa a una visión uniforme del miembro de la facultad óptimo. Clinton recomienda que los líderes educativos piensen y conversen a fondo acerca del perfil de la facultad ideal, contribuyendo las mejores perspectivas que adelanten la misión institucional. Su consejo sabio es que el reclutamiento de docentes corresponda con el perfil, en lugar de la acostumbrada necesidad de cubrir las vacantes.

Por lo general, las instituciones tienden a favorecer el perfil de la «facultad académica» y presionar a sus docentes a que se ajusten a este, sobre todo cuando están buscando una mayor credibilidad en el ámbito académico. Según esta categoría, el *desarrollo profesional* es sinónimo de contribuciones y avances dentro del gremio académico. Sostengo que una visión tan exclusiva del desarrollo de la carrera docente frustrará y hasta alienará a algunos de sus profesores, limitará las esferas del impacto y descarrilará la misión de la institución.

De la uniformidad a la singularidad

La discusión anterior debe haberle preparado para esta sección. El desarrollo profesional y docente no persigue conformismo ni uniformidad. Si bien las carreras docentes que están completamente desarrolladas comparten algunas características, usted debe emplear las habilidades y disposiciones para indagar, así como proveer los recursos, para que cada docente alcance su potencial. Sus docentes que hayan alcanzado la madurez profesional no se parecerán los unos a los otros. Esto es cierto tanto en el ámbito académico como el espiritual: el verdadero desarrollo no encuentra su máxima expresión en la conformidad, sino en la diversidad. Los dones son distintos (Ro 12; 1Co 12); los llamamientos son tan únicos como las personas (Jn 15:16; Ef 3:10). Dicho esto, también creo que hay algunas categorías de desarrollo que competen a todos los miembros de la facultad. Examinemos algunos de estos.

Autoconocimiento

La autoconciencia es la tierra en donde ocurre el crecimiento personal.[12] La siguiente declaración ha sido atribuida a Juan Calvino: «Casi toda la suma de nuestra sabiduría, que de veras se deba tener por verdadera y sólida sabiduría, consiste en dos puntos: a saber, en el conocimiento que el hombre debe tener de Dios, y en el conocimiento que debe tener de sí mismo».[13] Usted tiene la responsabilidad de colocar el espejo frente a sus colegas para que lleguen

---

12. Reggie McNeal, *Practicing Greatness: 7 Disciplines of Extraordinary Spiritual Leaders* (San Francisco: Jossey-Bass, 2006).
13. John Calvin, *The Institutes of the Christian Religion*, editado por John Murray, de la traducción de 1845 por Henry Beveridge (Mitchellville, MD: Fig, 2012). (ASIN: B006US2R6G.) Cita de la versión en español, *Institución de la Religión Cristiana*.

a conocerse a sí mismos. La capacidad es el enemigo de la humildad. Las personas extremadamente dotadas, como la mayor parte de su facultad, tienen que ser adiestradas en el cultivo de una humilde conciencia propia. Hay una gran diferencia entre el ejercicio de las destrezas adquiridas, por competente que seamos, y hacer lo que nos apasiona. Aunque los miembros de la facultad deben emplear sus habilidades al servicio de la causa mayor, el servicio más fructífero y satisfactorio —el servicio energizante y sostenible— fluye de circunstancias en las que exista un alto grado de correspondencia entre sus actividades cotidianas y sus principales dones y pasiones.[14] En las primeras etapas de la madurez personal y profesional, muchas personas carecen de discernimiento en cuanto a sus dones y pasiones, de las áreas en las que podrían hacer una contribución mayor. Como líder académico y mentor, sus preguntas indagadoras, aliento y orientación deben fomentar ese descubrimiento, así como liberar los recursos correspondientes con el desarrollo profesional de sus colegas.[15]

Actualización académica

El conocimiento tiene una vida útil. Hay que alentar a la facultad a que se mantenga al día con los avances y los contornos del diálogo académico dentro de sus campos. Un sílabo que no haya sido alterado por los pasados cinco años es indicio de que el colega está descuidándose. Su revisión de los sílabos debe comprobar que la facultad esté actualizando sus bibliografías y recomendaciones. Durante sus asesoramientos personales, pregúnteles que están aprendiendo en sus campos. Dicha indagación también debería abarcar cuán al día están con los estudios más recientes y los temas contemporáneos y contextuales, no tan solamente dentro de la academia, sino en los contextos en donde sus graduados ejercerán el ministerio. Cuando reconozca o perciba un déficit de conocimiento o habilidades, asígneles el tiempo, los contactos y recursos financieros para que mejoren en esas áreas.

---

14. Steve Moore, *Who Is My Neighbor? Being a Good Samaritan in a Connected World* (Colorado Springs, CO: NavPress, 2011).
15. Judith Viorst, *Necessary Losses: The Loves, Illusions, Dependencies and Impossible Expectations That All of Us Have to Give Up in Order to Grow* (Nueva York: Random House, 1987).

Conversaciones y contribuciones interdisciplinarias

Una de las debilidades endémicas en la academia contemporánea es el grado de especialización y subespecialización que experimenta la mayoría de los docentes en su preparación académica.[16] Esto es cierto en muchos campos, pero es cada vez más omnipresente en los estudios bíblicos y teológicos.[17] Los silos académicos no le servirán a usted ni a sus estudiantes. La compartimentación es el enemigo de la eficacia ministerial. Un ejemplo actual bastante urgente es el fracaso de los expertos en las ciencias de la conducta en reconocer los ecos del gnosticismo en las categorías y ortodoxias científicas, aceptadas como indiscutibles, que se esconden detrás de la oposición a la visión bíblica de la sexualidad humana.[18] Los estudios bíblicos y teológicos que están obsesionados con lo arcano son tan peligrosos como las ciencias sociales que carecen de un fundamento y una cosmovisión bíblica y teológica.[19] Y ambos parecen cada vez más desenfrenados en el ámbito de la facultad de la educación superior cristiana. Su asesoramiento debe incitar a sus colegas a que participen en conversaciones interdisciplinarias. Sus graduados no ejercen sus ministerios dentro de las categorías artificiales representadas en nuestros currículos. No ceda en su empeño de asesorar a sus colegas para que trasciendan las brechas artificiales entre los saberes.

Enseñanza y aprendizaje

La eficacia de los miembros de la facultad del seminario teológico requiere una triple competencia: (1) competencia en la disciplina académica/profesional; (2) competencia en sus conocimientos e integración bíblico-teológica (de lo cual hablaremos más adelante); y (3) competencia en los principios y las prácticas de la enseñanza y el aprendizaje. Un docent casi siempre cuenta con solamente la primera de las competencias —en su disciplina profesional y/o

---

16. Edward Farley, *Theologia: The Fragmentation and Unity of Theological Education* (Filadelfia: Fortress, 1983), 40–41.
17. Daniel O. Aleshire, *Earthen Vessels: Hopeful Reflections on the Work of Theological Schools* (Grand Rapids, MI: Eerdmans, 2008), 17.
18. Russell Moore, "What Should the Church Say to Bruce Jenner?," *Russell Moore* (blog), 24 abril 2015, acceso 2 de octubre 2015, https://www.russellmoore.com/2015/04/24/what-should-the-church-say-to-bruce-jenner/.
19. John H. Coe y Todd W. Hall, eds., *Psychology in the Spirit: Contours of a Transformational Psychology* (Downers Grove, IL: IVP Academic, 2010).

académica. En la práctica, muchos profesores equiparan escuchar con aprender. Aunque nieguen que su responsabilidad sea la transmisión de información, sus métodos tienden a responsabilizar a los estudiantes de su propio aprendizaje y la adquisición de las destrezas necesarias para una profunda reflexión bíblica y teológica. A través de sus preguntas e indagaciones de asesoramiento, usted debe tratar de persuadir a sus colegas lo esenciales que son las dos últimas competencias mencionadas anteriormente. Mediante sus conversaciones y asignaciones de recursos (recuerde, los recursos incluyen tiempo y conexiones) usted debe alentar, apoyar e incentivarlos a que desarrollen y dominen las tres destrezas y juntos obtengan resultados educativos que sean verdaderamente transformadores.

Integración bíblica

En los casos en que sus docentes no sean especialistas de la Biblia o teología (nota: la sección anterior con respecto a *las conversaciones interdisciplinarias y contribuciones* está dirigida hacia la facultad de estudios bíblicos y teología), asesóreles en cuanto a la importancia de comprometerse con integrarla más y más a sus respectivas disciplinas.[20] Lo ideal sería que cada docente poseyera en su preparación académica una formación bíblica/teológica formal. Sin embargo, lo más probable es que algunos de sus colegas necesitarán dirección en esta área. De lo contrario no logrará integrar todas las áreas. Cuando una persona carece de una preparación sustantiva en Biblia y teología no logrará integrarlas de un modo sustancial en sus cursos. Su sinceridad y espiritualidad no compensarán este déficit de conocimiento para la integración del pensamiento y la vida. Me parece que la verdadera integración requiere que los miembros de la facultad dominen al menos los siguientes aspectos de sus disciplinas académicas o profesionales:

- *Epistemología*: ¿Cuáles son las ortodoxias prevalecientes entre los eruditos y practicantes de esta disciplina con respecto al saber, y qué

---

20. J. C. Moreland, "A Call to Integration and the Christian Worldview Integration Series," en Coe y Hall, *Psychology in the Spirit*, 11–32.

constituye un medio apropiado para la comprobación y validación de las afirmaciones dentro de este campo?[21]
- *Consenso básico de creencias disciplinarias*: ¿Cuáles son las ideas, teorías, el vocabulario, las definiciones y conclusiones aceptadas por prácticamente toda la comunidad de académicos y estudiantes de esta disciplina?[22]
- *Creencias/teorías*: ¿Cuáles son las principales teorías y creencias (o sea, «escuelas de pensamiento») defendidas por los diversos segmentos dentro de esta disciplina?[23]
- *Fundamentos teóricos de las metodologías clave*: ¿Qué base teórica subyace a las principales metodologías de investigación y práctica en este campo? ¿Cómo las criticaría bíblica y teológicamente?[24]

Las categorías y preguntas anteriores deben ser prioritarias en la lista de los temas del asesoramiento.

Conclusión

El asesoramiento profesional de la facultad amerita que comprenda la diferencia con la capacitación. Ambos difieren en términos de objetivos (individual en lugar de institucional) y medios (indagación en lugar de instrucción). Ello implica que debe desarrollar una visión de la composición de su facultad, así como cultivar el potencial de cada docente, en lugar de imponerles una uniformidad. El asesoramiento es lo que los expertos militares llaman

---

21. Coey Hall, *Psychology in the Spirit*. Véase el Capítulo 4, "Foundations and Contours of a Transformational Psychology," 74–104, para un ejemplo de la crítica bíblica y teología del consenso en la epistemología disciplinaria.

22. John Swinton, *Dementia: Living in the Memories of God* (Grand Rapids, MI: Eerdmans, 2012). Véase en especial el Capítulo 2, "Redescribing Dementia: Starting from the Right Place," 27–28, para un ejemplo del tipo de crítica que propongo para los consensos, las definiciones y el vocabulario.

23. Para un ejemplo de creencias y teorías en conflicto, véase Stan Jones, *Modern Psychotherapies: A Comprehensive Christian Appraisal*, 2a ed. (Downers Grove, IL: IVP Academic, 2011).

24. Coe y Hall, *Psychology in the Spirit*. Véase especialmente el capítulo 3, "Ways of Seeing Psychology and Christianity," 57–73, para un ejemplo de un entendimiento maduro de los fundamentos teóricos de las metodologías clave. Otro ejemplo similar, pero menos abarcador, Eric Johnson y Stan Jones, *Psychology and Christianity: Four Views* (Downers Grove, IL: IVP Academic, 2000).

un multiplicador de fuerza.[25] Como líder educativo, hágalo su prioridad y practíquelo hasta que sea un experto.

Reflexión y puntos de acción

1. Cree una tabla similar a la siguiente, en donde escribirá los nombres de todos sus profesores en la columna de la izquierda. En la columna de la derecha indique sus contribuciones a la fortaleza colectiva de la facultad. Nótese que algunos contribuyen en más de un área. Siéntase en la libertad de añadir las categorías correspondientes que hayan sido omitidas en este capítulo.

Nombre del miembro de la facultad	Papel principal

- *Facultad académica:* Aquellos que dan credibilidad al seminario en la academia exterior. Escriben textos técnicos o conceptuales que están a la vanguardia del pensamiento en sus campos. Publican para el mundo académico.
- *Investigadores:* Aquellos que están desarrollando nuevas ideas o aplicaciones del pensamiento bíblico y teológico con respecto a las realidades y los desarrollos contemporáneos en la iglesia y el mundo.
- *Docentes eficaces que cambian vidas:* Aquellos cuyas actividades en el aula y diseños de cursos afectan las perspectivas, los desafíos y conceptos de los estudiantes.
- *Facultad publicitaria:* Aquellos con la habilidad para la escritura y las conferencias populares. Saben simplificar los conceptos para el beneficio de las personas en el ministerio y la iglesia.

---

25. Oren Harari, *The Leadership Secrets of Colin Powell* (Nueva York: McGraw-Hill, 2003), 215–216.

- *Facultad ministerial:* Aquellos que resaltan la pertinencia de los conceptos enseñados en el campus para el ministerio. Su trabajo ministerial es bien influyente en las iglesias, organizaciones y las partes interesadas.
- *Reclutadores:* Miembros que son muy eficaces atrayendo nuevos estudiantes al seminario.
- *Comunicadores:* Aquellos que inspiran e inculcan valores en la comunidad del campus; siempre están moviendo a la gente con información, afecto y voluntad.
- *Facultad organizadora:* Estos entienden el perfil y las necesidades de la facultad, facilitan un ambiente de apoyo para que cada profesor y profesora desempeñe sus labores adecuadamente.
- *Conectores:* Profesores que establecen contactos con organizaciones, recursos y personas cuyas contribuciones mejorarían grandemente la eficacia general de la institución.

(a) Utilice la lista anterior junto con su equipo de liderazgo para que desarrollen un diagrama de Venn que ilustre el perfil colectivo su facultad en términos proporcionales.

(b) Prepare otro diagrama de Venn que ilustre el perfil de la facultad que, a su juicio, correspondería con la misión y visión de la institución. Compare su perfil real con el ideal y elabore un plan de reclutamiento y desarrollo docente que logre unirlos a largo plazo.

2. Revise sus gastos operativos generales de los últimos cinco años:

(a) Identifique todos los gastos relacionados con el desarrollo docente. Por ejemplo, compras de libros académicos; pago de suscripciones a revistas profesionales; conferencias y gastos de viaje (tanto de tiempo como de fondos); cuotas de organizaciones profesionales o académicas; licencias de estudio o sabáticas y préstamos o subvenciones para estudios avanzados.

(b) Calcule la suma anual de los recursos invertidos en el desarrollo docente; luego, calcule y trace el porcentaje anual destinado a estos fines.

(c) Establezca una meta realista de cinco años para aumentar la inversión anual de su institución en el desarrollo docente. Supervise su progreso y ajuste sus metas anualmente.

El asesoramiento (coaching) en el desarrollo profesional de los docentes

3. Pídales a los profesores que presenten una autoevaluación de su integración bíblica a partir de los cuatro criterios presentados en este capítulo: epistemología; consenso de creencias disciplinarias; teorías y creencias en conflicto; y los fundamentos teóricos de las metodologías clave. Invítelos a calificarse con respecto a su comprensión de estos componentes y a que desarrollen un plan de mejoramiento que incluya acciones concretas y plazos.

Recursos para seguir estudiando

Burge, G. M. *Mapping Your Academic Career: Charting the Course of a Professor's Life.* Grand Rapids, MI: IVP Academic, 2005.

Desde su punto de vista como catedrático en una universidad cristiana, Burge ofrece una orientación práctica sobre el desarrollo de la carrera docente, pero principalmente en torno al desarrollo profesional, crecimiento y progreso del gremio académico.

The Coaching Source, http://thecoachingsource.com/.

Esta página contiene una amplia gama de material didáctico y evaluación relacionado con el asesoramiento. Su contexto principal es el mundo empresarial, no la educación superior. No obstante, muchos de los conceptos y recursos son pertinentes y transferibles al ámbito de la educación teológica.

Bobby Clinton, http://bobbyclinton.com/?s=mentoring.

J. Robert Clinton es un destacado estudioso y teórico del liderazgo emergente. En su página web ofrece prácticamente todos sus materiales de investigación y enseñanza, publicados e inéditos, los cuales incluyen el tema de la mentoría.

My Passion Profile, http://mypassionprofile.com/.

Esta es una herramienta de evaluación en línea diseñada para que reconozca sus pasiones. Steve Moore (véase más adelante) ofrece una explicación más profunda y enlaces con este perfil de evaluación. Este conocimiento ayuda con la alineación de la vida y la carrera para que alcance su potencial.

Moore, Steve. *Who Is My Neighbor? Being a Good Samaritan in a Connected World.* Colorado Springs, CO: NavPress, 2011.

Palmer, Parker. *The Courage to Teach: Exploring the Inner Landscape of a Teacher's Life.* San Francisco: Jossey-Bass, 2007.

Red Profesional y Organizacional del Desarrollo de la Educación Superior (POD Network), http://podnetwork.org/.

La Red POD está compuesta por cientos de profesionales de la educación superior especialistas en facultad y desarrollo docente. Al momento es la productora más prolífica de investigación y recursos en todas las áreas del desarrollo docente. Su revista anual, *To Improve the Academy*, ha publicado treinta y cinco volúmenes hasta la fecha. La mayoría de sus recursos son exclusivos para los miembros, pero también ofrece algunos descargables de forma gratuita. Si usted toma en serio el desarrollo de la facultad, familiarícese con la Red POD y sus recursos.

Simon, Caroline J. *Mentoring for Mission: Nurturing New Faculty at Church-Related Colleges*. Grand Rapids, MI: Eerdmans, 2003.

9

El desarrollo de la facultad como mentores:
el fomento de una cultura de desarrollo que supla uno de los elementos críticos en la educación superior evangélica

Ron Watters

La mentoría de los estudiantes matriculados en las instituciones académicas evangélicas tiene que ser fortalecida para que cumplamos la Gran Comisión de Jesús. Rick Wood, en la revista Mission Frontiers, hace el siguiente comentario:

> Uno de los obstáculos más preocupantes que la evangelización mundial confronta hoy [es] el fracaso de la iglesia... en equipar a la mayoría de los seguidores de Jesús para que reproduzcan su fe en la vida de los demás. La gran mayoría de los seguidores de Jesús y creyentes en la Biblia no están acostumbrados a compartir su fe ni tampoco a ayudar a que otros maduren en Cristo. Y a los que sí les preocupa, como que [no] saben qué hacer al respecto... En resumen, estamos fallando en gran medida en el desarrollo

de seguidores maduros de Jesús que sepan hacer discípulos que hagan discípulos.[1]

Dado que esta deficiencia crítica existe en todas las iglesias evangélicas del mundo, y a que sus líderes profesionales suelen haberse graduado de instituciones educativas evangélicas, el problema está en la manera en que fueron capacitados como multiplicadores espirituales, pues por muy buenos que sean satisfaciendo otras necesidades ministeriales, no están cumpliendo con este aspecto fundamental de la Gran Comisión. La solución radica en que los programas educativos les ofrezcan un modelo de discipulado que sea reproducible en sus ministerios antes y después de la graduación. Este capítulo hará referencia a este modelo como «mentoría» dentro del contexto educativo. Sin embargo, solamente será posible dentro de las instituciones que valoren la mentoría al punto de incluirla en sus filosofías educativas y en las descripciones de trabajo de la facultad y el personal, y cuyos profesores estén comprometidos con ser mentores eficaces.

Un solo capítulo no ofrece una guía completa para la solución de este problema. No obstante, presentará una imagen de lo que esa mentoría eficaz implica para los estudiantes, la facultad y los líderes institucionales que están en busca de una solución, y recomendará los recursos para tales fines.

La importancia de la mentoría dentro del entorno académico evangélico

La *mentoría* puede ser definida simplemente como una persona influenciando la vida de otra. Dada esta definición, siempre ha sido un aspecto de la educación formal porque los docentes ejercen una gran influencia (para bien o mal) en la vida de sus estudiantes. Hasta las conferencias, con su comunicación unidireccional, son una forma de este tipo de mentoría y juegan un papel importante en el contexto educativo. Empero, existe otra definición más amplia y un papel más formal para la mentoría más allá del aula. Ella implica una relación más profunda y personal entre los docentes y sus estudiantes.

---

1. Rick Wood, "A Discipleship Revolution: The Key to Discipling All Peoples," *Mission Frontiers* (Jan–Feb 2011), https://www.missionfrontiers.org/issue/article/a-discipleship-revolution.

Puesto que la mayoría de los estudiantes del mundo debe asistir a clases de educación primaria y muchas veces también de secundaria, su relación con sus docentes, sea buena o mala, no afecta la continuidad de las escuelas. Sin embargo, las instituciones de educación superior ofrecen capacitaciones que son opcionales y dependen enteramente de sus matrículas. Un profesor que tenga una buena reputación atraerá a más estudiantes, cosa que contribuye a que las puertas sigan abiertas y que el resto de la facultad mantenga su trabajo; por el otro lado, una mala reputación alejará a los estudiantes.

Howard Hendricks creció en un hogar problemático y adquirió una mala reputación durante sus años en la escuela primaria. Sin embargo, en sexto grado conoció a un maestro que se interesó en su vida. Hendricks se convirtió en uno de los educadores evangélicos más importantes de los Estados Unidos de América en la segunda mitad del siglo XX, cuya reputación como profesor y mentor trascendió el aula. Este doble papel abarca lo mejor de ambas esferas de influencia; tal debe ser la aspiración de los profesores y puede hacer la diferencia para las personas que están seleccionando entre instituciones cuyos estatus académicos sean similares.[2]

Muy pocas personas tendrán la personalidad o la eficacia del profesor Hendricks. Pero este capítulo estudia un tipo de mentoría personal que está al alcance de los profesores sin importar cuáles sean sus habilidades y personalidades en el aula. Además, es necesaria para la transformación de la vida de los estudiantes, que es la función de la educación, pues permite la integración de las áreas cognitivas, afectivas y psicomotoras del desarrollo personal; también satisface el elemento relacional que es tan valorado en las expectativas estudiantiles modernas, como vemos en el auge de las redes sociales.

Asimismo, este tipo de mentoría ayudará a que los docentes sean más eficaces en el aula con los ajustes que son requeridos cada vez más por los adelantos de la educación en el mundo. Antes de la era de la información los instructores podían enfocarse principalmente en la transferencia de contenido.

---

2. Karen Giesen y Sandra Glahn, "The Life of Howard G. 'Prof' Hendricks," *DTS Voice*, Seminario Teológico de Dallas, 20 de febrero 2013, acceso 26 junio de 2015, https://voice.dts.edu/article/howard-hendricks-prof/. Mis contactos personales testifican que su reputación en ambos roles fue un factor significativo para que muchos estudiantes, incluyéndo a los autores, optaran por este seminario.

Sin embargo, basta con una conexión de internet para que tengamos acceso a la abundancia de información, sobre todo a través de la tecnología de los teléfonos inteligentes y una mayor conectividad. Entonces, dentro del aula debemos limitar las conferencias y en cambio, ayudar a los estudiantes a que procesen y usen esa información. Las destrezas necesarias para orientarlos tanto en grupos pequeños como uno a uno también mejoran la interacción dentro del aula y en las sesiones en línea.

Fundamento bíblico de la mentoría

Este capítulo propone un tipo de mentoría muy completo en términos de la variedad de papeles a los que llama a los profesores en sus interacciones con sus estudiantes, incluyendo como consultores académicos, consejeros en situaciones de crisis, guías espirituales y asesores vocacionales. Con base al problema expuesto al inicio del capítulo, este tipo de mentoría también requiere que ayudemos a los estudiantes con la adquisición de una visión sobre cómo reproducirse espiritualmente. Las instituciones evangélicas existen para formar estudiantes que ejerzan una influencia espiritual y positiva en la sociedad, independientemente de que estén estudiando administración o ingeniería. Lo hacen inspiradas por la obediencia institucional y personal a la Gran Comisión de Jesús (Mt 28:18-20). El verbo principal es «hacer discípulos». Un discípulo en el primer siglo no era un alumno académico (estudiante, pupilo), sino más bien un aprendiz de la vocación del maestro. Los once que recibieron el mandato de Jesús son identificados como «discípulos» (v. 16) porque se habían comprometido con la proclamación del Reino de Dios. Y cuando Jesús estaba listo para regresar al cielo, les confió su obra. Tras haber declarado su autoridad como la razón para lograrla (el «por tanto» del v. 19 se refiere al contenido del v. 18), les encomendó que se alistaran y fueran por el mundo capacitando a otros como sus colaboradores en esta misión.

Jesús utiliza tres verbos para describir los amplios elementos del proceso de hacer discípulos: «Vayan... bautizándolos... enseñándolos [a obedecer]». El tercero los llama a ayudar a otros a que entiendan y obedezcan sus enseñanzas, las cuales giran en torno al carácter piadoso y las acciones piadosas resumidas en el amar a Dios con cada aspecto del ser, amar a los demás como a uno mismo y modelar su gracia y verdad (Mt 22:37-40; Jn 1:14, 17). Esta enseñanza de *todo* lo que había mandado incluía que sus discípulos enseñaran la Gran Comisión a otros, resultando en que estos a quienes discipularon fueran llamados a ser semejantes a Cristo e hicieran, a su vez, discípulos semejantes a Cristo, que también hicieran discípulos, en un proceso de generaciones espirituales por todo el mundo hasta que Cristo regrese.

De igual manera, Pablo llama a Timoteo a que prosiga su misión, pidiéndole que busque «creyentes dignos de confianza, que a su vez estén capacitados para enseñar a otros» (2Ti 2:2). Pablo no está pidiendo solamente la transferencia de la verdad doctrinal. En el versículo 2, le dice a Timoteo que transfiera a los demás lo que ha «oído» de él; sin embargo, sus escritos claramente indican su interés en que la gente creyera en la verdad espiritual correcta (la primera parte de sus epístolas) y que se comportaran de una manera coherente con esta. Por lo tanto, está pidiendo la transferencia de la ortodoxia (creencia correcta) y *ortopraxia* (comportamiento correcto), aunque el uso moderno de estos dos términos se ha alejado de una comprensión adecuada de la Escritura, donde el concepto de la ortodoxia incorpora ambos aspectos como inseparables de la vida del discípulo.

Entonces, ambos pasajes implican la producción de cuatro generaciones con el mismo ADN espiritual:

Generación	Mateo 28:19	2 Timoteo 2:2
1ª (padre espiritual)	Jesús	Pablo
2ª (hijo espiritual)	Los once discípulos	Timoteo
3ª (nieto espiritual)	Aquellos bautizados y enseñados a obedecer	Personas dignas de confianza
4ª (bisnieto espiritual)	Otros cuando los anteriores también obedecen el mandamiento de Mateo 28:19 que les enseñaron	Otros

Esta perspectiva multigeneracional encierra una cierta sabiduría educativa: la calidad del desarrollo logrado con la segunda generación no será confirmada hasta que la tercera generación desarrolle eficazmente a la cuarta generación. La debilidad de la cuarta generación confirma que quien esté en la parte superior de esta cadena reproductiva deberá atender el aprendizaje de la segunda generación cuyo trabajo ha sido deficiente con la tercera generación. Desafortunadamente, los mentores tienden a fijarse solamente en los que están bajo su influencia para evaluar su efecto, en lugar de fijarse en las generaciones sucesivas para entender cuál ha sido el efecto de su trabajo a largo plazo y hacer los ajustes necesarios en la segunda generación.

Este proceso tiene un objetivo cuantitativo y cualitativo. Sí, queremos aumentar el número de discípulos multiplicadores (reproducción de cantidades), pero *también* que sean semejantes a Cristo (reproducción de calidad). Un enfoque en la cantidad en detrimento de la calidad resultará en creyentes que no son propiamente semejantes a Cristo, como confesaba el pastor de una mega iglesia que había crecido en números, pero sin discípulos, y ello a pesar de que la enseñanza bíblica era excelente y contaban con programas útiles.[3] Por otro lado, un enfoque en la calidad a expensas de la cantidad retrasa el mandato de Cristo de que alcancemos a las naciones, al tiempo que la población mundial sigue creciendo vertiginosamente. El equilibrio es necesario para que tengamos una red de líderes comprometidos, espiritualmente maduros y orientados al Reino que sean influyentes tanto en la iglesia como en diversos segmentos clave de la sociedad para acelerar el regreso de Cristo (2P 3:9–12).

La diferencia entre los términos «discipulado» y «hacer discípulos» ha sido descrita como que la primera gira en torno al crecimiento espiritual de una persona, mientras que la segunda es la esencia de la Gran Comisión, que incorpora la primera pero va más allá.[4] Pero es una distinción injusta porque su significado depende enteramente del contexto; pueden ser sinónimos. Aquí el punto clave es el siguiente: la Gran Comisión de Cristo no está siendo cumplida si solamente mentoreamos el crecimiento espiritual de las personas, sin ayudarles también a convertirse en multiplicadores espirituales efectivos (y multigeneracionales). Multitudes de creyentes asisten a estudios bíblicos por todo el mundo, pero no están siendo equipados con la visión y las habilidades para ser multiplicadores de discípulos semejantes a Cristo.[5] Esto se traduce en mucho esfuerzo sin un discipulado sostenible y constante, como en la historia

---

3. Robby Gallaty, *Growing Up: How to Be a Disciple Who Makes Disciples* (Bloomington, IN: CrossBooks, 2013), 9; citando "Willow Creek Repents?" *Christianity Today*, octubre 2007, acceso 29 marzo 2013. El artículo de *Christianity Today* está disponible en https://www.christianitytoday.com/pastors/2007/october-online-only/willow-creek-repents.html.

4. "What Is Disciple-Making?," Sonlife, acceso 9 julio 2015, http://www.sonlife.com/strategy/what-is-disciple-making/.

5. Herb Hodges, *Tally Ho the Fox! The Foundation for Building World-Visionary, World-Impacting, Reproducing Disciples*, 2a ed. (Augusta, GA: Manhattan Source, 2001), 109.

de una organización misionera que tenía que salir de determinado país y entonces fue que comprendió que sus misioneros habían dejado muchísimos cristianos, pero pocos discípulos que continuaran la Gran Comisión.[6]

La necesidad de un compromiso institucional con la mentoría

Si lleváramos a cabo una encuesta entre las instituciones, la mayoría respondería que valora la mentoría en los términos del desarrollo espiritual y la reproducción descritos en la sección anterior. Sin embargo, ¿cuántas tienen una visión clara, expresada en la selección y el desarrollo de sus docentes, la revisión curricular y la adquisición y asignación de recursos? Mi experiencia personal como exalumno y amigo de otros graduados me ha confirmado que la academia evangélica carece de mentoría. Un pastor me decía que después de que Dios utilizó varios medios para llamar su atención sobre la prioridad del discipulado en su ministerio, comprendió que la preparación formal que obtuvo en dos de las instituciones evangélicas más reconocidas de los Estados Unidos giró en torno a los aspectos secundarios del ministerio (predicación, enseñanza, consejería, bodas, entierros, etc.), en lugar de como hacer discípulos espiritualmente maduros y multiplicadores, como entendía era la esencia de la Gran Comisión. Aunque esas áreas eran importantes para su trabajo, lamentaba que las instituciones en las que estudió no hubieran enfatizado la reproducción espiritual y que sus profesores no estuviesen capacitados para entrenarlo en ello. Si eso hubiera sucedido habría podido visualizar y desarrollar un plan multigeneracional de multiplicación de discípulos en su iglesia y mentorear a otros como multiplicadores de discípulos más temprano en su ministerio.

No estoy diciendo que las instituciones evangélicas estén desprovistas de mentores entre sus docentes; sin embargo, casi siempre es la excepción. Durante uno de mis programas graduados, escuché a los estudiantes hablando de un respetado profesor que había invitado a uno de sus estudiantes a que lo acompañara en uno de sus compromisos como orador y le dio cinco minutos para que compartiera su testimonio con la congregación. Este profesor comprendía algunos de los aspectos críticos de la mentoría eficaz: quería pasar

---

6. Hodges, *Tally Ho the Fox!*, 78.

tiempo a solas con el estudiante, llevarlo fuera del campus y hacerlo partícipe de sus experiencias ministeriales para que aprendieran el uno del otro. Pero lo triste es que no era parte del currículo oficial ni de la descripción de trabajo de la facultad de esa institución porque los estudiantes que estaban comentando esta situación no habían vivido algo similar. Esas horas probablemente fueron más significativas para el estudiante que su tiempo dentro del aula. Además, los estudiantes estaban dando a entender que les hubiera gustado tener ese tipo de experiencia, pero carecían de relaciones cercanas con sus profesores. Por consiguiente, la mentoría fuera del aula no consta solamente en que los estudiantes participen en un grupo de pares junto a uno de sus profesores. Antes bien, busca forjar una relación que modela el tipo de interacción que los estudiantes deberán cultivar con las personas en sus ministerios para que se conviertan en verdaderos discípulos, semejantes a Cristo y multiplicadores de discípulos.

Cuando las instituciones establecen mentoría práctica fuera del campus, rara vez conlleva que la facultad supervise o trabaje *regularmente* con sus estudiantes. En cambio, podría significar que un estudiante será asignado a un ministro profesional fuera del campus que no tiene tiempo para asesorarlo, si acaso, ni observar concienzudamente su desempeño ministerial. Y aunque disponga del tiempo y deseo de hacerlo, ¿cómo podría hacerlo bien sin haber tenido él mismo un buen modelo de mentoría (porque los mentores también necesitan mentores)? Estos mentores ineficaces pueden aprobar a los estudiantes más por el sentimiento de culpa que por una evaluación precisa de sus conocimientos, carácter y habilidades.

Dentro de las instituciones también hay mentoría personalizada cuando los estudiantes redactan sus disertaciones o tesis; sin embargo, su único fin es que el estudiante produzca ese escrito. Tal vez no abarque el desarrollo más integral del carácter que, a decir verdad, es pertinente al proceso en términos, por ejemplo, de los efectos negativos de la carga de investigación y escritura sobre la familia y el ministerio.

Los comentarios anteriores describen una situación común que resulta de la influencia tanto del modernismo (con su énfasis en el conocimiento) como de la era de la información (con su énfasis en el contenido) sobre la filosofía educativa. Esta preferencia por la capacidad intelectual sobre las destrezas físicas en la sociedad occidental moderna ha restado importancia a la relación maestro-aprendiz, la cual era muy importante en la sociedad pre-moderna, salvo en la formación para las vocaciones manuales (p. ej. la mecánica) o médicas (p. ej. los requisitos de internados y residencias). El avance global del modernismo y la educación occidental reemplazó la mentoría, que tenía un papel importante en las sociedades tradicionales. El surgimiento del posmodernismo en Occidente, con su énfasis en la experiencia subjetiva y las relaciones personales, está corrigiendo este desequilibrio y quizás esté detrás del avivamiento de la mentoría y del auge del asesoramiento de vida ("life coaching" en inglés) como profesión.[7] Sin embargo, la tradición evangélica ha sido muy lenta en la corrección de este desequilibrio en sus instituciones educativas. El énfasis excesivo en el área cognitiva del desarrollo personal es perjudicial para las áreas afectivas y psicomotoras que también son necesarias para el tipo de espiritualidad saludable que Cristo encargó a sus discípulos. La mentoría provee un contexto específico para un desarrollo más integral, e integrado, del estudiante porque hace hincapié en el desarrollo afectivo y psicomotor, que se suma a la preponderancia de lo cognitivo en el aula de educación superior (excepto en cursos específicos como «Disciplinas espirituales» o «Evangelización y discipulado»).

Asimismo, la mentoría como parte de la educación superior evangélica es una necesidad cada vez más crítica a la luz de la crisis familiar y moral que está ocurriendo en las sociedades a nivel global. Las instituciones deben dar más atención al desarrollo del carácter de sus estudiantes porque cada vez más provienen de hogares disfuncionales y cargan con sus efectos. Además, a medida que el evangelio penetre en las culturas no cristianas, y que Occidente siga perdiendo su cosmovisión cristiana, habrá que lidiar con las perspectivas que contradigan la Biblia. Ni el aula ni la mentoría puramente académicas son adecuadas para responder a estas necesidades personales; tampoco ofrecen los recursos para reforzar las destrezas interpersonales de estudiantes que pueden venir con desafíos relacionales importantes, y que necesitan desarrollar destrezas más fuertes para tener éxito en su ministerio con otros, ya sea en un contexto ministerial o en una profesión secular. Pero una mentoría eficaz

---

7. Las búsquedas cibernéticas acerca de los términos 'mentoría' y 'asesoramiento' presentan un sinfín de resultados e información (incluyendo algunas bibliografías anotadas) que revelan el creciente interés en la mentoría (esp. relacionada con los negocios, la educación y la psicología) desde finales del siglo XX.

provee el modelo y el tipo de relaciones que deben experimentar para ser el tipo de persona que Jesús quiere que sean como sus discípulos.

Entonces, ¿qué hace falta para que los docentes de las instituciones educativas evangélicas sean mentores eficaces de sus estudiantes?

Inclusión en los principios rectores de la institución

Zig Ziglar es un famoso empresario, autor y orador motivacional que acuñó la frase: «Apúntele a la nada y no fallará».[8] La institución que aspire a que sus profesores sean mentores eficaces deberá establecerlo en sus principios rectores, es decir, la visión, misión y valores fundamentales. Sin una visión clara ni el respaldo del liderazgo institucional, cada docente tendrá que decidir por su cuenta si llevará a cabo esta función. Entonces, la mentoría será la experiencia aislada de algunos estudiantes, en lugar de lo esperado para todos. El auge de organizaciones evangélicas paraeclesiásticas enfocadas en el discipulado en parte responde a que las iglesias no han cubierto esta necesidad. De hecho, no pueden hacerlo porque las instituciones que capacitan a sus líderes espirituales han inculcado en sus facultades una mentalidad de publica o perece, en lugar de mentorea o perece. No está mal que los evangélicos sean eruditos y que sean aplaudidos por tales logros; es totalmente apropiado en el contexto de la educación superior. Sin embargo, son miembros de instituciones *evangélicas* que deberían darle igual importancia a la mentoría. Este desequilibrio a favor de la academia ha resultado en que los graduados tengan una reputación de ineficaces e irrelevantes en aspectos importantes del ministerio.[9] De igual manera, una mentoría que adolezca en lo académico produciría muy buenos multiplicadores espirituales que podrían repetir los errores del pasado, los cuales pudieron haber sido evitados si contaran con el conocimiento crítico necesario para una mayor sabiduría como líderes de la comunidad cristiana.

---

8. Tom Ziglar, "If You Aim at Nothing . . .," *Ziglar* (blog), acceso 27 julio 2015, http://www.ziglar.com/quotes/zig-ziglar/if-you-aim-nothing..

9. A partir de un amplio estudio del Overseas Internacional Council de instituciones teológicas en todo el mundo, Manfred Kohl identifica los problemas con la educación teológica actual, y la desconexión y tensión entre los educadores teológicos y sus denominaciones: «Por lo tanto, parece que las instituciones teológicas y las iglesias han continuado aislándose las unas de las otras en detrimento de su eficacia». Manfred Waldemar Kohl, "Theological Education: What Needs to Be Changed," *Torch Trinity Journal* 12, no. 1 (2009): 149–162.

El objetivo debe ser que los eruditos sean practicantes y viceversa. Pero la institución que los integra a sus principios rectores ayudará al cumplimiento de la Gran Comisión a medida que la iglesia avance hacia el futuro.

Mientras completaba mi maestría en Divinidades, estuve reuniéndome semanalmente en el campus con un grupo de estudiantes afiliado con mi organización misionera. En una ocasión fuimos accidentalmente interrumpidos. Esta persona nos preguntó quiénes éramos y se fue, pero regresó inmediatamente para presentarse como el líder de una denominación evangélica de renombre. Entonces nos dijo que éramos la clase de personas que más quería en su grupo: gente capacitada académicamente en el seminario pero que también supiera cómo alcanzar y discipular a otros gracias a su entrenamiento y experiencia paraeclesiástica. Aunque aprecié sus palabras sobre nuestra organización, me entristeció que no creyera que la institución estuviera haciendo tan buen trabajo como nuestra organización con el desarrollo de mentores que produjeran discípulos multiplicadores, a pesar de que sus programas académicos estaban dirigidos hacia la formación de pastores, sembradores y misioneros competentes, además de profesores que continuarían ese trabajo en otras instituciones evangélicas.

Una institución supera este problema cuando sus estatutos incluyen la mentoría y se mantiene revisando su progreso conforme pasa el tiempo. Durante varias décadas enseñé en una institución (con la que todavía trabajo) en donde la mentoría fue incluida debido en gran parte a que los profesores estaban frustrados con sus experiencias como estudiantes graduados en un sinnúmero de instituciones evangélicas conocidas. Para ayudar a garantizar que la institución ofreciera una solución a ese problema, ha incluido aspectos de la mentoría en la Gran Comisión entre sus principios rectores.[10] Estas declaraciones son revisadas cada cierto tiempo por líderes y profesores para determinar si deben ser aclarados y evaluar que los departamentos y oficinas no estén distraídos con sus muchas actividades. Las discusiones también consideran cómo se pueden fortalecer este y otros principios. Como resultado, la mentoría es parte del ADN de la institución y cada persona (facultad,

---

10. International Graduate School of Leadership, "Mission & Vision," acceso 6 de julio 2015, http://www.igsl.asia/about/mission-vision-values/; y "Core Values," misma fuente y fecha de acceso, http://www.igsl.asia/about/core-values/.

personal y estudiantes) rinde cuentas, lo que ha incentivado la eficacia en el cumplimiento de la Gran Comisión en los entornos ministeriales fuera del campus y restaurado la confianza de la denominación, a juzgar por el aumento de los donativos.

Inclusión en el currículo

Cuando la institución adopta la mentoría como uno de sus principios guía, procede que la incorpore al currículo de cada programa. Este paso ayuda a asegurar que se implementará y será efectiva, y que será reforzada como parte del ADN de la institución. Si la mentoría no es incluida en cada uno de los programas no podremos culpar a los estudiantes cuando duden de su importancia para el cumplimiento de la Gran Comisión o la descarten en sus contextos ministeriales. Están imitando lo que aprendieron en el seminario. Por ejemplo, si la mentoría es parte de los programas profesionales, pero no en los de investigación, los estudiantes concluirían que es innecesario para los académicos. Si luego se convierten en miembros de la facultad o investigadores, solamente valorarán la mentoría en los contextos pastorales, en detrimento de sus estudiantes, quienes se graduarán sin haber aprendido a hacer discípulos en las iglesias. (Esta mentalidad quizás sea la raíz del problema mencionado al principio de este capítulo).

La incorporación de la mentoría debe ir acompañada de objetivos para el desarrollo cognitivo, afectivo y psicomotor de acuerdo con cada programa (aunque algunos serán compartidos por todos). Estas metas deben promover el desarrollo de la espiritualidad y el carácter de los estudiantes, de manera que estos integren tales aspectos en sus cosmovisiones y vocaciones, sin importar sus profesiones, incluyendo el compromiso y la capacidad de hacer discípulos multiplicadores e imitadores de Cristo.

En un currículo que incorpora la mentoría, los objetivos de desarrollo cognitivo deben reforzar el material que se estudia en el aula para que los estudiantes no lo echen al olvido ni demoren en aplicarlo hasta después de graduarse. También deben incluir la exposición a contenidos relacionados con el enfoque en mentoría, pero que no sean parte del currículo del programa. Pero, la mentoría no debe convertirse en sesiones pequeñas o individuales y cargadas de contenido (aunque en algunas ocasiones podrían ser necesarias además del tipo de mentoría que se describe aquí). Más bien, el logro de esos objetivos de desarrollo cognitivo debe girar en torno a la edificación de relaciones más profundas y significativas con los estudiantes para atender áreas críticas para el crecimiento que no son atendidas en el aula.

Los problemas de carácter desempeñan un papel importante en las historias del Antiguo Testamento y son enfatizadas más que los dones en los requisitos del Nuevo Testamento para el ejercicio del liderazgo espiritual (1 Ti 3:2-12; Tit 1:6-9). Por lo tanto, los objetivos de desarrollo afectivo relacionados con la mentoría deben incluir que el estudiante crezca en su amor a Dios y lo mantenga como prioridad en medio de las exigencias académicas del seminario, pues si da prioridad a lo académico durante sus estudios, hará lo mismo con su vocación luego de graduarse. Asimismo, esos objetivos deben ayudarles a lidiar con el pecado, sobre todo en sus vidas privadas (p. ej. pornografía), para que aprendan a caminar en el Espíritu cuando se sientan presionados o agobiados. Además, deben ayudarles a desarrollar un compromiso creciente con la Gran Comisión, involucrándolos en un ministerio multiplicador en medio de las presiones académicas. Por último, los objetivos habrán de inclir que les enseñemos a trabajar en equipo, a ser líderes serviciales que no estén anhelando puestos como símbolos de poder o autoridad sobre los demás.[11]

El currículo que incorpora la mentoría debe incluir objetivos de desarrollo psicomotor que contribuyan a lograr una vida exitosa y que no son parte de los programas de estudio ni de las clases compulsorias. Estos objetivos podrían abarcar las destrezas para la comunicación interpersonal, el manejo del presupuesto personal o familiar para el éxito financiero de acuerdo con la provisión de Dios. De igual manera, conllevarían ayudar a que los estudiantes practiquen las diversas destrezas para el liderazgo y la mentoría encargándose de dirigir actividades de grupo, ayudando a otros estudiantes y participando en la formación de discípulos multiplicadores dentro de un ambiente específico.

---

11. El liderazgo servicial es bien conocido en la iglesia y ha ganado popularidad en el mundo empresarial. Sin embargo, mi colega Steve Hobson entiende que Jesús modeló el liderazgo *de sirviente-mayordomo*. El aspecto de la servidumbre llama a los líderes a que antepongan los intereses de los demás a los suyos (Fil 2:3-8). Por otra parte, el aspecto de la mayordomía responsabiliza a los líderes por el cumplimiento de sus deberes (Jn 17:4). La prudencia de mantener la tensión entre ambos evita que vivamos de manera insalubre, contradiciendo el liderazgo modelado por Jesús y al que hemos sido llamados.

Los mentores deben acompañarlos con cierta frecuencia para poder observar su progreso y sus necesidades, y ayudarles a superarlas.

El currículo que incorpora la mentoría docente con una dirección clara y metas para el desarrollo es de gran beneficio tanto a nivel institucional como personal. Este mecanismo facilita la evaluación del crecimiento y la madurez de cada estudiante mediante la interacción habitual, constante y personal, de modo que pueda corregírsele o suspendérsele si fuere necesario. También permite que la mentora o el mentor sirvan de intermediarios cuando sus estudiantes confronten un problema con otros estudiantes, profesores o el personal del seminario. Asimismo, tendrán un cuadro más claro para completar las cartas de referencias para empleos o estudios graduados. También sienta las bases para una relación confidencial y a largo plazo en la que Dios los usará como influencias mutuas en el proceso de la santificación.

Inclusión en la asignación de los recursos de la institución

Los líderes de la institución posibilitan la mentoría cuando asignan los siguientes recursos:

Asignación de tiempo

Esta área toma en cuenta los elementos formales e informales de las cargas de trabajo de la facultad y el estudiantado. La asignación de un tiempo formal para la mentoría implicará que determinen cuánto será el mínimo y cuándo ocurrirá. Algunas instituciones optarán por designar períodos sin clases para que mentores y estudiantes participen en sus grupos. Otras instituciones preferirán asignarle un tiempo formal a la mentoría grupal e individual, pero dejando que los involucrados organicen sus encuentros. Algunos de estos horarios formales involucrarán reuniones en un mismo lugar, probablemente dentro del campus. Otros tiempos formales abarcarían salidas deportivas y otras actividades de ocio, cultos de oración y retiros espirituales, o visitas a los hogares con el fin de conocerse mejor en un contexto no académico.

La mentoría no será eficaz si los mentores llegan a las reuniones con la intención de ser espontáneos, esperando que el Espíritu Santo haga algo. En cambio, tienen que preparar una agenda, la logística de la reunión y hacer los ajustes necesarios sobre la marcha. Por lo tanto, al igual que con la enseñanza en el aula, hay que considerar el tiempo que les tomará prepararse para las reuniones y el seguimiento. Por último, se deben tomar en cuenta las actividades y los eventos de capacitación para los mentores.

Aparte del elemento formal, la carga de trabajo de los mentores debe incluir la contingencia del tiempo informal requerido para visitar a los estudiantes enfermos o que estén atravesando alguna otra dificultad inesperada. De esa manera, darán el ejemplo de amar a los demás más que a uno mismo, pues los estudiantes saben que tienen mucho trabajo y así, harán lo propio.

El ajetreo diario es el mayor obstáculo de una mentoría eficaz. Las personas no dejan de estar ocupadas simplemente porque tengan buenas intenciones de ayudar a los demás. Cuando la facultad y el estudiantado están invirtiendo sus energías en sus muchas prioridades, terminan descuidando otras o desempeñándose muy por debajo de lo esperado. Los líderes deben velar por el equilibrio de las responsabilidades para que la mentoría no sufra. De lo contrario, no se podrá llevar a cabo según lo establecido por los principios guía de la institución. Quizás a esto se deba el que la mentoría no sea tan eficaz en tantas instituciones. Hasta Jesús, el Hijo eterno de Dios, tuvo que limitar sus actividades terrenales a las ciento sesenta y ocho horas de la semana. Entonces, los líderes, en conjunto con la facultad y los líderes estudiantiles, tendrán que tomar unas decisiones serias para asegurarse de que su programa sea eficaz. Tal vez requiera que los estudiantes tarden más en graduarse que en los seminarios que no fomentan la mentoría. Los líderes académicos podrían limitar las tareas requeridas (por ejemplo, el tiempo máximo permitido para la lectura técnica, o la redacción de reflexiones en lugar de monografías) para evitar que las sobrecargas académicas interfieran con la mentoría. Los docentes tendrán que respetar estos límites y ser más selectivos con las tareas, dándole prioridad a la calidad y equipando a los estudiantes para la vida (ya que después de la graduación tendrán acceso a muchísimo contenido) en lugar de, como en el pasado, saturarlos con información. Si les preocupa demasiado la calidad académica, probablemente tampoco encontrarán el tiempo para llevar a cabo la mentoría.

Asignación de instalaciones

El uso de las instalaciones para la mentoría dependerá del tamaño del grupo. Un tamaño ideal para profesores y líderes institucionales es entre seis y ocho estudiantes. Por un lado, una cantidad mayor dificultaría el cumplimiento de sus otras responsabilidades, además del tiempo necesario para relacionarse del modo adecuado con cada estudiante. Los profesores que no sean también los asesores académicos de los estudiantes probablemente no dispondrán del tiempo para las sesiones individuales. Por otro lado, un grupo de menos de seis estudiantes no se beneficiará de la variedad de personalidades, trasfondos o años académicos tan necesarios para la mentoría entre pares.

El uso de las instalaciones no será un problema en los seminarios que ya cuenten con grupos de asesoramiento académico; ahora tendrán un enfoque más integral y su asesor será el mentor. Pero, habrá que hacer los ajustes necesarios si la mentoría requiere otro horario y frecuencia para evitar los conflictos. Por lo general, los grupos de asesoramiento académico sobrepasan el tamaño recomendado para la mentoría, puesto que suelen configurarse de acuerdo con la matrícula necesaria para generar ingresos. Su reorganización conllevará el uso de más espacio, lo que puede crear conflictos. Habrá que coordinar los espacios, sobre todo los que no están en uso. Cualquier renovación o construcción de edificios debe tomar en cuenta que las oficinas de los profesores provean acomodo para estos grupos. También pueden compartir un salón más grande; sin embargo, eso podría afectar la transparencia entre los miembros al quedar expuestos a que otros escuchen sus situaciones.

Asignación de personal

El personal prioritario son los mentores. No tiene que limitarse a la facultad. El tamaño ideal ya mencionado para los grupos a duras penas es posible en seminarios en donde la proporción de facultad-estudiantado es desigual. Y aunque todos sirvan de mentores, seguramente habrá que buscar más. En estos casos reclute a las personas que lideran la oficina de Registro o la biblioteca y el personal docente que no esté enseñando. Considere a otros empleados calificados, los catedráticos auxiliares (ya sean instructores o que hayan sido reclutados como mentores), pastores y líderes laicos. Los estudiantes quizás prefieran a sus líderes institucionales y profesores; sin embargo, no buscamos personas que ocupen ciertos puestos, sino que sean maduras y diestras en la mentoría. Esa capacidad aumentará el valor de la relación con los estudiantes. Tenga presente que, si los potenciales mentores provienen de los listados al final, posiblemente no cumplirán con sus deberes. Como ya hemos mencionado, las buenas intenciones no quitan que alguien esté demasiado ocupado. Pero tendrá una mejor respuesta de los mentores que estén cumpliendo con los deberes de su trabajo, de acuerdo con lo estipulado en su salario y las evaluaciones positivas. La institución no obtendrá una respuesta similar de los voluntarios o las personas que reciban un honorario a menos que, además de sus labores cotidianas, tengan un compromiso personal, una visión e historia para la mentoría de los estudiantes.

La asignación de personal conlleva el nombramiento de un "mayordomo" de la mentoría que cuente con el personal de soporte apropiado para darle seguimiento a esta área y evitar que quede rezagada entre los tantos otros proyectos de la institución. Este equipo, especialmente el o la mayordomo(a), debe entender qué espera la institución de esta mentoría, encargándose de facilitarles los recursos (formación, material, ideas, etc.) a los mentores. Por supuesto, es de esperarse que busquen fuentes externas, identifiquen y determinen cómo satisfarán las necesidades si no existen a lo interno. Este equipo también debe colaborar con la oficina de relaciones con los exestudiantes en adquirir la información de las cadenas de discipulado en los diversos contextos ministeriales, la cual será compartida con los mentores para que puedan corregir las deficiencias del pasado y mejorar su labor con los estudiantes actuales.

Asignación de fondos

La asignación de fondos requiere partidas dentro del presupuesto fiscal, así como los medios para obtenerlos. Quizá sea necesario un fondo de becas para los estudiantes y así compensar la disminución de ingresos por concepto de matrícula debido a la proporción de estudiantes-mentores. Además, habrá que financiar los salarios o honorarios de los profesores auxiliares, pastores y otros mentores externos, así como los gastos incurridos en el mantenimiento de las instalaciones dedicadas a tales fines. Las partidas y los fondos relacionados (ya sea completos o subsidiados) deben prever las actividades fuera del campus (como retiros espirituales y actividades ministeriales del grupo) que estén contempladas dentro del currículo y el calendario académico. Por último, hay que financiar la capacitación de los mentores. Tal vez conlleve la contratación de recursos externos que capaciten a la facultad en el campus o que estos participen en talleres de otras entidades. El presupuesto debe abarcar las cuotas por recursos, instalaciones, materiales, hospedaje, alimentación y transporte para las actividades de capacitación.

Inclusión en el plan de desarrollo docente

En última instancia, la mentoría está en manos de personas no de los programas académicos ni de las instituciones.[12] Por lo tanto, la institución debe velar por su desarrollo.

El perfil del mentor eficaz

Los mentores deben encarnar aquello que pretenden inculcarles a sus estudiantes. Esdras estaba dedicado al estudio de la ley (su desarrollo cognitivo), aplicándola a su vida (su desarrollo afectivo) y enseñándola a los demás (su desarrollo psicomotor) (Esd 7:10). Este orden demuestra que practicaba lo que estudiaba, para luego enseñárselo a los demás. Los estudiantes siempre están observando, escuchando y tomando notas mentales de sus profesores. Su conducta deja una impresión un tanto mayor que sus lecciones o destrezas. ¿Son sus mentores transparentes acerca de sus luchas en el discipulado, la multiplicación de discípulos y se presentan como cualquier otro creyente que está en el proceso de la santificación (esperemos que más maduros que los estudiantes)? ¿O se niegan a reconocer sus debilidades, proyectándose como perfectos debido a sus credenciales académicas o puestos en la institución? Su humildad como profesionales es un poderoso modelo de liderazgo para los estudiantes.

La facultad como equipo debe modelar el tipo de relaciones que los estudiantes deberán edificar con otras personas. ¿Cuán cálidas y alentadoras son las relaciones entre los líderes institucionales y la facultad, y entre los miembros de la facultad, incluso cuando surgen desacuerdos? ¿Trabajan en equipo o son territoriales contra otros? ¿Demuestran un aprecio mutuo, forjando amistades? ¿O se toleran casi incómodamente, compitiendo entre sí? Si existen problemas, los líderes institucionales deben esforzarse en mejorar el

---

12. Hodges, *Tally Ho the Fox!*, 70.

entorno laboral de modo que sea un modelo saludable para los estudiantes.[13] Patrick Lencioni explica el proceso para corregir los problemas dentro de un equipo (que también aplica a las relaciones institucionales). Este comienza por crear un ambiente donde la gente se siente en confianza y admite sus debilidades, abriéndose hacia la posibilidad de resolver el conflicto, asumir su responsabilidad y colaborar en los objetivos comunes.[14] Esto debe comenzar desde la cabeza de la institución. Los líderes institucionales tienen que ser transparentes en sus relaciones con la facultad y colaborar en la superación de los desequilibrios personales e institucionales que afectan al equipo: facultad, personal y estudiantes.[15]

Los mentores no deben limitarse a estar disponibles para sus estudiantes, sino que además deben acompañarlos. El profesor Howard Hendricks hizo famosa la frase, «Captamos más de lo que están enseñándonos»,[16] con la que resaltaba la importancia del modelaje y la participación en el aprendizaje en contraste con la transferencia de contenido. Ese fue el ejemplo de Robert Coleman, autor de *El plan maestro de la evangelización*. Como mi profesor, siempre estaba a la disposición de sus estudiantes y nos acompañó de tal manera que captamos los principios del discipulado de Cristo. Como instructor y asesor académico invitaba a los estudiantes a sus devocionales matutinos. Además, nos invitaba a acompañarlo en su ministerio semanal. No limitó su relación a lo académico ni al campus. Dentro y fuera del aula era evidente que vivía por los principios que enseñaba y nos ayudó a experimentarlos y valorarlos. No es que los estudiantes sean como los seguidores de una secta, sino más bien, que los mentores tienen el privilegio de desarrollarlos como discípulos de Cristo. Por consiguiente, tienen que mantener una perspectiva saludable de lo que sea mejor para cada persona, como permitirles o animarlos a que se

---

13. Un buen entorno relacional fomentará la retención de los docentes cuando los salarios sean menos de lo deseable.
14. Patrick Lencioni, *The Five Dysfunctions of a Team: A Leadership Fable* (San Francisco: Jossey-Bass, 2002).
15. Tim Irwin, *Impact: Great Leadership Changes Everything* (Dallas: BenBella, 2014); y Kevin Leman y William Pentak, *The Way of the Shepherd* (Grand Rapids, MI: Zondervan, 2004).
16. No estoy seguro de si lo dijo en el mensaje que escuché hace años y al que hice referencia anteriormente en este capítulo (en ese tiempo escuché varios de sus mensajes). Otras personas le atribuyen estas palabras, pero tampoco ofrecen una referencia precisa.

unan a otro mentor si eso es lo mejor (aunque es preferible que un estudiante siga profundizando esta relación con un solo mentor hasta su graduación).

Algunos objetaran que exigir a todos los miembros de la facultad que sean mentores no toma en cuenta que hay diferentes personalidades y tipos de facultad. Algunas personas son más introvertidas y no se sentirán cómodas fuera del aula o sus investigaciones. Sin embargo, aun a los extrovertidos que no sepan escuchar les costará ser eficaces como mentores. Las excusas abundan y habrá que discernir si los profesores están resistiéndose porque sobrevaloran lo académico o no están bien informados sobre la mentoría, o porque no fue una experiencia positiva. La Gran Comisión, y la mentoría que requiere, nos fue encomendada a todos, no tan solamente a los que poseamos ciertas personalidades, talentos, dones espirituales o llamados. Algunos docentes tendrán que dar un paso de fe desde sus zonas de comodidad y perspectivas profesionales en obediencia a la responsabilidad que recibieron como discípulos del Señor.

El espacio no permite que veamos otros aspectos de lo que es un mentor eficaz, pero lo importante es tener mentores que conozcan la diferencia entre la mentoría y el asesoramiento. Ambas son necesarias, pero con usos muy distintos. La mentoría (en esta distinción de términos) implica una orientación más dirigida acerca de ciertos temas —acompañada, a menudo, de explicaciones verbales del mentor. El asesoramiento tiene dos vertientes. La primera gira en torno al desarrollo de las destrezas que el estudiante necesitará en los diversos entornos vocacionales y ministeriales (semejante al trabajo de los técnicos deportivos) mediante explicación, modelaje y práctica supervisada. La segunda vertiente parte de una serie de preguntas dirigidas a que el estudiante procese su experiencia y descubra por sí misma la solución a un problema.[17] Los mentores deben estar versados en las tres técnicas y discernir cuál será la más apropiada para el desarrollo de sus estudiantes.

---

17. Véase el recurso de Keith Webb, *The COACH Model for Christian Leaders: Powerful Leadership Skills for Solving Problems, Reaching Goals, and Developing Others* ([USA]: Active Results LLC, 2012) para una explicación más detallada del segundo tipo de asesoramiento.

La selección de mentores que se asemejen al perfil

Las instituciones tienen tres opciones para encontrar a sus mentores: (1) capacitar al personal actual en la mentoría eficaz y medir su progreso; (2) reemplazar al personal que no esté dispuesto a servir de mentores (quizás por desgaste); y (3) evaluar el potencial de los candidatos entrevistados antes de que sean contratados como mentores.

Si seguimos el principio de Hendricks («captamos más de lo que nos enseñan»), el mejor método de capacitación es convertirse en aprendiz de un mentor o una mentora. El aprendiz observa por un tiempo y luego asume responsabilidades que estén a la altura de sus capacidades para la mentoría exitosa de los estudiantes. Entre bastidores, el mentor principal de la facultad observará a sus aprendices para ayudarles a que mejoren sus debilidades. Por lo tanto, estos mentores aprendices experimentarán el tipo de entorno de la mentoría más dirigida, así como los dos tipos de asesoramiento que deberán implementar con sus estudiantes. Sobre la marcha continuarán su desarrollo participando en seminarios, leyendo materiales y utilizando los recursos del equipo de mentoría (mencionado anteriormente).

Además, los mentores (aprendices y veteranos) deben formar parte de un grupo afiliado a la institución por medio del cual edificarán relaciones de co-mentoría y compartirán sus luchas y preocupaciones personales con una mayor transparencia de la que usarían con sus estudiantes.[18] Estos grupos deben estar compuestos por entre cuatro a seis mentores que tengan una buena relación. La diversidad de edades, departamentos académicos y, cuando sea posible, culturas o subculturas contribuirá a la integración y comprensión de otras perspectivas. También deben mantenerse entre el mismo género para que nadie se cohíba de temas de ética sexual y organicen retiros u otros viajes juntos sin las posibles complicaciones de los grupos mixtos. Los mentores tendrán un espacio en el que podrán mejorar sus destrezas interpersonales, que es el tipo de entorno que deben crear para los estudiantes.

Cuando entendemos la importancia de la integración de la mentoría al currículo, los recursos y el plan de desarrollo docente, descubrimos por qué

---

18. Este capítulo no trata sobre la mentoría de pares en otras áreas del desarrollo profesional, aunque muchos de los principios discutidos sirven a esos fines. En la internet encontrará muchísima literatura sobre ese tipo de mentoría (por ejemplo, busque «mentorías académicas» y «mentoría docente en la educación superior»).

es tan importante que sea parte de los principios rectores de la institución. De lo contrario, no se tomarán las medidas ni los recursos para incluirla dentro de los programas de estudio ni en el desarrollo docente.

Conclusión

Las instituciones evangélicas tienen que capacitar mentores eficaces; su llamado es la formación de discípulos semejantes a Cristo y multiplicadores. De esa manera forman una comunidad que integra lo académico con el desarrollo del carácter y ministerio dentro del contexto amplio de la institución. La facultad y el estudiantado alcanzan un nivel de contacto que sobrepasa la exposición dentro del aula y las sesiones de asesoramiento académico; además, los mentores forjan una unión más personal que la vista en otros entornos docentes. Los mentores no serán modelos perfectos ni sus grupos siempre alcanzarán el éxito; sin embargo, la mentoría es el elemento necesario para que las instituciones cumplan exitosamente la Gran Comisión tal y como Cristo la imaginó.

Una persona conocida me preguntó de qué trataría este capítulo. Después de haberle dado una sinopsis, me comentó que su pastor había servido como profesor en un seminario durante varias décadas. Ella había disfrutado su enorme conocimiento bíblico, sus sermones y estudios bíblicos. Pero entonces me dijo lo siguiente: «Lo triste es que no nos enseñó a reproducirnos espiritualmente. ¿Nos enseñarías?». Este capítulo ha tratado de sentar las pautas de la mentoría para que ningún creyente que anhele cumplir la Gran Comisión de Cristo se sienta decepcionada con los exestudiantes ni los profesores de los seminarios *evangélicos*.

Reflexión y puntos de acción

A continuación, presentamos varias actividades que tanto usted como su institución pueden llevar a cabo para que la mentoría sea exitosa.

1. ¿De qué manera está de acuerdo o en desacuerdo con la definición de la Gran Comisión de este capítulo? ¿De qué manera está de acuerdo o en desacuerdo con la tesis principal de este capítulo, que este tipo de discipulado es una

necesidad crítica descuidada por la iglesia porque la mayoría de los seminarios no prepara adecuadamente a sus estudiantes? Respalde sus respuestas con ejemplos de su entorno local e institucional.

2. Reflexione sobre su peregrinación espiritual y educativa. ¿Qué papel ha jugado el tipo de mentoría descrito en este capítulo en su propia vida (estuvo ausente, un mínimo o extenso)? Si tuvo un mentor o una mentora, ¿cuál fue el contexto (eclesiástico, agencias adscritas a la iglesia o su universidad o seminario)? ¿Cuán eficaces fueron sus mentores, sobre todo en cuanto a inculcarle la visión de ser como Cristo, multiplicando discípulos por cuatro generaciones? ¿Qué apreció y por qué? ¿Cuáles eran las fortalezas de sus mentores? ¿Cuáles eran sus debilidades? ¿Cómo pudo haberse beneficiado de una mentoría durante otras etapas de su trayectoria? ¿Cómo podría ayudarle ahora (sus necesidades actuales)?

3. ¿Qué lugar ocupa la mentoría entre sus prioridades? ¿Por qué? Breen aconseja sabiamente que su obra sobre el discipulado no es un curso de capacitación. La lectura transfiere un conjunto de conceptos, pero no experiencias. Su consejo es que sus lectores se unan a un ambiente de mentoría.[19] Si su prioridad es hacer discípulos de Cristo que sepan multiplicarse, pero no ha experimentado la mentoría descrita en este capítulo, ¿qué pasos tomará en busca de una relación de mentoría que aumente su eficacia?[20]

4. Haga una lista de los efectos positivos que la mentoría descrita en este capítulo debe tener sobre cada persona en su carácter individual (estudiantes y docentes), su institución y las iglesias en las que sirven sus estudiantes, profesores y graduados. Explique cada efecto a partir de su reflexión y las ideas que tenga para la implementación.

5. ¿Qué tipo de mentoría conduce su institución? Evalúe los principios rectores de la institución y determine si corresponden a la mentoría descrita en este capítulo. ¿Qué cambios son necesarios para darle prioridad a la

---

19. Mike Breen, *Building a Discipling Culture*, 2a ed. (Pawleys Island, SC: 3DM, 2011), 167.
20. Si no existe una solución local para desarrollarse en la mentoría, póngase en contacto con el autor en ronw@ilc.global. Escriba "IPAL Faculty Mentoring Chapter Action Points" en la línea de asunto del correo electrónico. Si se encuentra en una ubicación confidencial, sugiera en el mensaje su(s) método(s) de contacto alternativo(s) preferido(s).

mentoría? ¿Qué cambios serán necesarios para fortalecerla en los programas, recursos, el desarrollo docente, las evaluaciones de los exestudiantes y las relaciones constantes?

6. Haga una lista de los obstáculos que enfrentaría este tipo de mentoría, primero en relación con las personas (estudiantes, docentes y otros mentores), el ministerio en el campo (iglesias, entornos vocacionales, denominación, etc.) y la institución. Enumere los pasos que deberá tomar para superarlos y desarrolle un plan acorde.

Recursos para seguir estudiando[21]

Breen, Mike. *Building a Discipling Culture*. 2ª edición. Pawleys Island, SC: 3DM, 2011.
Presenta una visión clara y principios útiles para el desarrollo de la mentalidad de discipulado multiplicador en cualquier iglesia u organización; el sistema de discipulado incluido es solamente una sugerencia que puede ser fácilmente sustituida.

Coleman, Robert E. *The Master Plan of Evangelism*. Grand Rapids, MI: Revell, 2006.
Un clásico que desde los años sesenta sigue en imprenta; el título puede confundir, ya que en realidad se trata del discipulado de Jesús.

Eims, LeRoy. *The Lost Art of Disciple Making*. Prefacio por Robert E. Coleman. Grand Rapids, MI: Zondervan, 1978.
Otro clásico con ideas fundamentales sobre cómo hacer discípulos multiplicadores.

Gallaty, Robby. *Growing Up: How to Be a Disciple Who Makes Disciples*. Bloomington, IN: CrossBooks, 2013.
Una publicación más moderna, pero similar o complementaria a los textos clásicos de Coleman y Eims. Contiene preguntas para la reflexión sobre cómo convertirse en un mejor mentor de discípulos multiplicadores, así como un apéndice de recursos útiles y recientes.

---

21. Agradezco las sugerencias dadas por varios colegas y amigos para esta sección.

Hodges, Herb. *Tally Ho the Fox! The Foundation for Building World-Visionary, World-Impacting, Reproducing Disciples.* 2a edición. Augusta, GA: Manhattan Source, 2001.
La perspectiva de un pastor sobre el discipulado y el adiestramiento de los creyentes.

House, Paul R. *Bonhoeffer's Seminary Vision: A Case for Costly Discipleship and Life Together.* Wheaton, IL: Crossway, 2015.
Una mirada a la filosofía de la educación de Bonhoeffer, que enfatizaba las relaciones.

Hull, Bill [Robert W.]. *The Complete Book of Discipleship: On Being and Making Followers of Christ.* Biblioteca de los Navegantes. Colorado Springs, CO: NavPress, 2006.
Ofrece ideas teológicas, históricas y diversas otras relacionadas con el discipulado.

Irwin, Tim. *Impact: Great Leadership Changes Everything.* Dallas: BenBella, 2014.
Un psicólogo organizacional y consultor en administración ofrece sus perspectivas sobre el carácter personal de los mentores y sus aprendices.

Kohl, Manfred Waldemar. "Theological Education: What Needs to Be Changed." *Torch Trinity Journal* 12, no. 1 (2009): 149–162.
Un educador reflexiona sobre la educación teológica a nivel mundial.

Leman, Kevin, y William Pentak. *The Way of the Shepherd.* Grand Rapids, MI: Zondervan, 2004.
Un libro breve escrito por dos asesores en liderazgo corporativo sobre cómo maximizar el potencial de los empleados para el beneficio de la organización.

Lencioni, Patrick. *The Five Dysfunctions of a Team: A Leadership Fable.* San Francisco: Jossey-Bass, 2002.
Analiza los problemas de los equipos y ofrece soluciones; los conocimientos son aplicables a grupos pequeños, relaciones docentes y el liderazgo institucional.

MacDonald, Gordon. "Going Deep: Cultivating People of Spiritual Depth Is a Pastor's Top Priority." *Christianity Today,* 27 de junio de 2011. Acceso 9 de julio de 2015. http://www.christianitytoday.com/le/2011/spring/goingdeep.html.
Llama a los pastores a volver a su responsabilidad de hacer discípulos.

McCallum, Dennis, y Jessica Lowery. *Organic Discipleship: Mentoring Others into Spiritual Maturity and Leadership.* Edición revisada. Columbus, OH: New Paradigm, 2012.

Contiene una serie de temas prácticos sobre la mentoría que no encontrará en otras fuentes.

Scott, Marty. "Annotated Bibliography." Curso de Mentoría//Coaching, Primavera 2013. Seminario Teológico de Dallas. Acceso 9 de julio 2015. http://www.dts.edu/download /academic/sfl/DTS-mentoring-bibliography.pdf.

Algunos de los recursos que iba a recomendar aparecen en este documento con comentarios más extensos.

Spader, Dann. *4 Chair Discipling: Growing a Movement of Disciple-Makers.* Chicago: Moody, 2014.

Ofrece ideas bíblicas y un discipulado de cuatro áreas: involucrar a los no creyentes, edificar la fe de los creyentes, equipar a los creyentes para el servicio y expandir el Reino a través de la multiplicación.

Stanley, Andy. *The Next Generation Leader.* Sisters, OR: Multnomah, 2003.

Trata el liderazgo con el asesoramiento para el desarrollo del carácter y aplicaciones a la mentoría.

Webb, Keith. *The COACH Model for Christian Leaders: Powerful Leadership Skills for Solving Problems, Reaching Goals, and Developing Others.* [USA]: Active Results LLC, 2012.

Este asesor profesional orienta sobre las preguntas clave en la mentoría.

Wood, Rick. "A Discipleship Revolution: The Key to Discipling All Peoples." *Mission Frontiers* (En-Feb 2011). Acceso 15 de junio de 2015. https://www.missionfrontiers.org/issue/article/a-discipleship-revolution.

Todo el número titulado, «La revolución del discipulado», contiene varios artículos relevantes y está disponible en https://www.missionfrontiers.org/issue/archive/discipleship-revolution.

10

El desarrollo de líderes académicos entre la facultad

Orbelina Eguizabal

El decano del seminario le había pedido varias veces a José que presidiera su departamento, pero éste siempre respondía que sus otras responsabilidades no le permitían aceptarlo. Las circunstancias en su departamento cambiaron y hacía falta un nuevo administrador. Ya no era una opción, sino una necesidad real y le pidieron a José que tomara el puesto. Llevaba varios años en ese puesto cuando escuché su historia y sus colegas estaban contentos con su liderazgo. Aunque José retuvo la mayor parte de su carga docente, también disfruta de sus responsabilidades administrativas y comparte sus experiencias con mucho entusiasmo. Según este, ha aprendido en la práctica.

El caso de José probablemente no sea nuevo para usted y hasta puede que se identifique con su historia. Los docentes en la educación superior cristiana y secular están bien capacitados en sus campos y hacen un buen trabajo aplicando sus conocimientos en sus especializaciones, pero no quieren involucrarse con los desafíos de la administración académica. Además, en los últimos años, las exigencias del proceso de acreditación han establecido el tono de cómo debe ser la instrucción y la investigación, convirtiéndolas en una prioridad en muchas de las instituciones que continúan desarrollando programas de capacitación a corto y largo plazo para que sus profesores satisfagan las demandas de los consumidores de la educación. «Sin embargo, pocos han sido capacitados en los servicios universitarios, por no hablar del aprendizaje y la práctica de la administración académica».[1] Por lo tanto, en este capítulo consideraré algunos aspectos de la necesidad y las prácticas para el desarrollo de líderes académicos dentro las instituciones de educación superior en general, así como en las instituciones de educación superior cristiana, incluidos los seminarios teológicos y evangélicos.

Los parámetros de este capítulo no nos permiten explorar a fondo los muchos programas existentes, principalmente en los contextos occidentales, para el desarrollo de líderes académicos. Por lo tanto, mi intención es alentar a los líderes académicos actuales a que consideren las maneras de desarrollar el liderazgo de sus profesores, de modo que estén listos para asumir estas posiciones en sus instituciones.

El liderazgo académico: ¿Aspiración o llamado?

Como es bien sabido, la mayoría de las instituciones de educación superior está confrontando los desafíos de la crisis académica mundial que, en la última década, ha pasado factura a la educación superior. Algunas han comenzado a experimentar la disminución de su matrícula, recortes financieros y presiones gubernamentales. Por lo tanto, están tomando medidas drásticas para enfrentar el impacto de las limitaciones financieras. Muchas instituciones están diariamente tomando decisiones acerca de la fusión de departamentos, el cierre de programas, cambios en la forma de ofrecer los cursos, cambios curriculares, la cesantía de profesores y personal adjunto, los acuerdos con profesores para reducirles sus cargas de enseñanza y salarios y la organización de la jubilación temprana, entre otras cosas. En estas circunstancias el liderazgo es difícil y doloroso, como lo expresan Bolman y Gallos: «Ser líder es debilitante en medio de la reducción de los presupuestos, recortes de programas, licencias y despidos del personal. Muchos líderes están luchando con niveles de dolor, presión e incertidumbre más allá de lo que hubieran imaginado en la educación

---

1. Sheying Chen, "The Pursuit of Excellence in Academic Administration," en *Academic Administration: A Quest for Better Management and Leadership in Higher Education*, ed. Sheying Chen (Nueva York: Nova Science, 2009), 10.

superior».[2] A la luz de estos desafíos, ¿por qué una o un docente exitoso en la cátedra, en la investigación y en el mundo editorial, se interesaría en el liderazgo académico? Según los autores, esto requiere una gran fe en la misión y pasión por su llamado.[3] Por otro lado, la realidad es que, «ya sea que lideremos el desfile o trabajemos en las sombras, somos necesarios para adelantar nuestras instituciones y abogar en pro de la educación superior».[4] Sin embargo, a las instituciones de educación superior se les hará «cada vez más difícil reclutar líderes de entre las filas de la facultad».[5] Por esa razón, es fundamental que nos preguntemos, ¿qué motivaría a un miembro de la facultad a que aspire a una posición de liderazgo académico?

Cuando el decano anterior del seminario en donde yo sirvo anunció que estaba comenzando su proceso de jubilación, la universidad inició la búsqueda de la persona que lo sucedería. Se estableció un comité de búsqueda y varias personas solicitaron el puesto. La gran sorpresa fue que uno de los candidatos más prometedores resultó ser un prominente erudito del Nuevo Testamento que llevaba veinticinco años sirviendo en la institución. La institución lo eligió como decano del seminario. Pero ¿por qué un profesor exitoso en la cátedra, la investigación y la publicación aspiraría a tal posición? ¿Qué razones tenía para aspirar la decanatura? Tras haber sido confirmado en el puesto, él compartió por qué había solicitado el puesto en nuestro seminario teológico. Algunas de sus razones coinciden con las conclusiones de la literatura acerca de las aspiraciones al liderazgo académico. Por ejemplo, Buller, quien ha estudiado extensamente el liderazgo, argumenta lo siguiente:

> Algunos miembros de la facultad siguen su éxito en la cátedra, la erudición y el servicio dándole cabida a la posibilidad de buscar un nombramiento administrativo. Tal vez después de haber presidido varios comités, diseñado algunos cursos y resuelto una serie de problemas, el profesor piensa que el trabajo administrativo podría

---

2. Lee G. Bolman y Joan V. Gallos, *Reframing Academic Leadership* (San Francisco: John Wiley & Sons, 2011), 221.
3. Bolman y Gallos, *Reframing Academic Leadership*, 221.
4. Bolman y Gallos, 221.
5. Dennis M. Barden y Janel Curry, "Faculty Members Can Lead, but Will They?" *The Chronicle of Higher Education* (8 abril 2013): 1, acceso 16 de agosto 2017, http://www.chronicle.com/article/Faculty-Members-Can-Lead-but/138343.

ser interesante o que tiene el talento para hacerlo. También podría deberse a que han visto los errores cometidos por sus directores o la ineficacia de sus decanos o presidentes, dándole cabida a este pensamiento: «Bueno, hasta yo haría un mejor trabajo. Tal vez hace falta alguien con mi perspectiva y experiencia en la administración». O podría ser que después de haber logrado la mayoría de sus aspiraciones como profesor universitario haya comenzado a preguntarse: «¿Qué será lo próximo? ¿En dónde encontraré un nuevo reto?».[6]

Los comentarios de Buller resaltan un sentido de capacidad para el ejercicio del liderazgo académico y administrativo en los profesores. De las otras razones provistas me concentraré en dos que son críticas, especialmente para el contexto de la educación teológica.

La respuesta a un llamado

El término *llamado* es utilizado de maneras diferentes de acuerdo con el hablante. En la mayoría de la literatura es sinónimo de 'vocación'. Cuando la vinculamos con el liderazgo académico, encontramos que la mayoría de las fuentes, aun las que no han sido escritas desde una perspectiva cristiana, se refieren a la vocación como un elemento clave debido a las exigencias del liderazgo académico. Por ejemplo, Elizabeth Hoffman reflexiona sobre su larga carrera en el liderazgo académico superior de la siguiente manera: «El servicio en la administración académica es un llamamiento tan fuerte como el de un erudito de mucha reputación, una trabajadora social o un ministro... El tiempo que pasas con la 'gente más inteligente en la sala' (profesores, personal, estudiantes, exestudiantes, donantes y miembros de la comunidad) es una de las grandes alegrías del trabajo».[7]

Al igual que los administradores académicos en otras instituciones de educación superior, los líderes de los seminarios teológicos o instituciones de

---

6. Jeffrey L. Buller, *The Essential College Professor: A Practical Guide to an Academic Career* (San Francisco: John Wiley & Sons, 2010), 382.

7. Elizabeth Hoffman, "What Have We Learned about Academic Leadership?," en *Academic Leadership in Higher Education: From the Top Down and the Bottom Up*, eds. Robert J. Sternberg, Elizabeth Davis, April C. Mason, Robert V. Smith, Jeffrey S. Vitter, y Michele Wheatly (Lanham, MD: Rowman & Littlefield, 2015), 12.

educación superior cristiana en los contextos occidentales y no occidentales también están atravesando por dificultades. A diario confrontan las exigencias complejas de sus instituciones, junto con las presiones externas de la educación superior. Por lo tanto, deben tener claras las razones que los hayan llevado a servir en tales capacidades. Deininger lo expresa de esta manera: «El saber que Dios nos ha llamado al liderazgo académico nos fortalece y ayuda a que perseveremos durante las dificultades».[8] Esta aspiración debe ir más allá de las razones equivocadas; los docentes que aspiran a un puesto de liderazgo académico deben distinguir entre perseguir una aspiración y seguir un llamado. Aleshire, Campbell y Mannoia ofrecen el ejemplo del llamado a la presidencia de un seminario: «Esta labor solamente debe aceptarse con un profundo llamado, pero ese llamamiento es como el de Samuel. No es una 'aspiración', sino un llamado que surge dentro del contexto de la convocatoria de una junta o una autoridad religiosa».[9] Y añaden lo siguiente: «Un profundo sentido de llamado o vocación es necesario para el cumplimiento de una labor religiosa que, por un lado está vinculada con profundas satisfacciones y, por el otro, asediada por dificultades persistentes».[10] Se puede decir, entonces, que la respuesta de los líderes académicos cristianos a su llamamiento supera a la de sus homólogos en las instituciones no cristianas, en el sentido de que están obedeciendo el llamado de Dios, que viene después del primer llamado a la fe como discípulos de Jesús. Graham lo expresa así: «El discipulado es el fundamento de toda vocación a una labor, lugar o papel».[11] En vista de ello, estamos de acuerdo con Deininger, «Que veamos el nombramiento a un puesto de liderazgo como proveniente de Dios es articularlo de la manera correcta y no como una carga (1Ti 1:12). Este entendimiento puede generar en el líder

---

8. Fritz Deininger, "President and Dean as Partners in Theological Education," en *Leadership in Theological Education*, Vol. 1, *Foundations for Academic Leadership*, eds. Fritz Deininger y Orbelina Eguizabal (Carlisle: Langham Global Library, 2017), 116.
9. Daniel Aleshire, Cynthia Campbell, y Kevin Mannoia, "The President's Vocation and Leadership," en *A Handbook for Seminary Presidents*, eds. G. D. Lewis y Lovett H. Weems Jr. (Grand Rapids, MI: Eerdmans, 2006), 3.
10. Aleshire, Campbell y Mannoia, "President's Vocation and Leadership," 4.
11. Stephen R. Graham, "The Vocation of the Academic Dean," en *C(H)AOS Theory: Reflections of Chief Academic Officers in Theological Education*, eds. Kathleen D. Billman y Bruce C. Birch (Grand Rapids, MI: Eerdmans, 2011), 63.

y en los que apoyan la institución un mayor sentido de responsabilidad hacia Dios».[12]

Esta perspectiva del llamado al liderazgo académico en la educación teológica nos ayudará a humillarnos en el discipulado de Jesús para que el corazón y la actitud de siervos determine nuestras respuestas a los desafíos cotidianos. También a que estemos dispuestos a llevar nuestras instituciones a un nivel superior; pero, sobre todo, a que veamos a nuestra facultad, el estudiantado y personal como los discípulos de Cristo que han sido llamados a servir y transformar nuestras comunidades y, por lo tanto, sociedades.

El respaldo a la misión y visión de la institución

Otro aspecto importante que está relacionado con el llamamiento es un fuerte deseo o compromiso de apoyar la misión y la visión de la institución. Esto es fundamental para el manejo de las crisis y la toma de decisiones difíciles que refuercen esas declaraciones, aun cuando no sean comprendidos por todos.

Coll y Weiss, en su discusión de la preparación y el mejoramiento de líderes para la educación superior, señalan que «un buen líder es un individuo que establece una visión y misión orientada a los valores que promoverán el éxito de los demás y su institución».[13] Arthur concuerda, afirmando que: «El tono y la dirección de una universidad cristiana son determinados por la influencia personal de su líder».[14] Y añade: «De hecho, la misión de la institución rara vez capta el poder de la visión, pero ciertamente la visión y los principios de sus líderes sí porque su liderazgo es sustentado por sus motivos y la pasión de sus acciones, pensamientos y palabras».[15]

Patterson-Randles, reflexionando sobre su experiencia como directora ejecutiva y la oportunidad que estos oficiales tienen de afectar la educación en un nivel superior, afirma lo siguiente: «Un administrador que carece de visión

---

12. Deininger, "President and Dean as Partners," 117.
13. José Coll y Eugenia L. Weiss, "Rethinking Leadership Development in Higher Education," The Evolution, 7 enero de 2016, acceso 17 de agosto de 2017, https://evolllution.com/managing-institution/operations_efficiency/rethinking-leadership-development-in-higher-education/.
14. James Arthur, "Great Expectations: Vision and Leadership in Christian Higher Education," en *Leadership in Christian Higher Education*, eds. Michael Wright y James Arthur (Exeter: Imprint Academic, 2010), 6.
15. Arthur, "Great Expectations," 6.

es gerente de un sin fin de detalles».[16] Por lo tanto, los líderes académicos de todos los niveles necesitan una visión clara para su departamento, división, seminario, campus o universidad que armonice y respalde la misión de la institución. En algunos casos, ellos son los que tienen que articular la visión o traer su propia visión a la institución; tal es el caso de los presidentes, quienes deben presentar su visión ante la junta directiva y las partes interesadas en la institución. Del mismo modo, el preboste necesita tener una visión para todo el área académica. Una función esencial del decano es definir la visión de la institución, lo cual puede hacer en colaboración con la facultad a la que lidera o por su cuenta; sin embargo, no puede imponérsela a la facultad. Un punto crítico es que los líderes académicos deben ser los primeros en comprometerse con la visión y la misión de la institución.

La estructura del liderazgo académico

Otro aspecto muy importante, al considerar un programa o plan de desarrollo, es comprender la estructura del liderazgo académico. Esta variará de acuerdo con el tamaño, contexto geográfico y el tipo de institución, llámese universidad, seminario independiente, instituto bíblico o institución de educación enteramente virtual. Estos factores determinan los títulos que se les dan a los líderes académicos. A pesar de las diferencias, la mayoría de los autores identifica dos niveles principales: intermedio y superior. No pretendo entrar en una discusión exhaustiva de las estructuras de liderazgo de las instituciones, sino que me limitaré a describir los niveles y títulos o posiciones más comunes.

Liderazgo de nivel intermedio

El liderazgo de nivel intermedio abarca desde la dirección de un programa, centro o instituto hasta la jefatura de un departamento, la decanatura asociada o asistente. En la mayoría de los casos estos puestos son ocupados por profesores voluntarios o cuya carga académica ha sido reducida. Según Black: «Las posiciones de liderazgo académico (como la decanatura o la presidencia de una escuela o departamento) son atípicas y comúnmente entrañan complicaciones

---

16. Sandra R. Patterson-Randles, "Chief Executive in Academic Administration: High Expectations and Leadership Lessons," en Chen, *Academic Administration*, 35–36.

tales como su naturaleza transitoria (por ejemplo, una rotación cada tres años, parecido a un traslado por un periodo determinado)».[17]

Jefatura departamental

Gmelch y Miskin, autores de la obra, "Department Chair: Leadership Skills", argumentan lo siguiente: «La jefatura de un departamento es el papel más crítico en la universidad, así como una administración singular... El 80% de las decisiones universitarias ocurren a nivel departamental».[18] Por lo general, un miembro de la facultad ocupa el puesto administrativo en virtud de su reputación como catedrático o investigador. Sus funciones y responsabilidades varían por institución; sin embargo, las instituciones esperan que los jefes de departamento descarguen ciertas responsabilidades y tareas tales como «organizar y supervisar el currículo, distribuir las cargas docentes e investigativas, supervisar los fondos del departamento, recomendar ascensos y salarios, etc.».[19] Gmelch y Miskin parten de la literatura sobre las funciones de los jefes departamentales e identifican los cuatro roles que contribuyen al éxito de sus departamentos. Estos incluyen «desarrollador de la facultad, administrador, líder e investigador».[20] Los jefes hacen malabares a diario con las responsabilidades de estos roles, pero ninguno es tan crítico como el desarrollo de la facultad. Otra función crítica de su liderazgo es que proveen su visión y dirección a su departamento. Al final del capítulo sugiero algunos recursos para el estudio de las funciones críticas de la jefatura de un departamento.

Decanatura asociada o auxiliar

Las funciones y la autoridad del decano asociado o auxiliar varían en el ámbito de las instituciones educativas. Las instituciones grandes las definen con mayor claridad; sin embargo, a veces terminan en la ambigüedad. El decano asociado tiene a su cargo una variedad de funciones en las instituciones de educación

---

17. Simon A. Black, "Qualities of Effective Leadership in Higher Education," *Open Journal of Leadership* 4, no. 2 (Junio 2015): 54–66, acceso 24 Noviembre 2017, http://dx.doi.org/10.4236/ojl.2015.42006. Publicado en línea en *Scientific Research*, http://www.scirp.org/journal/ojl.
18. Walter H. Gmelch y Val D. Miskin, *Department Chair: Leadership Skills*, 2a. ed. (Madison, WI: Atwood, 2011), 5.
19. Gmelch y Miskin, *Department Chair*, 9–10.
20. Gmelch y Miskin, 10–11.

teológica. En el mundo mayoritario se espera que su trabajo encaje dentro de la descripción de Stone y Coussons-Read:

> Por lo general, este cargo tiene la responsabilidad de velar por el buen funcionamiento diario del seminario y de aquellas labores que permitirán que el decano se concentre en la planificación estratégica, la recaudación de fondos y el papel del seminario dentro de ese contexto universitario y comunitario más grande. En otras palabras, el decano asociado hace cumplir el reglamento, se asegura de que las clases se lleven a cabo, ayuda a los docentes con el proceso de la cátedra, resuelve disputas entre jefes de departamentos y sus profesores y entre departamentos, atiende las quejas de los estudiantes sobre la facultad y sus problemas disciplinarios, entre otros detalles.[21]

El puesto de decano asociado o auxiliar no existe en una institución hasta que surja la necesidad. Entonces, cuando eso sucede, la administración académica recae sobre profesores que tienen poca experiencia o ninguna preparación para dichas funciones. Stone y Coussons-Read argumentan lo siguiente: «En muchas instituciones, el ser decano asociado es la primera experiencia 'real' que los profesores tienen en la administración y exposición al funcionamiento interno de un seminario o universidad».[22] Algunas instituciones nombran decanos auxiliares en lugar de asociados; sin embargo, las funciones y responsabilidades son muy similares y de todas maneras trabajan estrechamente con el decano. Por lo tanto, los profesores interesados en ejercer el liderazgo académico en sus instituciones deben tener en cuenta la afirmación de Stone y Coussons-Read: «El convertirse en decano asociado puede ser un paso crítico, formativo e increíblemente valioso en su carrera».[23]

---

21. Tammy Stone y Mary Coussons-Read, *Leading from the Middle: A Case-Study Approach to Academic Leadership for Associate Deans* (Lanham, MD: Rowman & Littlefield, 2011), 1.
22. Stone y Coussons-Read, *Leading from the Middle*, 9.
23. Stone y Coussons-Read, 9.

Decanatura académica

El papel de la decanatura académica varía según las instituciones. Por ejemplo, «En las universidades pequeñas, el decano suele ser el director académico y también el vicepresidente de asuntos académicos o preboste. En las universidades más grandes, el decano es el que preside una escuela y, junto con los otros decanos, rinde cuentas al rector».[24] En el mundo mayoritario, las instituciones de educación teológica, por lo general, son universidades o seminarios independientes que sirven bajo la dirección de un decano, con la excepción de los que están bajo el paraguas de una universidad. Aunque algunos autores categorizan este puesto como liderazgo sénior, por su naturaleza el decano todavía es considerado un puesto intermedio porque los decanos «tienen responsabilidades administrativas y al mismo tiempo están muy involucrados con la facultad y los asuntos académicos».[25] Entre sus funciones administrativas, según Bryan, están «la administración cotidiana, el monitoreo y la aplicación de las políticas académicas, reuniones, informes, dotación del personal del programa, supervisión de la oferta de cursos y el desarrollo curricular, desarrollo de nuevos cursos, moderar las reuniones de facultad, la promoción del desarrollo docente, investigación y publicación, mediación, la construcción de la confianza y colegialidad entre la facultad y otras responsabilidades no mencionadas ni escritas que surgen sobre la marcha».[26]

Bryan añade al respecto: «Además, algunos decanos supervisan la acreditación, los presupuestos, las evaluaciones de la facultad, los ascensos y tenencia de cátedra de la facultad, el asesoramiento académico, la contratación de docentes y la recaudación de fondos».[27] Por lo tanto, «son ante todo líderes académicos que trabajan con la facultad en la formación del currículo y el ofrecimiento de oportunidades educativas que armonicen con la misión y los

---

24. Marc M. Roy, "Preparing for a Successful Career in Academic Leadership: Understanding Your Role," en *The Resource Handbook for Academic Deans*, ed. Laura L. Behling, 3a. ed. (San Francisco: Jossey-Bass, 2014), 3–4.
25. Deininger, "President and Dean as Partners," 130.
26. Linda W. Bryan, "The Vocational Call and Multiple Occupations of a CAO," en Billman y Birch, *C(H)AOS Theory*, 81.
27. Bryan, "Vocational Call," 81.

valores de la universidad».²⁸ Esta función a veces genera tensiones porque, aunque los profesores juegan un papel importante en la toma de decisiones curriculares, el decano es responsable de asegurarse de que concuerden con la misión, la visión y estrategia del seminario».²⁹ No obstante, «este puesto ofrece muchísimas oportunidades, crecimiento personal, desarrollo como líder académico, el logro académico de la creación de una comunidad de aprendizaje, contribución al éxito de los docentes y el personal, así como la capacitación de los estudiantes para el ministerio. Con todo, vienen acompañadas de desafíos y frustraciones».³⁰ Las funciones y roles del decano académico fueron tratadas en el primer volumen de esta serie, *Fundamentos para el Liderazgo Académico*. Los autores allí también sugieren varios recursos de estudio.

Liderazgo de nivel superior/sénior

La mayoría de las instituciones de educación superior cuenta con dos puestos de liderazgo sénior o superior: la presidencia y la vicepresidencia (preboste) o dirección académica. Esta configuración variará de acuerdo con el contexto.

Vicepresidente o director académico

La vicepresidencia (preboste) es definida en el contexto de las instituciones grandes que constan de varias facultades (escuelas) y en algunos casos, una facultad (o universidad) importante de artes liberales o de estudios bíblico teológicos. Algunas instituciones prefieren el título de director académico debido al alcance de sus responsabilidades y porque la función principal del preboste es precisamente administrar la «calidad académica general de una universidad o facultad».³¹ En algunos contextos se le conoce como el vicepresidente o vicerrector de asuntos académicos. Según Atnip, el vicepresidente «es la persona que administra las funciones académicas y básicas de una facultad o una universidad».³² Y añade lo siguiente: «Por lo general, las unidades académicas que otorgan títulos (seminarios y facultades),

---

28. Roy, "Preparing," 4.
29. Roy, 4.
30. Deininger, "President and Dean as Partners," 130–131.
31. Gilbert W. Atnip, "Role of the Chief Academic Officer," en Chen, *Academic Administration*, 39.
32. Atnip, "Role of the Chief Academic Officer," 39.

junto con las unidades de apoyo como la biblioteca, el centro de enseñanza-aprendizaje y la oficina de registro, rinden cuentas a la vicepresidencia».[33] Sin embargo, sus responsabilidades van más allá de lo descrito anteriormente. Algunas instituciones tienen departamentos de tecnología de la información y admisiones, al igual que otras áreas relacionadas con la investigación docente, que también responden directamente a la vicepresidencia.

Un aspecto importante que distingue a la vicepresidencia de otros administradores académicos de la institución, como los decanos y jefes departamentales, «es que él o ella deben liderar y administrar desde una *perspectiva institucional y a largo plazo*».[34] Por lo tanto, es responsable del bienestar de la institución a largo plazo. En ese sentido, algunas de sus decisiones no serán bien recibidas por algunos de los administradores académicos y profesores, pero al final, uno de los principales objetivos de una vicepresidencia eficaz es lograr que la institución florezca. Lambert resume estas funciones de tal manera que presenta un perfil de la posición:

> La vicepresidencia interpreta y forma la cultura del campus, desafía el statu quo para resolver los problemas, defiende la vida académica y el entorno intelectual del campus y soluciona una docena de asuntos no rutinarios que de lo contrario conducirían al caos en la vida académica. Es una de las posiciones de liderazgo más difíciles y exigentes en la academia, pero que tiene un fuerte potencial para guiar a una institución hacia una misión más clara, un entorno mejorado para la enseñanza y el aprendizaje y un clima saludable que propicie el cambio positivo.[35]

Por consiguiente, la vicepresidencia tiene que respaldar de lleno la misión y ejecutarla mediante una visión alcanzable para la institución.

---

33. Atnip, 39.
34. Atnip, 39.
35. Leo M. Lambert, "Chief Academic Officers," in *Field Guide to Academic Leadership*, ed. Robert M. Diamond (San Francisco: Jossey-Bass, 2002), 434.

Presidencia

La presidencia dirige la institución académica y responde directamente a una junta administrativa. En 2012 el Concilio Americano de Educación (ACE por sus siglas en inglés) publicó un informe que afirmaba lo siguiente: «Desde la encuesta de 2001 no ha habido cambios en las áreas que consumen el tiempo de los presidentes. Estos citaron la recaudación de fondos, los presupuestos, las relaciones comunitarias y la planificación estratégica como las áreas que ocupan la mayor parte de su tiempo». Además, el informe destaca las cinco áreas que los mantienen más ocupados tales como el manejo del presupuesto o las finanzas, la recaudación de fondos, la administración de su equipo, las relaciones con la junta de gobierno y el manejo de la matrícula.[36]

Los presidentes son los directores ejecutivos de sus instituciones. Están al servicio tanto de la comunidad externa como interna, incluyendo a los estudiantes, que según el estudio de la ACE 2012, «los presidentes indican que son su mayor recompensa, seguido por sus por colegas administrativos y docentes. Curiosamente, los presidentes también citan que la facultad es uno de sus mayores desafíos».[37]

El desarrollo de los líderes académicos

Los seminarios e instituciones de educación superior por décadas han estado necesitados de líderes. Además, la proliferación de la tecnología y las demandas y desafíos del siglo XXI ha traído consigo la necesidad de que más docentes asuman el liderazgo ya sea a tiempo parcial o en conjunto con los líderes de sus instituciones. En su obra, "Learning to Lead", Davis argumenta lo siguiente: «Las facultades y las universidades de hoy confrontan el desafío de cultivar el liderazgo en todos los rincones de la organización para sumar recursos y encarar colectivamente los problemas generados por la nueva era».[38] El

---

36. Bryan J. Cook, "The American College President Study: Key Findings and Takeaways," *American Council on Education* (Suplemento primavera 2012), acceso 28 de noviembre de 2017, http://www.acenet.edu/the-presidency/columns-and-features/Pages/The-American-College-President-Study.aspx.
37. Cook, "American College President Study."
38. James R. Davis, *Learning to Lead: A Handbook for Postsecondary Administrators* (Westport, CT: American Council on Education and Praeger Publishers, 2003), xiii.

desarrollo de los líderes académicos debe tener dos objetivos presentes: (1) el desarrollo de los líderes actuales para que sean más eficaces en sus labores y (2) el descubrimiento de las personas con el potencial y las aspiraciones para el liderazgo académico. Dado que la mayoría de los administradores académicos comienzan sus carreras como docentes e investigadores especializados en una disciplina, este capítulo va dirigido tanto a los que desean ser más eficaces en sus labores como a quienes aspiran al servicio académico. Toda institución que desee florecer debe desarrollar líderes; por lo tanto, conviene que tomemos en cuenta las siguientes preguntas y desafíos.

¿Quién debe hacerlo?

La mayoría de los profesores y estudiantes de las instituciones en el mundo mayoritario no puede matricularse en los programas doctorales de administración de las universidades occidentales con miras a servir en el liderazgo de sus seminarios o en la educación superior cristiana. Más aún, muy pocas instituciones cuentan con acceso a centros de capacitación o programas de desarrollo. Por lo tanto, cada institución tendrá que encargarse de la formación de sus futuros líderes. Estas están llamadas a «invertir en el desarrollo de programas dirigidos a los docentes jóvenes o principiantes que estén en camino de convertirse en líderes, así como en contribuyentes a los objetivos estratégicos de la universidad».[39] Coll y Weiss apoyan esta perspectiva: «Creemos que el desarrollo del liderazgo debe comenzar temprano y dentro de la institución, dejando los programas más avanzados para los profesores y administradores superiores».[40]

Los capítulos anteriores de este libro han resaltado que los líderes académicos y administradores deben darle prioridad al desarrollo docente, entre sus muchas funciones y responsabilidades. También es la opinión de la mayoría de la literatura que trata las funciones y los deberes de los jefes departamentales, decanos asociados, decanos y vicepresidentes. La buena noticia es que no están solos. Hoy en día existen muchas organizaciones que han creado programas de capacitación porque son conscientes de que muchos profesores no cuentan con la formación o la experiencia necesaria

---

39. Coll y Weiss, "Rethinking Leadership Development."
40. Coll y Weiss.

cuando son nombrados para puestos de liderazgo académico. Las instituciones pueden beneficiarse estableciendo en sus instalaciones institutos, academias, seminarios o talleres, redes y asociaciones regionales, por mencionar algunas ideas. Sin embargo, deben concretar sus intenciones en sus planes de desarrollo docente o de liderazgo académico, permitiendo que la facultad organice sus horarios y proporcionándole los recursos para que participe en los programas de capacitación internos, así como estipendios para que, cuando sea necesario, asista a seminarios y conferencias fuera del campus.

Algunos desafíos par el desarrollo interno de líderes académicos

Si bien la mayoría de los autores concuerda en que las instituciones deben desarrollar su propio liderazgo, hay que tomar en cuenta algunos aspectos institucionales que lo dificultan. Barden y Curry echan mano de sus interacciones con altos directivos, síndicos y comités de búsqueda para destacar algunos de los aspectos institucionales que obstaculizan el desarrollo de líderes de entre la facultad.[41] De estos analizaré solamente la cultura institucional/docente, las estructuras de toma de decisiones, el reclutamiento externo y los recursos limitados.

La cultura institucional y docente

En el capítulo 3 de este volumen, Pablo Sywulka ha tocado los aspectos clave de la cultura institucional. No obstante, es difícil que encontremos una cultura que propicie el desarrollo de la facultad en la administración académica porque «la cultura académica tiende a desconfiar de los miembros de la facultad que desean la responsabilidad administrativa».[42] Además, refuerza la cultura docente de la sospecha hacia aquellos que aspiran al liderazgo académico en su institución. Por lo tanto, «los miembros de la facultad que tienen la personalidad, la perspicacia y el impulso para el liderazgo rara vez, si es que alguna, son expuestos a los problemas en los niveles estratégicos, quedándose sin la preparación necesaria para dirigir el campus cuando surja

---

41. Barden y Curry, "Faculty Members Can Lead, but Will They?," 1.
42. Barden y Curry, 2.

la oportunidad».[43] Más aún, quienes advengan al liderazgo se enfrentarán a desafíos que, dependiendo del nivel al que sean nombrados, son parte de las responsabilidades de los administradores académicos. Tales desafíos incluyen las percepciones de los docentes sobre el deseo de poder, la evaluación de docentes, el manejo del presupuesto, la gestión de los cambios y la comunicación e implementación de las políticas institucionales.

La experiencia de Ana en su institución sirve de ejemplo. Cuando tras haber servido por dos años como decana asociada recibió la carta de la junta directiva nombrándola decana, ella dudó en aceptarla porque anticipaba los desafíos de la cultura de su institución. Aunque contaba con el respaldo de los otros líderes académicos y la mayoría de la facultad, algunos profesores la veían con suspicacia debido a sus propios intereses y a que sería la primera mujer en ocupar dicho puesto. Lo dejaron saber con sus reacciones y actitudes y en sus conversaciones con otros colegas y administradores académicos. Aunque Ana trató de ser innovadora en el decanato, esas manifestaciones de la cultura docente afectaron sus relaciones de una manera u otra, especialmente con quienes se oponían a su liderazgo. Como profesora ya había experimentado algunos de estos desafíos con la institución y sus colegas; su nuevo nombramiento planteó nuevos problemas. Esta es una de las muchas situaciones comunes entre los docentes de las instituciones de educación superior, de las cuales sus homólogos de la educación superior cristiana no están exentos.

Estructuras de toma de decisiones

En los últimos tiempos se ha fomentado la gobernanza de la facultad y muchas instituciones de educación superior están creando oportunidades para que los docentes participen en la toma de decisiones. Los profesores toman decisiones sobre diversos aspectos importantes de la institución, especialmente los relacionados con el currículo; sin embargo, tienen poco o ningún acceso a los aspectos presupuestarios o financieros: «Sus decisiones casi siempre están desconectadas de los costos y las realidades fiscales. Esta falta de conexión fomenta la evasión y francamente hostilidad de los profesores contra la administración de la institución».[44] Esta falta de participación en los asuntos

---

43. Barden y Curry, 1.
44. Barden y Curry, 1.

presupuestarios baja la moral de los docentes y su deseo de involucrarse en la institución.

El reclutamiento externo

Las instituciones teológicas del mundo mayoritario acostumbran a ascender a sus docentes al liderazgo académico. De igual manera, han aprovechado la presencia del personal misionero nombrándolos a puestos directivos. No obstante, en épocas recientes ha aumentado el reclutamiento de líderes de la academia externa en la misma linea con la transición de seminarios independientes a universidades reconocidas por el gobierno. Este cambio ha ayudado a expandir su perspectiva en ciertas áreas de las disciplinas académicas y la administración. No obstante, es preocupante que sigamos adoptando los modelos y las prácticas del mundo corporativo en la administración y dirección de dichas instituciones.

Los valores y la visión de estos líderes plantean otros desafíos. Estas instituciones deben asegurarse de que sus nuevos líderes estén comprometidos con su misión y visión.

Recursos limitados

La falta de recursos no es una novedad para los seminarios y las instituciones de educación superior cristiana en el mundo mayoritario. Sin embargo, la educación superior todos los días confronta cambios y exigencias que requieren que los líderes académicos «asignen sus escasos recursos, dirijan cambios complejos y tomen decisiones a un ritmo acelerado».[45] Asimismo, «los nuevos reglamentos han intensificado las cargas administrativas de los líderes de todos los niveles; la rapidez de los ciclos noticiosos y el auge de las tecnologías de las redes sociales han elevado las apuestas en los errores del liderazgo. Tanto a los líderes como a sus contextos está pidiéndoseles algo muy complicado».[46]

---

45. EAB, "Developing Academic Leaders: Executive Summary," acceso 20 de agosto 2017, https://www.eab.com/research-and-insights/academic-affairs-forum/studies/2011/developing-academic-leaders.
46. EAB, "Developing Academic Leaders."

Por consiguiente, los líderes tienen que mantenerse al día con los recursos disponibles dentro y fuera de la institución para apoyar a los docentes que ya sirven en puestos administrativos y a los aspirantes a hacerlo.

Capacidad para el liderazgo académico

Mientras las instituciones de educación superior cristiana continúan creciendo y creando programas que satisfagan las exigencias de los consumidores, crece también la necesidad de nuevos líderes competentes. El éxito del liderazgo académico depende del mejoramiento constante y la innovación, como bien lo señalan Fullan y Scott en su libro, "Turnaround Leadership for Higher Education":

> ... ser productivo, calmado, persuasivo y hábil con la diversidad y la incertidumbre; la voluntad de responsabilizarse por decisiones difíciles; la capacidad de inspirar a otros por medio de decisiones sólidas, íntegras y entusiastas; la capacidad de diagnosticar y averiguar lo que está sucediendo en una situación compleja; y la capacidad de ver el panorama general, de identificar y establecer lo que en última instancia resulta en una dirección exitosa, involucrar y apoyar a la gente con tacto para que respondan.[47]

Los autores sostienen que la capacidad de liderazgo implica «leer y responder a un entorno que cambia rápidamente... La capacidad establece los límites tanto para el desarrollo de las competencias como para su despliegue, e implica la capacidad emocional y cognitiva de saber cuándo debe recurrirse a competencias específicas».[48]

A la luz de la variedad de desafíos que confrontan las instituciones de educación superior a nivel nacional e internacional, el desarrollo de la capacidad de liderazgo requiere competencias o habilidades específicas para cada contexto. Asimismo, requiere algunos atributos específicos. Sobre esto, Mary Henkel parte de dos estudios empíricos de las reformas de la educación

---

47. Michael Fullan y Geoff Scott, *Turnaround Leadership for Higher Education* (San Francisco: Jossey-Bass, 2009), 113.
48. Fullan y Scott, *Turnaround Leadership*, 113–114.

superior en tres países europeos (Reino Unido, Noruega y Suecia) para argumentar que los líderes académicos, particularmente los decanos y jefes de departamento, confrontan demandas contradictorias en tres áreas: «Las del trabajo académico y administrativo; la ola de situaciones o crisis externas que compiten con dichas responsabilidades estratégicas; y el deseo de nutrir a las personas versus la necesidad de cambiar sus departamentos».[49]

No contamos con el espacio para explorar las habilidades específicas para cada puesto en el liderazgo académico (los lectores pueden explorar los recursos sugeridos al final del capítulo). Por lo tanto, me concentraré en las que todos necesitan. Por ejemplo, Gmelch y Miskin sugieren tres esferas de influencia como esenciales para el desarrollo de líderes académicos eficaces: «(1) La comprensión conceptual de los roles y las responsabilidades del liderazgo académico; (2) las destrezas necesarias para obtener resultados en colaboración con la facultad, el personal, el estudiantado y otros administradores; y (3) la práctica de la reflexión en torno a las experiencias pasadas a fin de perfeccionar el arte del liderazgo».[50]

Gmelch y Buller, tras haberle dedicado muchos años al estudio de las funciones y los roles de los líderes académicos, abogan por un modelo tridimensional que integre las necesidades y expectativas fundamentales del liderazgo en cualquier institución de educación superior. Su modelo está fundado sobre la investigación de Gmelch y Miskin (2004 y 2011), realizada «para ayudar a los nuevos jefes departamentales en su transición de la facultad a la administración».[51] Gmelch y Buller examinaron los hallazgos del Foro de Liderazgo Académico que Gmelch y otros dos colegas habían utilizado de 2000 a 2004 para desarrollar líderes académicos dentro de la Universidad de Iowa. Estos concluyeron que las estrategias de desarrollo de la capacidad de liderazgo deben incluir estos tres ingredientes: «Contenido a manera de comprensión conceptual, oportunidades para la práctica de diversas destrezas

---

49. Mary Henkel, "Emerging Concepts of Academic Leadership and Their Implications for Intra-Institutional Roles and Relationships in Higher Education," *European Journal of Education* 37, no. 1 (2002), 37.
50. Gmelch y Miskin, *Department Chair*, 18–19.
51. Gmelch y Miskin, 9.

e integración a través de la reflexión sobre los resultados de sus decisiones».[52] A partir de esos tres ingredientes describen las tres esferas esenciales para el desarrollo de los líderes académicos:

1. *Hábitos de la mente*: Desarrollar la comprensión de las funciones, los conceptos y las áreas de conocimiento requeridas para el ejercicio del liderazgo académico.
2. *Hábitos de la práctica*: Perfeccionar las habilidades necesarias para lograr los resultados deseados mediante la colaboración con la facultad, el personal, el estudiantado, otros administradores y partes interesadas.
3. *Hábitos del corazón*: Reflexionar sobre las experiencias y seguir creciendo en el arte del liderazgo.[53]

Gmelch y Buller también sugieren tres niveles de intervención para cada uno de los componentes del desarrollo de liderazgo, a saber, personal, institucional y profesional.[54] Cada nivel va acompañado de recursos que son útiles para el desarrollo continuo. Los líderes académicos deben colaborar con sus líderes principiantes y veteranos en la elaboración de un plan que los ayude a mantenerse al día con los desafíos de la educación superior.

Algunas estrategias para la capacitación de líderes académicos

En los capítulos anteriores los autores se han enfocado en el desarrollo docente en las tareas pedagógicas y con los estudiantes. Sin embargo, un elemento crítico de este desarrollo es su participación en la administración de sus instituciones; en otras palabras, hay que prepararlos para dirijan sus instituciones, cosa que no es fácil debido a la naturaleza multidimensional del liderazgo en la educación superior. Según Coll y Weiss, esto requiere «un lente sistémico para explorarlo. Hace falta una perspectiva de la intersección de las relaciones con respecto a la familia, la investigación, los estudiantes, las

---

52. Walter H. Gmelch y J. L. Buller, *Building Academic Leadership Capacity: A Guide to Best Practices* (San Francisco: Jossey-Bass, 2015), 45.
53. Gmelch y Buller, *Building Academic Leadership Capacity*, 116.
54. Gmelch y Buller, 119. Los autores identifican varias estrategias adecuadas para cada hábito y grado de intervención. Véase además Gmelch y Miskin, *Department Chair*, 155–162.

comunidades locales, el atletismo, los exestudiantes, los padres, los medios de comunicación, los funcionarios públicos, la facultad y los intereses globales».[55]

Las estrategias para el desarrollo del liderazgo entre docentes incluyen asignaciones a comités, programas de capacitación a corto plazo, mentoría, asesoramiento y otros acercamientos que serán particulares a cada situación y contexto institucional. Además, habrá que tomar en cuenta el nivel para el que estamos desarrollando a los líderes. En algunos casos, los líderes han estado sirviendo en otra posición administrativa antes de ser nombrados, pero muchas instituciones carecen de un patrón convencional para la preparación de sus líderes académicos. Por ejemplo, Thomas F. George argumenta lo siguiente: «No existe una ruta exclusiva para convertirse en presidente o director. Si bien la vía más común implica el ascenso a través de la facultad académica y los rangos administrativos, muchos de los presidentes y directores exitosos provienen de fuera de la academia, como el mundo corporativo, el gobierno y las fundaciones privadas».[56]

Asimismo, Contreras, en su estudio para cumplir con los requisitos de su tesis doctoral, investigó las trayectorias profesionales de los decanos de las instituciones adscritas a la Iglesia de Dios (Cleveland, TN) en América Latina y el Caribe. Ella encontró que en la mayoría de los casos el camino era incidental a la posición. Los resultados de su estudio revelaron que los decanos «no siguieron un camino estructurado hacia sus puestos, sino que fueron reclutados o invitados a tomarlos y que esta invitación fue vista como un honor y reto».[57] El estudio reveló, también, que la mayoría de los seminarios que participaron en el estudio no fueron intencionales en la preparación de sus decanos académicos. La mayoría de los decanos comenzaron como profesores auxiliares y aunque algunos tenían cierta experiencia con la administración de sus instituciones, ninguno había buscado una carrera en el decanato.[58]

---

55. Coll y Weiss, "Rethinking Leadership Development."
56. Thomas F. George, "Maintaining a Personal Program of Research and Scholarship While Serving as President/Chancellor," en Sternberg et al., *Academic Leadership in Higher Education*, 23.
57. Jenniffer Contreras, "A Phenomenological Study of the Preparation and Career Paths of Academic Deans in Church of God Institutions of Theological Education in Latin America and the Caribbean" (Tesis PhD, Universidad de Biola, 2016), 210-211.
58. Contreras, "Phenomenological Study," 211-213.

Los participantes señalaron que sus estudios en el extranjero abrieron las oportunidades para que sirvieran en cierta capacidad en las instituciones en donde estaban cursando sus estudios. También mencionaron otras experiencias en la educación superior que les ayudaron a prosperar en sus puestos como «asistente de cátedra, editor, jefe de departamento, registrador, director de evaluación y control de calidad, director de desarrollo ministerial, mentor estudiantil, miembro de la junta, profesor y director de relaciones públicas… Tres de los participantes había fundado seminarios».[59] Aunque estas experiencias ocurrieron dentro del contexto latinoamericano identificamos similitudes con las trayectorias hacia el liderazgo académico en otros contextos del mundo mayoritario.

A continuación, analizaré algunas de las estrategias probadas y eficaces en la formación intencional de liderazgo académico.

Asignaciones a comités

Una estrategia muy eficaz para que los docentes descubran y desarrollen sus destrezas de liderazgo es involucrarlos en los diferentes comités. Los decanos y jefes de departamento constantemente están solicitándoles que asuman responsabilidades administrativas participando en los diferentes comités, desarrollando nuevos centros y programas como parte de su colaboración con la institución. Habrá que concienciarles de que el servicio en los comités departamentales permite que demuestren su capacidad de manejar las relaciones interpersonales, así como su responsabilidad con sus asignaciones administrativas. Por otro lado, los jefes de departamento que están comprometidos con el desarrollo de líderes académicos deben tener en cuenta que los profesores que tengan éxito en sus asignaciones tendrán más posibilidades de ser considerados para otros puestos de liderazgo. Buller lo afirma de esta manera: «Con frecuencia la persona que ha dirigido exitosamente recibe otra asignación importante, o la persona elegida como presidente de la facultad es invitada a presidir el próximo comité de búsqueda administrativa».[60] Buller tiene algunas sugerencias para los profesores que estén preparándose para un nuevo puesto:

---

59. Contreras, 218, 219.
60. Buller, *Essential College Professor*, 314.

- Ofrézcase para las tareas complicadas y hasta contenciosas... audiencias de quejas, revisiones de otros programas académicos, reformas curriculares tales como las revisiones educativas generales, órganos de planificación y así por el estilo.
- Repase las sugerencias de «La facultad como recaudadora de fondos» y participe en al menos una actividad de desarrollo.
- Postúlese para las elecciones del senado académico (o el organismo equivalente en su institución) para que diversifique su experiencia como líder.
- Ofrézcase para los comités de otras universidades que requieren representaciones externas.[61]

Los docentes que aspiran al liderazgo académico en sus instituciones deben estar dispuestos a aprovechar las oportunidades de liderar los comités y otras similares.

Programas de capacitación

Como ya hemos mencionado, hoy en día existe una serie de programas y recursos de capacitación de líderes académicos, especialmente en América del Norte. Algunas instituciones ofrecen internados y experiencias de trabajo, así como programas de capacitación para líderes emergentes. Strom, Sánchez y Downey-Schilling afirman que entre los principales métodos y estrategias utilizados para el crecimiento del liderazgo interno están (1) los adiestramientos o internados en situaciones laborales reales, (2) programas de capacitación de liderazgo y (3) programas de posgrado.[62] Según los autores, el primero es más auto dirigido, mientras que el segundo puede llevarse a cabo dentro y fuera de la institución. El último es ofrecido por los seminarios de posgrado en los Estados Unidos y requiere un compromiso más largo.

La utilidad de los programas internos en la institución todavía está siendo estudiada. Por lo tanto, las instituciones dependen de los programas organizados por otras entidades. Por ejemplo, en el contexto norteamericano

---

61. Buller, 384–385.
62. Stephen L. Strom, Alex A. Sanchez, y JoAnna Downey-Schilling, "Inside–Outside: Finding Future Community College Leaders", *Community College Enterprise* 17, no. 1 (marzo 2011): 11, *Academic OneFile*, acceso 8 agosto 2018, http://link.galegroup.com/apps/doc/A260691278/AONE?u=biola_main&sid=AONE&xid=351853b0.

donde actualmente sirvo, el Concilio Estadounidense de Educación (ACE por sus siglas en inglés) ofrece un programa que según algunos es «el programa de desarrollo de liderazgo de la educación superior más eficaz e integral».[63] Su Programa de Becarios facilita una «oportunidad de aprendizaje que resulta de la colocación en otra institución con mentores que normalmente ocupan la presidencia o dirección ejecutiva, vicepresidencia y otros administradores sénior durante un año académico».[64] El programa «condensa años de experiencia y el desarrollo de destrezas de trabajo en un semestre o año, combinándola con seminarios estructurados y oportunidades para el aprendizaje interactivo».[65] Los participantes en el programa observan «de primera mano cómo la institución y sus líderes atienden la planificación estratégica, la asignación de recursos, la formulación de políticas y otros asuntos. El Programa de Becarios de ACE permite que los participantes se sumerjan en la cultura, las políticas y los procesos de toma de decisiones de otra institución».[66] La ACE también ofrece el Instituto para nuevos directores académicos, que consta de un taller de dos días, talleres para los directores ejecutivos y programas dirigidos a las mujeres en el liderazgo. Otras organizaciones profesionales que imparten formación en administración académica son la Asociación Estadounidense de Educación Superior (AAHE por sus siglas en inglés), la Asociación Americana de Colegios y Universidades (AACU por sus siglas en inglés) y el Concilio de Colegios y Universidades Cristianas (CCCU por sus siglas en inglés).

Fuera del contexto norteamericano existen programas de capacitación como el Instituto para la Excelencia en el Desarrollo del Liderazgo Cristiano, ofrecido por el Overseas Council a los líderes académicos de las instituciones teológicas socias en cinco regiones del mundo. Otro programa es IPAL (ICETE Programa para Líderes Académicos) que consta de una semana de seminarios ofrecidos por ICETE (Consejo Internacional para la Educación Teológica Evangélica) a través de sus asociaciones acreditadoras y regionales y dirigidos a líderes académicos dentro de las instituciones participantes.

---

63. PAID Program, "Developing Academic Leaders," 43, acceso 15 enero 2018, http://paid.uci.edu/Developing%20Aca%20Leaders.pdf.
64. Elizabeth A. McDaniel, "Senior Leadership in Higher Education: An Outcomes Approach," *Journal of Leadership and Organization Studies* 9, no. 2 (2002): 80.
65. PAID Program, "Developing Academic Leaders," 43.
66. PAID Program, 44.

Otras organizaciones han desarrollado programas de capacitación continua que respaldan a las instituciones con la preparación de sus líderes académicos.

Mentoría

La mentoría no es un concepto nuevo para nosotros. Por décadas, las empresas y la industria han usado exitosamente la mentoría para desarrollar a sus líderes. «La administración de la educación superior no es diferente; podemos aprovechar la mentoría formal o informal para exponer a los aspirantes al liderazgo».[67] Los líderes académicos también reconocen que estos programas ayudan a los estudiantes con el «descubrimiento y la interacción con sus carreras a lo largo de su experiencia universitaria», beneficiándose del «consejo práctico y cándido, el establecimiento del contexto y el desarrollo de competencias específicas, dentro de un entorno de bajo riesgo».[68]

Dos capítulos de este volumen analizan los aspectos fundamentales de la mentoría. El capítulo de Watters ofrece unas ideas muy valiosas para las instituciones de educación superior cristiana con respecto a su responsabilidad y compromiso con la mentoría de los estudiantes y la capacitación de los que sientan el llamado a servir como mentores. Ferris considera la mentoría como un componente importante del desarrollo profesional de los docentes eficaces. Ambos capítulos explican a los lectores los aspectos fundamentales de la mentoría.

La mentoría ha sido eficaz para inspirar a la facultad a que sirva en puestos de liderazgo, según Strom, Sánchez y Downey-Schilling: «La mentoría formal de los administradores y líderes actuales es la mejor estrategia para alentar el liderazgo de los empleados de la institución».[69]

La mentoría se ha convertido en «una de las formas más típicas del desarrollo académico».[70] Empero, todavía quedan instituciones que no han establecido programas de mentoría para líderes o administradores emergentes. Por lo tanto, a los docentes que por primera vez ocupan un puesto administrativo

---

67. Jennifer P. Bott y Michele Wheatly, "Developing Mentors on the Path to Leadership: A Case Study and Conversation," en Sternberg et al., *Academic Leadership in Higher Education*, 71.
68. Bott y Wheatly, "Developing Mentors," 71.
69. Strom, Sanchez, y Downey-Schilling, "Inside–Outside," 12.
70. PAID Program, "Developing Academic Leaders," 36.

les beneficiaría que identificaran a otros líderes que estén dispuestos a ser sus mentores. Tenga en cuenta que, «El *desarrollo de una mentoría* es un proceso dinámico basado en las necesidades. Los mentores pueden ser de ayuda en un momento singular… o una fuente constante de apoyo, asesoramiento y perspectiva».[71] En este sentido, Bott y Wheatly sugieren lo siguiente: «Una manera poderosa de comenzar una mentoría es solicitando la ayuda de alguien a quien respete». No obstante, recuerde que este tipo de relación conlleva un trabajo adicional tanto para el mentor como el aprendiz, por lo que convendría que desde el principio sentaran sus expectativas para que sea satisfactoria para ambas partes».[72]

Otro aspecto importante de la mentoría es el tiempo. ¿Cuánto esperan que dure este compromiso? ¿Cuáles son las expectativas de ambas partes? Siempre tenga en cuenta que una relación de mentoría «… está fundada sobre el respeto mutuo y requiere la compatibilidad de las personas involucradas».[73] La motivación también es fundamental ya que «un mentor docente en un puesto de liderazgo puede alentar las destrezas para el liderazgo de una persona motivada».[74] Por lo tanto, la mentoría es una estrategia valiosa que contribuye al desarrollo de las habilidades de nuevos administradores académicos.

Planes personales de desarrollo de carrera

Los decanos y jefes de departamento interesados en la formación de líderes emergentes deben considerar que el plan de desarrollo profesional de cada docente abarque el desarrollo personal de liderazgo. Este plan sería auto dirigido, pero podría incluirse en las evaluaciones anuales de la facultad para que el jefe departamental apoye sus aspiraciones al liderazgo académico. Según Buller: «Las aspiraciones al liderazgo pueden ser una parte importante del plan profesional de un docente, así como de su papel como buen ciudadano académico».[75] Los docentes tienen que planificar este proceso de ascenso al

---

71. Bott y Wheatly, "Developing Mentors," 76.
72. Bott y Wheatly, 76.
73. Donald Jeanmonod, "Developing Leaders among Your Faculty Members," *International Journal of Academic Medicine (serial online)* 2, no. 1 (2016): 83–88, acceso 8 de agosto 2018, http://www.ijam-web.org/text.asp?2016/2/1/83/183327.
74. Jeanmonod, "Developing Leaders," 83–88.
75. Buller, *Essential College Professor*, 322.

siguiente nivel de liderazgo. En este sentido, Buller les sugiere que tomen los primeros pasos: «Si desea algún día convertirse en la presidenta de una universidad, comience con una estrategia para ocupar primero la jefatura de su departamento, luego el decanato y entonces, quizás se encamine en una nueva dirección».[76]

La recomendación de Buller me recuerda el caso de un colega en una institución teológica ubicada en un país del mundo mayoritario. Cuando hablamos era el decano académico y sabía que el presidente iba a jubilarse dentro de unos años. Su aspiración era suceder al presidente y trazó un plan a tales fines. Por lo tanto, comenzó por completar su doctorado para cumplir con uno de los requisitos del puesto. En este caso particular, que buscara un doctorado fuera de su contexto fue una estrategia natural que lo prepararía como candidato a la presidencia de su institución. Sin embargo, tal no es el caso de cada aspirante al liderazgo en la educación superior, por lo que su plan debe ajustarse a sus necesidades.

Buller también aconseja que los profesores examinen las razones que los inclinan hacia el liderazgo académico, que deben buscarlo «solamente si de verdad cree que tiene el temperamento adecuado para el puesto de liderazgo y le permitiría hacer una diferencia positiva».[77]

La inclusión de profesoras en el liderazgo académico

La inclusión de las mujeres en el liderazgo académico ha ganado más aceptación en los últimos años y a menudo las vemos sirviendo en la administración de las instituciones de educación superior y de formación teológica. No obstante, las líderes académicas como las decanas, vicepresidentas o presidentas todavía escasean en muchas instituciones en comparación con la cantidad de líderes hombres. Los estudios acerca de la inclusión de las mujeres en el liderazgo revelan los desafíos para las aspirantes o para quienes ya ocupan un puesto administrativo. Estos desafíos se refieren ya sea al trato de parte de sus colegas

---

76. Buller, 321.
77. Buller, 321.

masculinos o a cómo se sienten ocupando esas posiciones.[78] Sin embargo, las líderes los aceptan como oportunidades de crecimiento y servicio.

Las líderes sobresalen en su desempeño y por el impacto que tienen sobre sus instituciones. Hasseler condujo un estudio en su institución, Augustana College en Dakota del Sur, y argumenta lo siguiente: «Las mujeres y las personas de color deben participar en el liderazgo en todos los niveles que ejecutan la misión y el trabajo diario de una institución».[79] A partir de las conclusiones de su estudio, Hasseler propone lo siguiente:

> 1. Debemos ser más deliberados sobre las nominaciones, el fomento y nombramiento de mujeres al liderazgo en nuestras instituciones. Además de revisar los procedimientos de contratación y ascenso, y de asegurarnos de incluirlas entre los candidatos, debemos examinar cuidadosamente los resultados de estos esfuerzos. Por ejemplo, cuando revisé las cifras de Augustana, encontré que las mujeres estaban bien representadas entre los jefes de departamentos, pero no así en las presidencias de juntas y comités, las cuales son muy importantes en la división académica. Esto amerita una revisión y acciones estratégicas.
>
> 2. Debemos afirmar con frecuencia y específicamente los dones de las mujeres para el liderazgo. Las mujeres que demuestran dotes en un área en particular deben ser invitadas, alentadas e incluso persuadidas a que asuman puestos de liderazgo, ya que no serán nominadas ni se nominarán a sí mismas. Este estímulo debe ser deliberado y constante para respaldarlas como líderes.[80]

---

78. Susan S. Hasseler, "Women in Leadership: Obstacles, Opportunities, and Entry Points," *Intersections* 2015, no. 41, Artículo 8 (2015): 24–30, acceso 1 enero 2018, http://digitalcommons.augustana.edu/intersections/vol2015/iss41/8. Además, Canan Bilen-Green, Karen A. Froelich, y Sarah W. Jacobson, "The Prevalence of Women in Academic Leadership Positions, and Potential Impact on Prevalence of Women in the Professorial Ranks," *WEPAN Conference Proceedings* (2008): 1–11, acceso 1 de enero 2018, https://www.ndsu.edu/fileadmin/forward/documents/WEPAN2.pdf.

79. Hasseler, "Women in Leadership," 26.

80. Hasseler, 29.

Las instituciones de educación superior deben promover el liderazgo de las mujeres ofreciéndoles oportunidades de capacitación y puestos que tradicionalmente han sido ocupados por hombres. Por ejemplo, durante sus años como vicepresidenta y directora académica de la Universidad de Virginia Occidental, la Dra. Michele Wheatly creó un programa llamado Iniciativas de Liderazgo Femenino (WLI por sus siglas en inglés) dirigido a «programas sobre temas clave (como la negociación) para las líderes emergentes en la institución, muchas de las cuales no contaban con otras mujeres en sus entornos de trabajo».[81] Según Bott y Wheatly, «este programa ha sido exitoso empoderando a las mujeres del campus a que aspiren a los puestos de liderazgo».[82] Otro ejemplo, también en el contexto norteamericano, son los Institutos de Verano para Administradoras en la Educación Superior, patrocinados por la Oficina de Mujeres de la Universidad de Purdue, en Indianápolis. Estos constan en «oportunidades de residencias en donde las participantes aprenden a enfrentar los problemas de la educación superior… El instituto persigue el mejoramiento de la situación de la mujer en los niveles medio y ejecutivo de la administración en la educación superior».[83]

Las líderes académicas fuera del contexto norteamericano deben averiguar cuáles programas están disponibles en sus áreas. No obstante, en la mayoría de los casos, participarán de los programas de capacitación como institutos, seminarios y conferencias para profesores de ambos sexos; esa fue mi experiencia, habiendo servido como profesora, decana asociada y decana académica en el Seminario Teológico Centroamericano antes de que me mudara a mi puesto actual.

Las áreas de formación varían de acuerdo con los contextos geográficos e institucionales. Aunque las mujeres abordan su experiencia de liderazgo de una manera distinta a los hombres, todos pueden beneficiarse de la capacitación en ciertas áreas. En todas las instituciones será necesario el adiestramiento en las destrezas de comunicación, resolución de conflictos, diseño de la visión, manejo del presupuesto, evaluación, acreditación, evaluación del rendimiento,

---

81. Bott y Wheatly, "Developing Mentors," 75.
82. Bott y Wheatly, 75.
83. Indiana University–Purdue University of Indianapolis: Office for Women, "HERS Summer Institutes for Women in Higher Education Administration," acceso 15 de enero 2018, https://ofw.iupui.edu/Leadership/HERSBryn-Mawr-Summer-Institute-Alumnae.

planificación estratégica, gobernanza compartida, política del campus, desarrollo docente, asesoramiento, mentoría, diversificación de la facultad y el estudiantado, así como los avances tecnológicos en la educación, entre otras cosas. Las instituciones pueden capacitar a sus propios líderes académicos a través de institutos cortos, cursos, seminarios, talleres y otros medios.

Hay que señalar que existen otras estrategias apartes de las sugeridas en este capítulo. Como líderes académicos en la comunidad mundial debemos considerar las que mejor sirvan a las necesidades de nuestras instituciones y contextos.

Conclusión

En este capítulo he destacado algunos de los aspectos que servirán a los líderes académicos de las instituciones de educación superior y cristiana y los seminarios teológicos con el desarrollo de sus propios líderes. Como ya ha sido señalado, el desarrollo de líderes académicos para la educación superior es de vital importancia. Ello requiere una clara comprensión de que es un llamado hacia la misión y la visión de la institución. Los líderes experimentados deben comprometerse a capacitar a los que están comenzando o aspirando al liderazgo académico.

Los líderes académicos deben tener en cuenta que el desarrollo de la capacidad de liderazgo ayudará a suplir las necesidades de cada nivel de la institución. También deben ser conscientes de los desafíos y los recursos disponibles en sus propios contextos y organizar programas locales para continuar la capacitación de líderes.

Concluyo con las palabras de Gmelch y Miskin: «El desarrollo del liderazgo depende de la motivación y el talento del individuo, y de que sus organizaciones estén dispuestas a respaldarlo y capacitarlo. En parte, el liderazgo es pasión, y no podemos enseñarle a la gente a apasionarse».[84] Por lo tanto, los docentes que asumen el liderazgo académico deben comprender su vocación, comprometerse con la misión y visión, y estar dispuestos a contribuir a sus instituciones académicas y la educación superior en general.

---

84. Gmelch y Miskin, *Department Chair*, 22.

Reflexión y puntos de acción

Como hemos visto en este capítulo, muchos profesores asumen el liderazgo académico sin estar debidamente capacitados en la administración y otras competencias necesarias para su desempeño. Ahora que ha leído este capítulo usted tendrá la oportunidad de proponer un plan para el desarrollo de sus propios líderes académicos.

1. Identifique un grupo de líderes académicos nuevos y emergentes. Pueden ser personas que ya están sirviendo o que usted quiera capacitar para el liderazgo académico.

2. Invite al grupo a una reunión en la que identificarán el tipo de capacitación necesaria. Piense en las competencias explícitas para los diferentes niveles de liderazgo.

3. A partir de las tres destrezas que Gmelch y Buller sugieren para el desarrollo de líderes académicos, piense en la estrategia que seguirá para capacitar a su grupo: hábitos de la mente (comprensión conceptual), hábitos de la práctica (el desarrollo de las destrezas) y hábitos del corazón (la reflexión).

4. Ahora piense en los niveles de intervención e incluya las acciones específicas para cada uno:
    - *Personal*: Cómo contribuirán a su propio desarrollo; por ejemplo, asistir a una conferencia de liderazgo, evaluaciones personales o redactar un diario.
    - *Institucional*: Qué contribuirá la institución a su desarrollo; por ejemplo, seminarios, mentoría o asesoramiento.
    - *Profesional*: Qué ayuda recibirán de organizaciones, redes, asociaciones, consorcios profesionales, etc.

5. Luego, piensen en el proceso basándose en la matriz de los tres componentes del liderazgo (punto 3) y los tres niveles de intervención (punto 4) con el fin de establecer un plan de capacitación continua.

6. Considere e integre otros componentes que sean adecuados para su contexto.

7. Identifique los recursos disponibles en su contexto, pero recuerde que algunas de las estrategias requerirán medidas fuera de su institución y contexto.

8. Proponga cuándo y dónde empezará a implementar su plan.

9. Proponga cuándo y cómo evaluará los resultados.

10. Complete su plan y discútalo con sus líderes nuevos y emergentes antes de implementarlo.

Recursos para seguir estudiando

Behling, Laura L., ed. *The Resource Handbook for Academic Deans*. 3ª edición. San Francisco: Jossey-Bass, 2014.

Billman, Kathleen D., y Bruce C. Birch, eds. *C(H)AOS Theory: Reflections of Chief Academic Officers in Theological Education*. Grand Rapids, MI: Eerdmans, 2011.

Buller, J. L. *Change Leadership in Higher Education: A Practical Guide to Academic Transformation*. San Francisco: Jossey-Bass, 2014.

———. *The Essential College Professor: A Practical Guide to an Academic Career*. San Francisco: John Wiley & Sons, 2010.

Chen, Sheying, ed. *Academic Administration: A Quest for Better Management and Leadership in Higher Education*. Nueva York: Nova Science, 2009.

Davis, James R. *Learning to Read: A Handbook for Postsecondary Administrators*. Westport, CT: American Council on Education and Praeger Publishers, 2003.

Deininger, Fritz, y Orbelina Eguizabal, eds. *Leadership in Theological Education*. Vol. 1, *Foundations for Academic Leadership*. Carlisle: Langham Global Library, 2017.

Finkelstein, Martin J., Valerie Martin Conley, y Jack H. Schuster. *The Faculty Factor: Reassessing the American Academy in a Turbulent Era*. Baltimore, MD: Johns Hopkins University Press, 2016.

Frame, William V. *The American College Presidency as Vocation: Easing the Burden, Enhancing the Joy*. Abilene, TX: Abilene Christian University Press, 2013.

Fullan, Michael, y Geoff Scott. *Turnaround Leadership for Higher Education*. San Francisco: Jossey-Bass, 2009.

Gmelch, W. H., y J. L. Buller. *Building Academic Leadership Capacity: A Guide to Best Practices*. San Francisco: Jossey-Bass, 2015.

Gmelch, Walter H., y Val D. Miskin. *Department Chair Leadership Skills*. 2ª edición. Madison, WI: Atwood, 2011.

Hendrickson, Robert M., Jason E. Lane, James T. Harris, y Richard H. Dorman. *Academic Leadership and Governance of Higher Education: A Guide for Trustees,*

Leaders, and Aspiring Leaders of Two- and Four-Year Institutions. 3ª edición. Sterling, VA: Stylus, 2013.

Henkel, Mary. "Emerging Concepts of Academic Leadership and Their Implications for Intra-Institutional Roles and Relationships in Higher Education." *European Journal of Education* 37, no. 1 (2002): 29–41.

Huber, Stephan Gerhard. "School Development and School Leader Development: New Learning Opportunities for School Leaders and Their Schools." En *International Handbook of the Preparation and Development of School Leaders*, editado por Jacky Lumby, Gary Crow, y Petros Pashiardis, 163–175. Nueva York: Routledge, 2008.

Ruben, Brent D., Richard De Lisi, y Ralph A. Gigliotti. *A Guide for Leaders in Higher Education: Core Concepts, Competencies, and Tools.* Sterling, VA: Stylus, 2017.

Sternberg, Robert J., Elizabeth Davis, April C. Mason, Robert V. Smith, Jeffrey S. Vitter, y Michele Wheatly, eds. *Academic Leadership in Higher Education: From the Top Down and the Bottom Up.* Lanham, MD: Rowman & Littlefield, 2015.

Van Velsor, Ellen, Cynthia D. McCauley, y Marian N. Ruderman, eds. *The Center for Creative Leadership Handbook of Leadership Development.* 3ª edición. San Francisco: Jossey-Bass, 2010.

Wright, Michael, y James Arthur, eds. *Leadership in Christian Higher Education.* Exeter: Imprint Academic, 2010.

Bibliografía

Adams, David. "Putting Heart and Soul into Research: An Inquiry into Becoming 'Scholar-Practitioner-Saint'." *Transformation* 25, no. 2 y 3 (abril/julio 2008): 144–157.

Aleshire, Daniel O. *Earthen Vessels: Hopeful Reflections on the Work of Theological Schools*. Grand Rapids, MI: Eerdmans, 2008.

Aleshire, Daniel, Cynthia Campbell, y Kevin Mannoia. "The President's Vocation and Leadership." En A Handbook for Seminary Presidents, editado por G. D. Lewis and Lovett H. Weems Jr., 1–17. Grand Rapids, MI: Eerdmans, 2006.

Amirtham, Samuel, y Robin Pryor. *Invitation to the Feast of Life: Resources for Spiritual Formation in Theological Education*. Geneva: World Council of Churches, 1989.

Armitage, Andy, ed. *Teaching and Training in Post-Compulsory Education*. Maidenhead: McGraw-Hill, 2003.

Arthur, James. "Great Expectations: Vision and Leadership in Christian Higher Education." En *Leadership in Christian Higher Education*, editado por Michael Wright and James Arthur, 3–32. Exeter: Imprint Academic, 2010.

Atnip, Gilbert W. "Role of the Chief Academic Officer." En *Academic Administration: A Quest for Better Management and Leadership in Higher Education*, editado por Sheying Chen, 39–52. Nueva York: Nova Science, 2009.

Austin, Ann E., y Mary Deane Sorcinelli. "The Future of Faculty Development: Where Are We Going?" *New Directions for Teaching and Learning* 133 (Spring 2013): 85–97.

Baldwin, C., y A. Linnea. *The Circle Way: A Leader in Every Chair*. San Francisco,: Berrett-Koehler, 2010.

Banks, Robert J. *Reenvisioning Theological Education: Exploring a Missional Alternative to Current Models*. Grand Rapids, MI: Eerdmans, 1999.

Barden, Dennis M., y Janel Curry. "Faculty Members Can Lead, but Will They?" *The Chronicle of Higher Education* (8 April 2013): 1. Acceso 16 agosto 2017. http://www.chronicle.com/article/Faculty-Members-Can-Lead-but/138343.

Barfoot, Scott, y David Fletcher, eds. *Crisis Leadership*. Austin: XPastor, 2014.

Battle, Michael. "Teaching and Learning as Ceaseless Prayer." En Jones and Paulsell, *The Scope of Our Art*, 155–170.

Bergquist, William, and Kenneth Pawlak. *Engaging the Six Cultures of the Academy*. San Francisco: Jossey-Bass, 2008.

Berryman-Fink, C. "Can We Agree to Disagree? Faculty–Faculty Conflict." En Holton, *Mending the Cracks*, 141–163. A synopsis prepared by Sharon Pearson, FDR Graduate Assistant, is at http://ombudsfac.unm.edu/Article_Summaries/Can_We_Agree_to_Disagree.pdf. Acceso 7 agosto 2017.

Bilen-Green, Canan, Karen A. Froelich, y Sarah W. Jacobson. "The Prevalence of Women in Academic Leadership Positions, and Potential Impact on Prevalence of Women in the Professorial Ranks." *WEPAN Conference Proceedings* (2008): 1–11. Acceso 1 enero 2018. https://www.ndsu.edu/fileadmin/forward/documents/WEPAN2.pdf.

Billman, Kathleen D., y Bruce C. Birch, eds. *C(H)AOS Theory: Reflections of Chief Academic Officers in Theological Education*. Grand Rapids, MI: Eerdmans, 2011.

Birnbaum, Robert. *How Colleges Work: The Cybernetics of Academic Organization and Leadership*. San Francisco: Jossey-Bass, 1988.

Black, Simon A. "Qualities of Effective Leadership in Higher Education." *Open Journal of Leadership* 4, no. 2 (June 2015): 54–66. Acceso 24 noviembre 2017. http://dx.doi.org/10.4236/ojl.2015.42006. Publicado en línea en Scientific Research. http://www.scirp.org/journal/ojl.

Blumberg, Phyllis. *Developing Learner-Centered Teaching: A Practical Guide for Faculty*. San Francisco: Jossey-Bass, 2009.

Bohm, D., y L. Nichol. *On Dialogue*. Nueva York: Routledge, 1996.

Bolman, Lee G., y Joan V. Gallos. *Reframing Academic Leadership*. San Francisco: John Wiley & Sons, 2011.

Bonhoeffer, Dietrich. *Life Together*. London: SCM, 1954.

Booker, Doug. *Triangles, Compasses and God*. Milwaukee, WI: Drambert, 2015.

Bowers, Paul, ed. *Evangelical Theological Education Today*. 1a edición. Exeter: Paternoster, 1982.

Bott, Jennifer P., y Michele Wheatly. "Developing Mentors on the Path to Leadership: A Case Study and Conversation." En Sternberg et al., *Academic Leadership in Higher Education*, 71–77.

Brandenburg, Sue. "Conducting Effective Faculty Meetings." Tesis EdD, Edgewood College, 2008.

Breen, Mike. *Building a Discipling Culture*. 2a edición. Pawleys Island, SC: 3DM, 2011.

Brian, Edgar. "The Theology of Theological Education." *Evangelical Review of Theology* 29, no. 3 (2005): 208–217.

Bright, David F., y Mary P. Richards. *The Academic Deanship: Individual Careers and Institutional Roles*. 1a edición. Jossey-Bass Higher and Adult Education series. San Francisco: Jossey-Bass, 2001.

Brookfield, Stephen D. *Becoming a Critically Reflective Teacher.* San Francisco: Jossey-Bass, 1995.

———. *The Skillful Teacher: On Technique, Trust, and Responsiveness in the Classroom.* 3a edición. San Francisco: Jossey-Bass, 2015.

Brown, Colin, ed. *The New International Dictionary of New Testament Theology.* Vol. 3. Grand Rapids, MI: Zondervan, 1986.

Brown, J., y G. Gerard. *The World Cafe: Shaping Our Futures through Conversations That Matter.* San Francisco: Berrett-Koehler, 2005.

Bryan, Linda W. "The Vocational Call and Multiple Occupations of a CAO." En Billman and Birch, *C(H)AOS Theory*, 75–85.

Buller, Jeffrey L. *The Essential Academic Dean: A Practical Guide to College Leadership.* 1a edición. San Francisco: Jossey-Bass, 2007.

———. *The Essential College Professor: A Practical Guide to an Academic Career.* San Francisco: John Wiley & Sons, 2010.

Calian, Carnegie S. *The Ideal Seminary: Pursuing Excellence in Theological Education.* Louisville, KY: Westminster John Knox, 2002.

Calvin, John. *The Institutes of the Christian Religion.* editado por John Murray, de la traducción de Henry Beveridge, 1845. Mitchellville, MD: Fig, 2012.

Cannell, Linda. *Theological Education Matters: Leadership Education for the Church.* Charleston, SC: Booksurge, 2008.

Cariaga-Lo, L., P. W. Dawkins, R. Enger, A. Schotter, y C. Spence. "Supporting the Development of the Professoriate." *Peer Review* 12, no. 3 (Summer 2010): 19–22.

Carroll, Jackson. "The Professional Model of Ministry: Is It Worth Saving?" *Theological Education* 21, no. 2 (Spring 1985): 7–48.

Cedja, B. D., W. B. Bush Jr, y K. L. Rewey. "Profiling the Chief Academic Officers of Christian Colleges and Universities: A Comparative Study." *Christian Higher Education* 1, no. 1 (2002): 3–15.

Cheesman, Graham. "Competing Paradigms in Theological Education Today." *Evangelical Review of Theology* 17, no. 4 (1993): 484–495.

———. "The Lead Climber." *Teaching Theology* (blog). 30 September 2012. Acceso julio 2015. http://teachingtheology.org/2012/09/30/the-lead-climber/.

———. "So What Are They Really Thinking?" *The Theological Educator* 5, no. 2 (Feb. 2013). Acceso julio 2015. http://thetheologicaleducator.net/2013/02/08/so-what-are-they-really-thinking/.

———. "Spiritual Formation as a Goal of Theological Education." TheologicalEducation.net. Last modified 2011. Acceso julio 2015. http://www.theologicaleducation.net/articles/view.htm?id=106.

———. "A True Professional?" *Journal of Theological Education and Mission* 1, no. 1 (Feb. 2010): 57–64.

Chen, Sheying, ed. *Academic Administration: A Quest for Better Management and Leadership in Higher Education*. Nueva York: Nova Science, 2009.

Clinton, Robert J. "Faculty Profile." Notas de conferencia, inéditas. Retiro de Facultad, Columbia Bible College and Seminary, 23 agosto 1993.

Coe, John H., y Todd W. Hall, eds. *Psychology in the Spirit: Contours of a Transformational Psychology*. Downers Grove, IL: IVP Academic, 2010.

Colemann, Robert. *The Master Plan of Evangelism*. Prefacio de Billy Graham. Grand Rapids, MI: Revell, 2006.

Coll, Jose, y Eugenia L. Weiss. "Rethinking Leadership Development in Higher Education." The EvoLLLution. 7 January 2016. Acceso 17 agosto 2017. https://evolllution.com/managing-institution/operations_efficiency/rethinking-leadership-development-in-higher-education/.

Contreras, Jenniffer. "A Phenomenological Study of the Preparation and Career Paths of Academic Deans in Church of God Institutions of Theological Education in Latin America and the Caribbean." Tesis PhD, Biola University, 2016.

Cooley, R. E., y D. L. Tiede. "What Is the Character of Administration and Governance in the Good Theological School?" *Theological Education* 30, no. 2 (1994): 61–69.

Cook, Bryan J. "The American College President Study: Key Findings and Takeaways." *American Council on Education* (Spring Supplement 2012). Acceso 28 noviembre 2017. http://www.acenet.edu/the-presidency/columns-and-features/Pages/The-American-College-President-Study.aspx.

Cranton, Patricia. *Understanding and Promoting Transformative Learning: A Guide for Educators of Adults*. 2a edición. San Francisco: Jossey-Bass, 2006.

Davis, Barbara Gross. *Tools for Teaching*. 2a edición. San Francisco: Jossey-Bass, 2009.

Davis, James R. *Learning to Read: A Handbook for Postsecondary Administrators*. Westport, CT: American Council on Education and Praeger Publishers, 2003.

Deininger, Fritz. "President and Dean as Partners in Theological Education." En *Leadership in Theological Education*. Vol. 1, *Foundations for Academic Leadership*, editado por Fritz Deininger y Orbelina Eguizabal, 107–128. Carlisle: Langham Global Library, 2017.

"*Didaskalos*." En Brown, *New International Dictionary of New Testament Theology*, 765–768.

Douglass, J. D. "Faculty Development: A Shared Responsibility." *Theological Education* (Autumn 1991): 36–42.

Dowling, Elizabeth M., y W. George Scarlett, eds. *Encyclopedia of Religious and Spiritual Development*. Thousand Oaks, CA: Sage, 2005.
Drucker, Peter F. "Managing for Business Effectiveness." *Harvard Business Review* (May 1963). Acceso 4 octubre 2015. https://hbr.org/1963/05/managing-for-business-effectiveness/ar/1.
EAB. "Developing Academic Leaders: Executive Summary." Acceso 20 agosto 2017. https://www.eab.com/research-and-insights/academic-affairs-forum/studies/2011/developing-academic-leaders.
Eckel, P. D., B. J. Cook, y J. E. King. *The CAO Census: A National Profile of Chief Academic Officers*. Washington DC: American Council on Education, 2009.
Edgar, Brian. "The Theology of Theological Education." *Evangelical Review of Theology* 29, no. 3 (2005): 208-217.
Edwards, Tilden H., Jr. "Spiritual Formation in Theological Schools: Ferment and Challenge." *Theological Education* 17, no. 1 (1980): 7-52.
Eims, LeRoy. *The Lost Art of Disciple Making*. Prefacio de Robert E. Colemen. Grand Rapids, MI: Zondervan, 1978.
Ellinor, L., y G. Gerard. *Dialogue: Rediscover the Transforming Power of Conversation*. ed. Kindle. Nueva York: Crossroad, 2014.
Ellis, Donna E., y Leslie Ortquist-Ahrens. "Practical Suggestions for Programs and Activities." En Gillespie *et al.*, *Guide to Faculty Development*, 117-132.
Elmer, Duane. *Cross-Cultural Servanthood: Serving the World in Christlike Humility*. Downers Grove, IL: InterVarsity Press, 2006.
English, R. A. "The Deanship as a Cross-Cultural Experience." *New Directions for Higher Education* 25, no. 2 (1997): 21-29.
Erb, Peter C., ed. *Pietists: Selected Writings*. Classics of Western Spirituality. Nueva York: Paulist, 2003.
Fagin, C. M. "The Leadership Role of a Dean." *New Directions for Higher Education* 25, no. 2 (1997): 95-99.
Farley, Edward. *Theologia: The Fragmentation and Unity of Theological Education*. Philadelphia: Fortress, 1983.
Ferris, Robert W. *Establishing Ministry Training: A Manual for Programme Developers*. Pasadena, CA: William Carey Library, 1995.
———. "The Faculty Is the Curriculum: A Vignette." Manuscrito no publicado, s.f.
———. "Leadership Development in Mission Settings." En *Missiology: An Introduction*, editado por Mark J. Terry, 457-470. Nashville: Broadman & Holman, 2015.
———. "Ministry Education for the Global Church." *Evangelical Missions Quarterly* 52, no. 1 (Jan. 2016): 6-13.

———. "Renewal of Theological Education: Commitments, Models and the ICAA Manifesto." *Evangelical Review of Theology* 14, no. 1 (Jan. 1990): 64–75.

———. "The Work of a Dean." *Evangelical Review of Theology* 32, no. 1 (2008): 65–73.

Fink, L. Dee. *Creating Significant Learning Experiences: An Integrated Approach to Designing College Courses*. San Francisco: Jossey-Bass, 2003.

Fullan, Michael, y Geoff Scott. *Turnaround Leadership for Higher Education*. San Francisco: Jossey-Bass, 2009.

Gallaty, Robby. *Growing Up: How to Be a Disciple Who Makes Disciples*. Bloomington, IN: CrossBooks, 2013.

———. "Willow Creek Repents?" *Christianity Today* (Oct. 2007). Acceso 29 marzo 2013. http://blog.christianitytoday.com/outofur/archives/2007/10/willow_creek_re.htm.

George, Thomas F. "Maintaining a Personal Program of Research and Scholarship While Serving as President/Chancellor." En Sternberg et al., *Academic Leadership in Higher Education*, 23–29.

Giesen, Karen, and Sandra Glahn. "The Life of Howard G. 'Prof' Hendricks." *DTS Voice*. Dallas Theological Seminary. 20 February 2013. Acceso 26 junio 2015. https://voice.dts.edu/article/howard-hendricks-prof/.

Gillespie, Kay J., Douglas L. Robertson, et al., eds. *A Guide to Faculty Development: Practical Advice, Examples, and Resources*. 2a edición. Jossey-Bass Higher and Adult Education series. San Francisco: Jossey-Bass, 2010.

Gmelch, W. H., y J. L. Buller. *Building Academic Leadership Capacity: A Guide to Best Practices*. San Francisco: Jossey-Bass, 2015.

Gmelch, W. H., D. Hopkins, y S. Damico. *Seasons of a Dean's Life: Understanding the Role and Building Leadership Capacity*. Sterling, VA: Stylus, 2011.

Gmelch, Walter H., y Val D. Miskin. *Department Chair: Leadership Skills*. 2a edición. Madison, WI: Atwood, 2011.

Gmelch, W. H., y M. Wolverton. *An Investigation of Dean Leadership*. New Orleans: American Educational Research Association, 2002.

Gmelch, W. H., M. Wolverton, M. L. Wolverton, y J. C. Sarros. "The Academic Dean: An Imperiled Species Searching for Balance." *Research in Higher Education* 40, no. 6 (1999): 717–740.

Gnanakan, Ken, ed. *Biblical Theology in Asia*. Bangalore: Theological Book Trust, 1995.

Gnanakan, Ken, y Sunand Sumithra. "Theology, Theologization and the Theologian." En Gnanakan, *Biblical Theology in Asia*, 39–46.

Graham, Stephan R. "The Vocation of the Academic Dean." En Billman y Birch, *C(H) AOS Theory*, 63–85.

Guenther, Margaret. *Holy Listening: The Art of Spiritual Direction*. London: Darton, Longman & Todd, 1992.
Harari, Oren. *The Leadership Secrets of Colin Powell*. New York: McGraw-Hill, 2003.
Hardy, Steven A. *La Excelencia En La Educación Teológica: Entrenamiento Efectivo Para Líderes Eclesiales*. Cumbria, UK: Langham Global Library, 2016.
Hardy, Steven A. *Excellence in Theological Education: Effective Training for Church Leaders*. Peradeniya, Sri Lanka/Edenvale, Sudáfrica: The Publishing Unit, Lanka Bible College and Seminary; Distribuido por SIM, 2007.
Harkness, Allan, ed. *Tending the Seedbeds: Educational Perspectives on Theological Education in Asia*. Quezon City: Asia Theological Association, 2010.
Hartley III, H. V., y E. E. Godin. *A Study of Chief Academic Officers of Independent Colleges and Universities*. Washington DC: Council of Independent Colleges, 2010.
Hasseler, Susan S. "Women in Leadership: Obstacles, Opportunities, and Entry Points." *Intersections* 2015, no. 41, Article 8 (2015): 24–30. Acceso 1 enero 2018. http://digitalcommons.augustana.edu/intersections/vol2015/iss41/8.
Henkel, Mary. "Emerging Concepts of Academic Leadership and Their Implications for Intra-Institutional Roles and Relationships in Higher Education." *European Journal of Education* 37, no. 1 (2002): 29–41.
Hitchen, John M. "Confirming the Christian Scholar and Theological Educator's Identity through New Testament Metaphor." *Evangelical Review of Theology* 35, no. 2 (2011): 276–287.
Hodges, Herb. *Tally Ho the Fox! The Foundation for Building World-Visionary, World-Impacting, Reproducing Disciples*. 2a edición. Augusta, GA: Manhattan Source, 2001.
Hoffman, Elizabeth. "What Have We Learned about Academic Leadership?" En Sternberg et al., *Academic Leadership in Higher Education*, 3–12.
Hofstede, Geert, Gert J. Hofstede, y Michael Minkov. *Cultures and Organizations: Software of the Mind; Intercultural Cooperation and Its Importance for Survival*. 3a edición revisada. New York: McGraw-Hill Education, 2010.
Holton, Susan A., ed. *Mending the Cracks in the Ivory Tower: Strategies for Conflict Management in Higher Education*. Bolton, MA: Anker, 1998.
Horne, Herman. *Jesus the Teacher: Examining His Expertise in Education*. Revisado y actualizado por Angus M. Gunn. Grand Rapids, MI: Kregel, 1998.
Horowitz, Maryanne C., ed. *New Dictionary of the History of Ideas*. Vol. 3. Detroit, MI: Charles Scribner's Sons, 2005.
Hough, J. C. "The Dean's Responsibility for Faculty Research." *Theological Education* (Autumn 1987): 102–114.

House, Paul R. *Bonhoeffer's Seminary Vision: A Case for Costly Discipleship and Life Together*. Wheaton, IL: Crossway, 2015.

Hudnut-Beumler, J. "A New Dean Meets a New Day in Theological Education." *Theological Education* 33 (supplement, 1996): 13–20.

Hull, Bill. *The Complete Book of Discipleship: On Being and Making Followers of Christ*. Navigators Reference Library. Colorado Springs, CO: NavPress, 2006.

Huston, Therese, y Carol L. Weaver. "Peer Coaching: Professional Development for Experienced Faculty." *Innovation in Higher Education* 33, no. 1 (June 2008): 5–6.

Hutchens, D. *Shadows of the Neanderthal: Illuminating the Beliefs That Limit Our Organizations*. Waltham, MA: Pagasus Communications, 1999.

ICETE. "Manifesto on the Renewal of Evangelical Theological Education." *Evangelical Review of Theology* 19, no. 3 (1995): 307–313.

Indiana University–Purdue University of Indianapolis: Office for Women. "HERS Summer Institutes for Women in Higher Education Administration." Acceso 15 enero 2018. https://ofw.iupui.edu/Leadership/HERSBryn-Mawr-Summer-Institute-Alumnae.

International Graduate School of Leadership. "Core Values." Acceso 6 julio 2015. http://www.igsl.asia/about/core-values/.

———. "Mission & Vision." Acceso 6 julio 2015. http://www.igsl.asia/about/mission-vision-values/.

Irwin, Tim. *Impact: Great Leadership Changes Everything*. Dallas: BenBella, 2014.

Isaacs, W. *Dialogue and the Art of Thinking Together: A Pioneering Approach to Communicating in Business and Life*. New York: Currency, 1999.

Jeanmonod, Donald. "Developing Leaders among Your Faculty Members." *International Journal of Academic Medicine (serial en linea)* 2, no. 1 (2016): 83–88. Acceso, 8 agosto 2018, http://www.ijam-web.org/text.asp?2016/2/1/83/183327.

Johnson, Eric, y Stan Jones. *Psychology and Christianity: Four Views*. Downers Grove, IL: IVP Academic, 2000.

Johnson-Miller, Beverly C. "History of Christian Education." En *Encyclopedia of Religious and Spiritual Development*, editado por Elizabeth M. Dowling y W. George Scarlett. Thousand Oaks, CA: Sage, 2005. Acceso 15 septiembre 2009. http://sage-reference.com/religion/Article_n77.html.

Jones, L. Gregory. "Negotiating the Tensions of Vocation." En Jones y Paulsell, *Scope of Our Art*, 209–224.

Jones, L. G., y Stephanie Paulsell, eds. *The Scope of Our Art: The Vocation of the Theological Teacher*. Grand Rapids, MI: Eerdmans, 2002.

Jones, Stan. *Modern Psychotherapies: A Comprehensive Christian Appraisal*. 2a edición. Downers Grove, IL: IVP Academic, 2011.
Kane, Thomas, Kerri Kerr, y Robert Pianta. *Designing Teacher Evaluation Systems*. San Francisco: Jossey-Bass, 2014.
Kelsey, David. *Between Athens and Berlin: The Theological Education Debate*. Grand Rapids, MI: Eerdmans, 1993.
———. *To Understand God Truly: What's Theological about a Theological School?* Louisville, KY: Westminster/John Knox, 1992.
Kempis, Thomas à. *The Imitation of Christ*. Harmondsworth: Penguin, 1952.
Kezer, Adriana, y Peter D. Eckel. "The Effect of Institutional Culture on Change Strategies in Higher Education." *The Journal of Higher Education* 73, no. 4 (July–Aug. 2002): 435–460.
Knowles, Malcolm. *The Modern Practice of Adult Education: From Pedagogy to Andragogy*. Revisado y actualizado. Chicago: Follett, 1980. (Fuera de imprenta. Se pueden encontrar ejemplares usados a precio razonable.)
Kohl, Manfred W. "Theological Education: What Needs to Be Changed." *Torch Trinity Journal* 12, no. 1 (2009): 149–162.
Kohl, Manfred W., y A. N. L. Senanayake, eds. *Educating for Tomorrow: Theological Leadership for the Asian Context*. Bangalore: SAIACS; Indianapolis: Overseas Council International, 2002.
Krahenbuhl, G. S. *Building the Academic Deanship: Strategies for Success*. Westport, CT: American Council on Education/Praeger, 2004.
Lambert, Leo M. "Chief Academic Officers." En *Field Guide to Academic Leadership*, editado por Robert M. Diamond, 425–435. San Francisco: Jossey-Bass, 2002.
Le Cornu, A. "The Shape of Things to Come: Theological Education in the Twenty-First Century." *British Journal of Theological Education* 14, no. 1 (2003): 13–26.
Leman, Kevin, and William Pentak. *The Way of the Shepherd*. Grand Rapids, MI: Zondervan, 2004.
Lencioni, Patrick. *The Advantage: Why Organizational Health Trumps Everything Else in Business*. Edición Kindle. San Francisco: Jossey-Bass, 2012.
———. *Death by Meeting: A Leadership Fable*. San Francisco: Jossey-Bass, 2007.
———. *The Five Dysfunctions of a Team: Facilitator's Guide; The Official Guide to Conducting the Five Dysfunctions Workshop*. San Francisco: Pfeiffer, 2007.
———. *The Five Dysfunctions of a Team: A Leadership Fable*. San Francisco: Jossey-Bass, 2002.
———. *Overcoming the Five Dysfunctions of a Team: A Field Guide for Leaders, Managers, and Facilitators*. San Francisco: Jossey-Bass, 2005.

Lindt, G. *Managers, Movers and Missionaries: Who Leads the Graduate School?* Minneapolis: Association of Graduate Schools, 1990.

Lienmann, Perrin, C. *Training for a Relevant Ministry: A Study of the Work of the Theological Education Fund.* Geneva: World Council of Churches, 1980.

Lingenfelter, Judith, y Sherwood G. Lingenfelter. *Teaching Cross-Culturally: An Incarnational Model for Learning and Teaching.* 2a reimpresión. Grand Rapids, MI: Baker Academic, 2004.

London, H. B. *The Culture of a Community College.* New York: Praeger, 1978.

MacDonald, Gordon. "Going Deep: Cultivating People of Spiritual Depth Is a Pastor's Top Priority." *Christianity Today,* 27 June 2011. Acceso 9 julio 2015. http://www.christianitytoday.com/le/2011/spring/goingdeep.html.

Mallard, Kina S. "The Soul of Scholarship." En Zahorski, *Scholarship in the Postmodern Era,* 67–68.

Manes, Juan M. *Gestión Estratégica para Institutiones Educativas.* 2a edición. Buenos Aires: Granica, 2004.

Marshall, Kim. *Rethinking Teacher Supervision and Evaluation.* 2a edición. San Francisco: Jossey-Bass, 2013.

McCallum, Dennis, y Jessica Lowery. *Organic Discipleship: Mentoring Others into Spiritual Maturity and Leadership.* Edición revisada. Columbus, OH: New Paradigm, 2012.

McDaniel, Elizabeth A. "Senior Leadership in Higher Education: An Outcomes Approach." *Journal of Leadership and Organization Studies* 9, no. 2 (2002): 80–88.

McLean, Jeanne P. *Leading from the Center: The Emerging Role of the Chief Academic Officer in Theological Schools.* Scholars Press Studies in Theological Education. Atlanta: Scholars Press, 1999.

McNeal, Reggie. *Practicing Greatness: 7 Disciplines of Extraordinary Spiritual Leaders.* San Francisco: Jossey-Bass, 2006.

Meeter, John E., ed. *Benjamin B. Warfield: Selected Shorter Writings.* Vol. 1. Grand Rapids, MI: Puritan & Reformed, 1970.

Moden, G. O., R. I. Miller, y A. M. Williford. *The Role, Scope, and Functions of the Chief Academic Officer.* Kansas City, MO: Association for Institutional Research, 1987.

Montez, J., y M. Wolverton. *The Challenge of the Deanship.* New Orleans: American Educational Research Association, 2000.

Moore, Russell. "What Should the Church Say to Bruce Jenner?" *Russell Moore* (blog), 24 April 2015. Acceso 2 octubre 2015. https://www.russellmoore.com/2015/04/24/what-should-the-church-say-to-bruce-jenner/.

Moore, Steve. *Who Is My Neighbor? Being a Good Samaritan in a Connected World*. Colorado Springs, CO: NavPress, 2011.

Moreland, J. C. "A Call to Integration and the Christian Worldview Integration Series." En Coe and Hall, *Psychology in the Spirit*, 11–32.

Muehlhoff, T. *I Beg to Differ: Navigating Difficult Conversations with Truth and Love*. Ed. Kindle. Downers Grove, IL: IVP Books, 2014.

Nederman, Cory J. "Individualism." En *New Dictionary of the History of Ideas*, Vol. 3, editado por Maryanne C. Horowitz, 1114. Detroit: Charles Scribner's Sons, 2005.

Newman, Barclay M. *A Concise Greek–English Dictionary of the New Testament*. London: United Bible Societies, 1971.

Niebuhr, H. Richard. Daniel Day Williams, y James M. Gustafson. *The Advancement of Theological Education*. New York: Harper, 1957.

Nolan, James. *Teacher Supervision and Evaluation*. 3a edición. San Francisco: Jossey-Bass, 2011.

Nordbeck, E. C. "The Once and Future Dean: Reflections on Being a Chief Academic Officer." *Theological Education* 33 (supplement, 1996): 21–33.

Nouwen, Henri. *Reaching Out: The Three Movements of the Spiritual Life*. Glasgow: William Collins, 1976.

———. *The Way of the Heart*. New York: Ballentine, 1981.

Ouellett, Mathew L. "Overview of Faculty Development." En Gillespie et al., *Guide to Faculty Development*, 3–20.

Owen H. *Open Space Technology: A User's Guide*. San Francisco: Berrett-Koehler, 2008.

Oyco-Bunyi, Joy. *Beyond Accreditation: Value Commitments and Asian Seminaries*. Bangalore: Theological Book Trust, 2001.

Packer, J. I. *Knowing God*. Downers Grove, IL: InterVarsity Press, 1973.

PAID Program. "Developing Academic Leaders." Acceso 15 enero 2018. http://paid.uci.edu/Developing%20Aca%20Leaders.pdf.

Palmer, Parker. *The Courage to Teach: Exploring the Inner Landscape of a Teacher's Life*. San Francisco: Jossey-Bass, 1998.

———. *To Know as We Are Known: Education as a Spiritual Journey*. New York: HarperCollins, 1993.

Patterson-Randles, Sandra R. "Chief Executive in Academic Administration: High Expectations and Leadership Lessons." En Chen, *Academic Administration*, 27–37.

Plueddemann, James E. *Leading across Cultures: Effective Ministry and Mission in the Global Church*. Downers Grove, IL: InterVarsity Press, 2009.

Posner, George J., y Alan H. Rudnitsky. *Course Design: A Guide to Curriculum Development for Teachers*. 6a edición. New York: Addison Wesley Longman, 2001.

Reason, R. D., and W. H. Gmelch. *The Importance of Relationships in Deans' Perceptions of Fit: A Person-Environment Examination*. Chicago: American Educational Research Association, 2003.

Roy, Marc M. "Preparing for a Successful Career in Academic Leadership: Understanding Your Role." En *The Resource Handbook for Academic Deans*, editado por Laura L. Behling, 3–7. 3a edición. San Francisco: Jossey-Bass, 2014.

Sarkar, Arun K. "Non-Formal Faculty Development in Theological Seminaries: An Adult Educational Approach." En Harkness, *Tending the Seedbeds*, 129–143.

Schön, Donald A. *Educating the Reflective Practitioner*. San Francisco: Jossey-Bass, 1987.Preiswerk, Matthias, et al., "Manifesto of Quality Theological Education in Latin America." *Ministerial Formation* 111 (Nov. 2008): 44–51.

Schuth, Katarina. *Reason for the Hope: The Futures of Catholic Theologates*. Wilmington, DE: Michael Glazier, 1989.

Seldin, P. *Evaluating Faculty Performance: A Practical Guide to Assessing Teaching, Research, and Service*. San Francisco: Jossey-Bass, 2006.

Senge, P. M. *The Fifth Discipline: The Art and Practice of the Learning Organization*. New York: Doubleday/Currency, 1990.

———. *The Fifth Discipline Fieldbook: Strategies and Tools for Building a Learning Organization*. New York: Doubleday/Currency, 1994.

Senge, Peter M., Nelda Cambron-McCabe, Timothy Lucas, Bryan Smith, Janis Dutton, y Art Kleiner. *Schools That Learn: A Fifth Discipline Fieldbook for Educators, Parents, and Everyone Who Cares about Education*. New York: Crown Business, 2012.

Sensing, T. R. "The Role of the Academic Dean." *Restoration Quarterly* 45, no. 1–2 (2003): 5–9.

Shaw, Perry. *Transforming Theological Education: A Practical Handbook for Integrative Learning*. Carlisle: Langham Global Library, 2014.

Shepson, Don. "A Scriptural Model of Relational Christian Formation." *Christian Education Journal* 9, Series 3 (Spring 2012 Supplement): 180–198.

Simpson, Michael, K. *Unlocking Potential: 7 Coaching Skills That Transform Individuals, Teams, and Organizations*. Grand Haven, MI: Grand Harbor Press, 2014.

Smith, Gordon T. "Attending to the Collective Vocation." En Jones y Paulsell, *Scope of Our Art*, 240–261.

———. "Spiritual Formation in the Academy: A Unifying Model." *Theological Education* 33, no. 1 (1996): 83–91.

Smith, J. I. "Academic Leadership: Roles, Issues, and Challenges." *Theological Education* 33 (supplement, 1996): 1–12.

Sonlife. "What Is Disciple-Making?" Acceso 9 julio 2015. http://www.sonlife.com/strategy/what-is-disciple-making/.
Sorcinelli, Mary Deane, Ann E. Austin, Pamela L. Eddy, y Andrea L. Beach. *Creating the Future of Faculty Development: Learning from the Past, Understanding the Present*. Boston, MA: Anker, 2006.
Spader, Dann. *4 Chair Discipling: Growing a Movement of Disciple-Makers*. Chicago, IL: Moody, 2014.
Spener, Philip J. *Pia Desideria: or Heartfelt Desires for a God-Pleasing Improvement of the True Protestant Church* (1675). En Erb, *Pietists*, 41–43.
Stanfield, R. B., ed. *The Art of Focused Conversation: 100 Ways to Access Group Wisdom in the Workplace*. Gabriola Island, BC: New Society, 2000.
Stanley, Andy. *The Next Generation Leader*. Sisters, OR: Multnomah, 2003.
Sternberg, Robert J., Elizabeth Davis, April C. Mason, Robert V. Smith, Jeffrey S. Vitter, y Michele Wheatly, eds. *Academic Leadership in Higher Education: From the Top Down and the Bottom Up*. Lanham, MD: Rowman & Littlefield, 2015.
Stoffer, Dale. "Faculty Leadership and Development: Lessons from the Anabaptist-Pietist Tradition." En Billman and Birch, *C(H)AOS Theory*, 143–153.
Stone, Tammy, y Mary Coussons-Read. *Leading from the Middle: A Case-Study Approach to Academic Leadership for Associate Deans*. Lanham, MD: Rowman & Littlefield, 2011.
Strom, Stephen L., Alex A. Sanchez, y JoAnna Downey-Schilling. "Inside-Outside: Finding Future Community College Leaders." *Community College Enterprise* 17, no. 1 (March 2011): 9–21. Academic OneFile, acceso 8 agosto 2018. http://link.galegroup.com/apps/doc/A260691278/AONE?u=biola_main&sid=AONE&xid=351853b0.
Stuhlman, Megan W., Bridget K. Hamre, Jason T. Downer, y Robert C. Pianta. "How Classroom Observations Can Support Systematic Improvement in Teacher Effectiveness." Acceso 3 abril 2015. http://curry.virginia.edu/uploads/resourceLibrary/CASTL_practioner_Part5_single.pdf.
Sweet, Leonard. "A Learned to Learner Litany of Transformation." Acceso 2009. http://leaonardsweet.com/. (Ya no está disponible en ese sitio).
Swinton, John. *Dementia: Living in the Memories of God*. Grand Rapids, MI: Eerdmans, 2012.
Terry, Mark J., ed. *Missiology: An Introduction*. Nashville: Broadman & Holman, 2015.
Theall, Michael, and Jennifer L. Franklin. "Assessing Teaching Practices and Effectiveness for Formative Purposes." En Gillespie et al., *Guide to Faculty Development*, 151–168.

Thrall, Bill, Bruce McNicol, y John Lynch. *Truefaced: Trust God and Others with Who You Really Are*. Edición revisada. Colorado Springs, CO: NavPress, 2004.

Thrall, Bill, Bruce McNicol, y Ken McElrath. *The Ascent of a Leader: How Ordinary Relationships Develop Extraordinary Character and Influence*. San Francisco: Jossey-Bass, 1999.

———. *Beyond Your Best: Develop Your Relationships, Fulfill Your Destiny*. San Francisco: Jossey-Bass, 2003.

Toulouse, M. G. "A Dozen Qualities of the Good Dean." *Theological Education* 42, no. 2 (2007): 109-126.

Townsend, B. K., y S. Bassoppo-Moyo. "The Effective Community College Academic Administrator: Necessary Competencies and Attitudes." *Community College Review* 25, no. 2 (1997): 41-57.

Tucker, Allan, y Robert A. Bryan. *The Academic Dean: Dove, Dragon, and Diplomat*. 2a edición. New York: American Council on Education/Macmillan, 1991.

Vella, Jane. *How Do They Know They Know: Evaluating Adult Learning*. San Francisco: Jossey-Bass, 1998.

———. *Learning to Listen, Learning to Teach: The Power of Dialogue in Educating Adults*. Edición revisada. San Francisco: Jossey-Bass, 2002.

———. *On Teaching and Learning: Putting the Principles and Practices of Dialogue Education into Action*. San Francisco: Jossey-Bass, 2008.

———. *Taking Learning to Task: Creative Strategies for Teaching Adults*. San Francisco: Jossey-Bass, 2001.

Viorst, Judith. *Necessary Losses: The Loves, Illusions, Dependencies and Impossible Expectations That All of Us Have to Give Up in Order to Grow*. New York: Random House, 1987.

Volf, Miroslav, Carmen Krieg, y Thomas Kucharz, eds. *The Future of Theology: Essays in Honor of Jürgen Moltmann*. Grand Rapids, MI: Eerdmans, 1996.

Waits, J. L. "Developing the Community of Scholars: An Address to New Academic Deans in ATS Schools." *Theological Education* 33 (supplement, 1996): 71-76.

Walvoord, Barbara E. *Teaching and Learning in College Introductory Religion Courses*. Oxford: Blackwell, 2007.

Wanak, Lee C. "Theological Education and the Role of Teachers in the Twenty-First Century: A Look at the Asia Pacific Region." En Kohl y Senanayake, *Educating for Tomorrow*, 160-180.

Warfield, Benjamin B. *The Religious Life of Theological Students*. Phillipsburg, NJ: Puritan & Reformed, 1983.

Warford, Malcolm L., ed. *Practical Wisdom: On Theological Teaching and Learning.* New York: Peter Lang, 2004.

Webb, Graham. *Understanding Staff Development.* Buckingham: Society for Research into Higher Education/Open University Press, 1996.

Webb, Keith. *The COACH Model for Christian Leaders: Powerful Leadership Skills for Solving Problems, Reaching Goals, and Developing Others.* [USA]: Active Results LLC, 2012.

Weimer, Maryellen. *Learner-Centered Teaching: Five Key Changes to Practice.* San Francisco: Jossey-Bass, 2002.

———. *Improving Your Classroom Teaching.* Vol. 1 de *Survival Skills for Scholars.* Newbury Park, CA: Sage, 1993.

Wilkinson, Bruce. *The Seven Laws of the Learner.* Versión Académica. Sisters, OR: Multnomah, 1992.

Wolterstorff, N. "The Travail of Theology in Modern Academy." En Volf et al., *The Future of Theology,* 35–46.

Wolverton, M., y W. H. Gmelch. *College Deans: Leading from Within.* Westport, CT: American Council on Education/Oryx, 2002.

Wolverton, M., W. H. Gmelch, J. Montez, y C. T. Nies. "The Changing Nature of the Academic Deanship." *ASHE-ERIC Higher Education Report* 28, no. 1 (2001): 95–108.

Wood, Rick. "A Discipleship Revolution: The Key to Discipling All Peoples." *Mission Frontiers* (Jan.–Feb. 2011). Acceso 15 junio 2015. https://www.missionfrontiers.org/issue/article/a-discipleship-revolution.

Wright, Walter. *Relational Leadership: A Biblical Model for Influence and Service.* Exeter: Paternoster, 2000.

Yardley, Anne B. "Scaffolding That Supports Faculty Leadership: The Dean's Constructive Role." En Billman y Birch, *C(H)AOS Theory,* 133–143.

Yates, Wilson. "The Art and Politics of Deaning." *Theological Education* 34, no. 1 (1997): 85–96.

Zahorski, Kenneth J., ed. *Scholarship in the Postmodern Era: New Venues, New Values, New Visions.* San Francisco: Jossey-Bass, 2002.

Zeus, Perry, y Suzanne Skiffington. *The Complete Guide to Coaching at Work.* Roseville, Australia: McGraw-Hill Australia, 2001.

Ziegenhals, Gretchen E. "Faculty Life and Seminary Culture: It's about Time and Money." En Warford, *Practical Wisdom,* 49–66.

Ziegler, Jesse H. "Report of the Task Force on Spiritual Development." *Theological Education* 8, no. 3 (Spring 1972): 153–197.

Ziglar, Tom. "If You Aim at Nothing..." *Ziglar* (blog). Acceso 27 julio 2015. http://www.ziglar.com/quotes/zig-ziglar/if-you-aim-nothing.

Zuck, Roy B. *Teaching as Jesus Taught*. Grand Rapids, MI: Baker, 1995.

———. *Teaching as Paul Taught*. Grand Rapids, MI: Baker, 1998.

Zull, James E. *The Art of Changing the Brain: Enriching the Practice of Teaching by Exploring the Biology of Learning*. Sterling, VA: Stylus, 2002.

Colaboradores

Graham Cheesman (PhD, Queens College, Belfast) ha sido ministro bautista en Inglaterra, profesor misionero en Nigeria durante siete años y otros diecisiete como director de la Facultad Bíblica de Belfast, adscrito al Queen's University en Belfast. Fue director del Centro de Educación Teológica de Belfast por cinco años y trabaja con la Asociación Europea de Acreditación Evangélica. Es profesor emérito del Queen's University en Belfast, enseña en programas de pregrado y posgrado, y supervisa a los candidatos al doctorado. También participa en la administración y mentoría de los cursos graduados en Educación Teológica de la Escuela de Teología de Londres. Ha viajado como educador y promotor de la buena educación teológica, publicado tres libros y una serie de artículos.

Leslie J. Crawford (EdD, Universidad Internacional de Columbia) lleva más de treinta años sirviendo como decano académico en la Escuela de Ministerios de Adelaida en Australia y participa en la educación teológica internacional a través del Consejo Internacional para la Educación Teológica Evangélica (ICETE) como representante de la Asociación de Facultades Evangélicas del Pacífico Sur (SPAEC por sus siglas en inglés). Está casado con Elizabeth y tiene tres hijos casados y un nieto.

Fritz Deininger (ThD en Nuevo Testamento, Universidad de Sudáfrica, Maestría en Teología del Nuevo Testamento, Maestría en Artes en Misiología de la Universidad Internacional de Columbia y licenciatura del Seminario Teológico Chrischona) sirve como coordinador del Programa ICETE de Liderazgo Académico (IPAL). Se desempeñó como catedrático asociado de la Universidad

Internacional de Columbia (CIU) y enseñó cursos en la Academia para la Misión Mundial en Alemania. Junto con su esposa Marianne sirvió en Tailandia de 1981 a 2008 en la siembra de iglesias, capacitación de liderazgo y educación teológica. En el Seminario Bíblico de Bangkok obtuvo experiencia de liderazgo sirviendo como decano académico. Sus áreas de interés incluyen el desarrollo del liderazgo, la educación teológica integrada, la formación espiritual, la exposición bíblica, las religiones del mundo, las misiones mundiales y la ética.

Orbelina Eguizabal (PhD en Estudios Educativos, Escuela de Teología de Talbot) se desempeña como catedrática de Educación Superior Cristiana en los programas doctorales de la Escuela de Teología de Talbot, Universidad de Biola en California. De 2010 a 2015 sirvió en la junta directiva de la Sociedad de Profesores en Educación Cristiana (SPCE), y actualmente forma parte de la junta directiva del Instituto Bíblico Moody (MBI). También participa en la educación teológica como profesora visitante en seminarios en países latinoamericanos. Antes de laborar en Biola, Orbelina enseñó y sirvió en funciones administrativas en el Seminario Teológico Centroamericano en la Ciudad de Guatemala, Guatemala. Colabora con ICETE desde 2008 a través del Programa ICETE para Líderes Académicos (IPAL) y la Asociación de Educación Teológica Evangélica en América Latina (AETAL), y como miembro del equipo docente para los seminarios para líderes académicos de habla hispana en América Central y del Sur.

Ralph Enlow preside la Asociación para la Educación Superior Bíblica (www.abhe.org). Esta organización comprende unas doscientas instituciones en Norteamérica que ofrecen educación ministerial y profesional en el liderazgo bíblico, transformador, experiencial y misional. El Dr. Enlow sirvió durante veintiocho años (1976–1998; 2000–2006) como líder educativo en su alma máter, la Universidad Internacional de Columbia, culminando como vicepresidente sénior y preboste por seis años. Su amplia participación en la educación superior teológica incluye el servicio como consultor; director de autoestudio institucional; presidente del equipo de acreditación; y presidente de la Comisión de Acreditación de ABHE. Miembro fundador de Socios Globales para la Educación Transformadora (www.gateglobal.org), ha participado en la enseñanza y consultoría internacional en Australia, Bulgaria, República Checa, Alemania, Hungría, India, El Líbano, Filipinas, Tailandia y Ucrania. Ha presidido y servido en las juntas directivas de Bible Christian Union, la Misión Alianza Evangélica y el Consejo Internacional para la Educación Teológica Evangélica (ICETE, www.icete-edu.org). Su tesis doctoral en Administración de la Educación Superior de la Universidad de Vanderbilt fue titulada, «Resultados de los estudiantes en la educación general: un análisis comparativo de la calidad de la universidad bíblica». Sus publicaciones académicas e intereses didácticos incluyen la acreditación de la educación superior, la educación general, el liderazgo, los estudios bíblicos y la renovación de la universidad bíblica.

Robert W. Ferris (MA, MDiv, PhD) y su esposa, Sue, por veintiún años trabajaron con SEND International en Filipinas. Allí enseñó Teología en la facultad de la Escuela de Biblia de Febias (1969-1977), dirigió la Asociación Filipina de Seminarios Bíblicos y Teológicos (PABATS, por sus siglas en ingés, 1980-1985) y fue decano del Seminario Teológico Asiático (1984-1988). Ferris contribuyó al desarrollo del Manifiesto ICETE (1983) y fue orador en las consultas del ICETE del 1984, 1987, 1991 y 1993. Como misionero residencial del Centro Billy Graham de Wheaton College, fue autor de "Renewal in Theological Education" (1990). En el 1989, Ferris se unió a la facultad del Seminario Bíblico y Escuela de Misiones Columbia, ahora Universidad Internacional de Columbia, donde se desempeñó como director de los Estudios Doctorales (1989-2000), decano interino (2002-2003) y vicepresidente asociado (2004-2007). Ya jubilado, es socio sénior de Socios Globales para la Educación Transformadora (GATE, www.gateglobal.org). Los Ferris tienen dos hijos y cinco nietos.

Steve Hardy (Doctorado en Misiología de la Escuela de Divinidades Trinity, Maestría en Divinidades en Estudios Bíblicos del Seminario Teológico Bethel y licenciatura en Gobierno de Oberlin College) es estadounidense. Se ha desempeñado como abogado de SIM International para la Educación Teológica, así como consultor sénior de ICETE. Trabajó como educador misionero en Brasil, Mozambique y Sudáfrica y dirigió el Instituto para la Excelencia en la Educación Teológica del Overseas Council. Escribe sobre la administración educativa.

Pablo Sywulka nació en Guatemala de padres misioneros. Realizó estudios universitarios en el Columbia Bible College (BA, 1961) y en la Universidad de Guatemala (Historia, 1962–1963). Recibió su ThM (1967) y PhD (2001) del Seminario Teológico de Dallas. Ha servido en SETECA (Seminario Teológico Centroamericano) en Guatemala como profesor, decano académico y presidente. Se desempeñó como secretario general de la Asociación Evangélica de Educación Teológica en América Latina (AETAL) de 2007 a 2016.

Pieter F. Theron es sudafricano. Después de veintiséis años de ministerio intercultural en Zambia, Filipinas y Mongolia, se desempeñó durante un año como profesor de Misiología en la Universidad Simpson, en Redding, Estados Unidos. Actualmente se desempeña como pastor principal de la South Umpqua Community Church en la ciudad de Tiller, Oregón, EE. UU. Pieter está casado con Haniki y tienen dos hijas, Anri y Sonja. Pieter es graduado de la Universidad North-West y la Universidad de Pretoria. Su tesis doctoral fue en misiología con un modelo para el desarrollo de programas para la formación de misioneros basado en la filosofía educativa de Paulo Freire. También completó estudios de Antropología Cultural en la Universidad de Sudáfrica y en Administración Educativa en la Universidad de Bath, Reino Unido.

Ha servido en diversas capacidades del liderazgo educativo: profesor, decano de estudiantes, decano académico, presidente y miembro de la junta. Ha participado en diversos aspectos, entornos, niveles y formatos de la educación: enseñanza, administración, acreditación, gobernanza, desarrollo de programas/currículos, planificación estratégica, desarrollo organizacional, reclutamiento, educación internacional, bachillerato, maestría y estudios doctorales, educación formal e informal.

Ron Watters (PhD, Universidad Internacional Trinity) es parte del equipo presidencial del Consorcio Internacional de Liderazgo (ILC por sus siglas en inglés), compuesto por instituciones educativas de todo el mundo. Durante casi cuatro décadas ha trabajado en el desarrollo del liderazgo cristiano principalmente en Asia. Treinta de esos años los pasó en el Seminario Graduado de Liderazgo Internacional de Filipinas, donde se desempeñó principalmente como decano de asuntos académicos. Durante su trayectoria ha guiado a los creyentes hacia la multiplicación espiritual. También trabaja con organizaciones en la alineación estratégica y el desarrollo de su personal y sistemas con su misión, visión y valores.

ICETE es una comunidad global, patrocinada por nueve redes regionales de instituciones teológicas, dedicada a fomentar la interacción y colaboración internacional entre todos aquellos que intervienen en el fortalecimiento y el desarrollo de la educación teológica evangélica y del liderazgo cristiano alrededor del mundo.

El propósito de ICETE es:
1. Promover el mejoramiento de la educación teológica evangélica alrededor del mundo.
2. Servir como foro para la interacción, asociación y colaboración entre quienes intervienen en la educación teológica evangélica y en el desarrollo de liderazgo evangélico, para su mutua asistencia, estimulación y enriquecimiento.
3. Ofrecer servicios de apoyo y asesoramiento para asociaciones regionales de instituciones evangélicas de educación teológica alrededor del mundo.
4. Facilitar, para las redes regionales, la promoción de sus servicios entre las instituciones evangélicas de educación teológica dentro de sus regiones.

Las asociaciones patrocinadoras incluyen:

África: Association for Christian Theological Education in Africa (ACTEA)

Asia: Asia Theological Association (ATA)

Caribe: Caribbean Evangelical Theological Association (CETA)

Europa: European Evangelical Accrediting Association (EEAA)

Euro-Asia: Euro-Asian Accrediting Association (E-AAA)

América Latina: Asociación Evangélica de Educación Teológica en América Latina (AETAL)

Medio Oriente y Norte de África: Middle East Association for Theological Education (MEATE)

América del Norte: Association for Biblical Higher Education (ABHE)

Pacífic-Sur: South Pacific Association of Evangelical Colleges (SPAEC)

www.icete-edu.org

Langham Partnership es una comunidad mundial que trabaja con el ánimo de cumplir la visión que Dios le encomendó a su fundador, John Stott, consistente en:

facilitar el crecimiento de la iglesia en madurez y en semejanza a Cristo elevando los niveles de predicación y enseñanza bíblica.

Nuestra visión es ver que las iglesias en el mundo mayoritario estén equipadas para la misión y creciendo hacia la madurez en Cristo a través del ministerio de sus pastores y líderes, quienes creen, enseñan y viven por la Palabra de Dios.

Nuestra misión es fortalecer el ministerio de la Palabra de Dios:
- fortaleciendo movimientos nacionales de predicación bíblica;
- favoreciendo la creación y distribución de literatura evangélica; y
- elevando el nivel de la educación teológica evangélica,

especialmente en países donde las iglesias carecen de recursos.

Nuestro ministerio

Langham Preaching se asocia con líderes nacionales que estimulan movimientos locales de predicación bíblica para pastores y predicadores laicos en el mundo entero. Con el apoyo de un equipo de capacitadores provenientes de diversos países, se desarrolla un programa de seminarios a diversos niveles que proveen capacitación práctica, al cual le sigue un programa que busca formar facilitadores locales. Los grupos locales de predicación (escuelas de expositores) y las redes nacionales y regionales se encargan de dar continuidad a los programas e impulsar su desarrollo ulterior con el fin de construir un movimiento vigoroso comprometido con la exposición bíblica.

Langham Literature provee a los pastores, seminarios y académicos del mundo mayoritario libros evangélicos y recursos electrónicos mediante becas, descuentos y mecanismos de distribución. El programa también auspicia la producción de literatura evangélica para pastores en diversos idiomas a través de talleres para escritores y editores, respaldo a la tarea literaria, traducciones, fortalecimiento de casas editoriales evangélicas e inversiones en proyectos regionales de literatura, tales como el *African Bible Commentary*.

Langham Scholars provee apoyo financiero para estudiantes evangélicos a nivel doctoral provenientes del mundo mayoritario, de tal manera que, una vez que regresen a sus países, puedan capacitar a pastores y otros líderes cristianos brindándoles una sólida formación bíblica y teológica. Éste es un programa que equipa a quienes van a equipar a otros. Langham Scholars trabaja igualmente con seminarios del mundo mayoritario fortaleciendo su educación teológica. Un número creciente de académicos de Langham Scholars estudia en programas doctorales de alta calidad en reconocidos centros del mundo mayoritario. Además de formar la siguiente generación de pastores, los graduados de Langham Scholars ejercen una influencia significativa a través de sus escritos y liderazgos.

Para obtener más información sobre la Langham Partnership y el trabajo que desarrollamos visítenos en www.langham.org.

www.ingramcontent.com/pod-product-compliance
Lightning Source LLC
Chambersburg PA
CBHW071813230426
43670CB00013B/2448